2014
绿色交通发展报告
Green Transportation Development Report

中华人民共和国交通运输部 编

China Communications Press Co., Ltd.

内 容 提 要

本书汇集交通运输行业绿色循环低碳发展的相关信息，从年度综述、行业部署、地方行动、试点示范等方面全面总结交通运输绿色发展的年度工作，同时汇总编写2014年部领导关于绿色发展重要讲话、访谈和文章及有关政策文件，是一本"总结工作、发布信息、推广宣传、交流经验、传播知识"的报告，是年度交通运输绿色循环低碳发展的检验书，有利于推进交通运输行业绿色循环低碳发展。

图书在版编目(CIP)数据

2014绿色交通发展报告 / 中华人民共和国交通运输部编．— 北京：人民交通出版社股份有限公司，2017.5
ISBN 978-7-114-13820-1

Ⅰ．①2… Ⅱ．①中… Ⅲ．①交通运输业—经济发展—研究—中国—2014 Ⅳ．①F512

中国版本图书馆CIP数据核字(2017)第083338号

2014 Lüse Jiaotong Fazhan Baogao

书　　名：	2014绿色交通发展报告
著　作　者：	中华人民共和国交通运输部
责任编辑：	韩亚楠　崔　建　朱明周
出版发行：	人民交通出版社股份有限公司
地　　址：	(100011)北京市朝阳区安定门外外馆斜街3号
网　　址：	http://www.ccpress.com.cn
销售电话：	(010)59757973
总　经　销：	人民交通出版社股份有限公司发行部
经　　销：	各地新华书店
印　　刷：	北京鑫正大印刷有限公司
开　　本：	880×1230　1/16
印　　张：	15
字　　数：	343千
版　　次：	2017年5月　第1版
印　　次：	2017年5月　第1次印刷
书　　号：	ISBN 978-7-114-13820-1
定　　价：	95.00元

(有印刷、装订质量问题的图书由本公司负责调换)

编审委员会

主　任：石宝林（交通运输部科学研究院院长）
副主任：周晓航（交通运输部科学研究院党委书记兼副院长）
　　　　张小文（交通运输部规划研究院总工程师）
　　　　王先进（交通运输部科学研究院副院长兼总工程师）

编　写　组

组　长：欧阳斌　方　海　徐洪磊
副组长：王　艳　李忠奎　郭　杰　曹立新　衷　平
成　员：王　双　陈书雪　张海颖　曹子龙　凤振华　陈建营
　　　　刘　芳　吴　睿　芮　睿　张　毅　孔亚平　褚春超
　　　　程　悦　刘宝双　蔡秀荣　卞雪航　喻　洁　毕清华
　　　　刘　杰　黄全胜　王靖添　程金香　何吉成　朱高儒
　　　　毛　宁　韩兆兴　张　琦　马武昌　黄　彬　严义斌
　　　　简　丽　樊东方　周艾燕　贺俊程　李　胤　李燕霞
　　　　张　帆　汪守东　刘建昌　刘胜强　杨　柳　杨丁丁
　　　　王忠岱　马　博　梁晓杰　刘晓雷　马睿君　王宝春
　　　　余　静　李　琼　吴　震　王婉姣

前言 FORWORDS

2014 年，交通运输行业全面落实党中央、国务院关于加强生态文明建设、强化节能减排和环境保护工作的决策部署，加快转变交通运输发展方式、调整优化交通结构，推动行业提质增效和转型升级，强化理念意识，注重科技创新，健全体制机制，深化试点示范，用好激励政策，加强能力建设，加大宣传交流，行业节能环保水平显著提升。

《2014 绿色交通发展报告》汇集了交通运输行业绿色发展的相关信息，是一本"总结工作、发布信息、推广宣传、交流经验、传播知识"的报告，更是年度交通运输绿色循环低碳发展的检验书，有利于推动交通运输行业绿色发展。

编　者

2015 年 12 月

目录 CONTENTS

领导讲话篇

全面深化改革　加强法治建设　在新常态下推进交通运输科学发展 …………………… 3
强化节能减排降碳　促进绿色交通发展　加快推进绿色循环低碳交通运输体系建设 …… 7
绿色循环低碳公路建设现场交流会会议讲话 ……………………………………………… 11
交通运输部关于全面深化交通运输改革的意见 …………………………………………… 16

年度综述篇

一、节能减排 ………………………………………………………………………………… 23
二、环境保护 ………………………………………………………………………………… 24
三、试点示范 ………………………………………………………………………………… 26
四、能力建设 ………………………………………………………………………………… 27

行业部署篇

一、加强组织领导，强化顶层设计 ………………………………………………………… 33
二、完善制度建设，提升监管水平 ………………………………………………………… 37
三、推进试点示范，强化体系建设 ………………………………………………………… 39
四、加强科技支撑，夯实保障能力 ………………………………………………………… 42
五、推动结构调整，把握关键环节 ………………………………………………………… 43
六、加强宣传教育，营造绿色氛围 ………………………………………………………… 44
七、做好机关节能，发挥表率作用 ………………………………………………………… 46

地方行动篇

节能减排工作 ………………………………………………………………………………… 49

- 一、山东省交通运输节能减排工作情况 ·· 49
- 二、辽宁省交通运输节能减排工作情况 ·· 53
- 三、广东省交通运输节能减排工作情况 ·· 59
- 四、湖北省交通运输节能减排工作情况 ·· 64
- 五、北京市交通运输节能减排工作情况 ·· 69
- 六、杭州市交通运输节能减排工作情况 ·· 76
- 七、郑州市交通运输节能减排工作情况 ·· 83
- 八、遵义市交通运输节能减排工作情况 ·· 88

环境保护工作 ·· 93
- 一、安徽省交通运输环境保护工作情况 ·· 93
- 二、甘肃省交通运输环境保护工作情况 ·· 95
- 三、广西壮族自治区交通运输环境保护工作情况 ································ 97
- 四、贵州省交通运输环境保护工作情况 ·· 100
- 五、云南省交通运输环境保护工作情况 ·· 102
- 六、浙江省交通运输环境保护工作情况 ·· 107
- 七、重庆市交通运输环境保护工作情况 ·· 108

试点示范篇

节能减排部分 ·· 113
- 一、管理综述 ·· 113
- 二、区域性项目成果 ··· 116
- 三、主题性项目成果 ··· 148
- 四、能力建设项目成果 ·· 165

环境保护部分 ·· 186
- 一、2014 年新批复的环保试点项目 ·· 186
- 二、2014 年竣工总结的环保试点项目 ·· 190

附录 政策文件

附录 1 交通运输部办公厅关于印发 2014 年交通运输行业节能减排工作要点的通知
（厅政法字〔2014〕36 号） ··· 197

附录 2 环境保护部办公厅 交通运输部办公厅关于印发《关于促进交通运输绿色发展共同加强环境保护合作备忘录》的通知（环办〔2015〕5 号） ·············· 201

附录 3	环境保护部办公厅 交通运输部办公厅关于印发《公路网规划环境影响评价技术要点（试行）》的通知（环办〔2014〕102号）	204
附录 4	交通运输部办公厅关于开展首批建设低碳交通运输体系城市试点工作总结的通知（厅函政法〔2014〕67号）	205
附录 5	交通运输部办公厅关于开展2015年度交通运输节能减排专项资金区域性、主题性项目预申报工作的通知（厅函政法〔2014〕70号）	206
附录 6	交通运输部办公厅关于开展天然气汽车推广应用情况调研工作的函（厅函法〔2014〕211号）	208
附录 7	交通运输部办公厅关于组织开展交通运输行业2014年节能宣传周和全国低碳日活动的通知（厅法字〔2014〕106号）	211
附录 8	交通运输部办公厅关于交通运输行业贯彻落实《2014—2015年节能减排低碳发展行动方案》的实施意见（交办法〔2014〕110号）	213
附录 9	交通运输部办公厅关于公布交通运输行业首批绿色循环低碳示范项目的通知（交办法〔2014〕122号）	217
附录 10	交通运输部办公厅关于报送交通运输行业2014年全国节能宣传周和全国低碳日活动总结的函（交办法函〔2014〕366号）	218
附录 11	交通运输部办公厅关于开展交通运输能耗监测试点工作的通知（交办法〔2014〕182号）	222
附录 12	交通运输部办公厅关于报送交通运输行业公路水路环境统计报表的函	224
附录 13	2013年中国环境状况公报（交通状况篇章）	225
附录 14	2013年中国近岸海域环境质量公报（节选）	226
附录 15	交通运输行业公路水路环境保护与节能减排评述（2013年度）	227
附录 16	交通运输行业公路水路环境保护与节能减排评述（2014年度）	229

领导讲话篇

全面深化改革　加强法治建设
在新常态下推进交通运输科学发展

——交通运输部部长杨传堂在2015年全国
交通运输工作会议上的讲话(摘录)

(2014年12月28日)

同志们:

这次会议的主要任务是:深入贯彻党的十八大、十八届三中、四中全会和习近平总书记系列重要讲话精神,认真落实中央经济工作会议部署,总结2014年交通运输工作,部署2015年重点任务,主动适应经济发展新常态,加快"四个交通"发展,为人民群众安全便捷出行和全面建成小康社会提供交通运输保障。

下面,我讲三个方面的意见。

一、2014年全国交通运输工作

2014年是贯彻落实党的十八届三中全会精神、全面深化交通运输改革的启动之年,是完成"十二五"规划目标的关键之年。交通运输系统坚持稳中求进工作总基调,按照稳增长、促改革、调结构、惠民生、防风险的要求,大力推进"四个交通"建设,不断完善综合交通运输体系,努力做到稳中有为、稳中有进,各项工作取得新的成绩。

(一)加强顶层设计,全面深化交通运输改革。

(二)服务国家战略,加强基础设施建设。

(三)做好运输保障,提升运输服务能力和水平。

(四)坚持依法行政,深化法治政府部门建设。

(五)加大科技创新力度,推进绿色交通发展。大力实施创新驱动战略,不断增强科技支撑能力。一是推动重大专项攻关,组织实施高海拔高寒地区高速公路建设技术等5个国家科技支撑计划,以及"黄金水道通过能力提升技术"等重大科技专项攻关,启动京津冀公共交通一卡通互联互通和一卡通国家级清分结算平台建设,成功实施首次300米饱和潜水作业,国家高速公路网运营监管与服务关键技术、粉沙质海岸泥沙运动规律研究两项技术成果,获得国家科技进步二等奖。二是加快智慧交通建设,开展新一代国家交通控制网总体方案研究,完成城市智能交通和船联网国家物联网示范工程、物联网在公路网运行状态监测与效率提升应用等相关研究任务,加快公路电子不停车收费系统(ETC)全国联网进程,北京等14个省市实现区域联网。三是推进绿色交通发展,印发贯彻落实国务院低碳发展行动方案的实施意见,推进17个绿色交通区域性主题示范项目,制定京津冀一体化节能减排专项行动方案,编制完成《全国公路水路交通运输环境监测网规划》,在城市客运领域推广应用新能源汽车,组织水运行业开展应用液化天然气、码头油气回收试点示范。四是改进标准化工作,召开标准化工作电视电话会议,印发《关于加强和改进交通运输标准化工作的意见》,制定《综合交通运输标准体系》。

(六)深化"平安交通"建设,提升安全应急保障能力。

(七)服务国家对外开放大局,不断深化国际交流合作。

(八)加强党风廉政建设和行业文明建设,提升行业凝聚力。

一年来,铁路、民航、邮政系统广大干部职工认真落实党中央、国务院决策部署,立足新起点,开创新局面,各项工作取得积极进展。

在全面分析工作成绩的同时,也要清醒地看到,前进道路上还有不少困难和问题。主要是:全面深化交通运输改革刚刚启动,一些重要领域和关键改革破解不够,各种运输方式深度融合尚待加强;交通运输经济运行下行压力加大,不平衡、不协调、不可持续问题依然突出;能源、土地、环境等刚性约束增强,建设成本节节上升,养护资金缺口加大,建设资金短缺局面难以从根本上得到改善;交通运输安全生产基层不稳、基础不牢、基本功不扎实,专业应急保障能力尚不适应;一些地方干部职工应对挑战的主动性和解决新问题的能力还不强,行政执法存在不规范现象,信息化、标准化水平有待提升,等等。这些问题,有的是长期积累的深层次矛盾,有的是发展过程中产生的,有的是工作不到位造成的,但体制机制不健全、治理能力不足是根本原因。对这些问题,必须保持清醒头脑,增强忧患意识,敢于担当,毫不懈怠,认真解决。

二、主动适应新常态,推动交通运输科学发展

我国经济发展已进入新常态,作为经济社会发展的基础性先导性服务性行业,交通运输在新常态下正呈现出新的特点。从运输生产增速看,交通运输生产增速在向5%~7%左右的中高速增长转变。从运输结构变化看,高附加值运输需求快速增长,特别是高端出行需求增长较快。从固定资产投资看,交通运输固定资产投资保持较高增速,对稳增长作用依然重要。从发展动力看,交通运输门类多、潜力足、韧性好,"一带一路"、京津冀协同发展、长江经济带等国家战略的实施和科学技术的进步,给交通运输提供充足的发展动力。从发展要素看,资金、土地、资源、环境的刚性约束进一步增强,交通运输可持续发展面临严峻挑战。

认识新常态、适应新常态、引领新常态,是当前和今后一个时期我国经济发展的大逻辑,也是交通运输判断发展大势、进行战略布局、安排当前和今后一个时期工作的基本前提。在新常态下推进"四个交通"发展,必须把学习贯彻中央经济工作会议精神与学习贯彻党的十八届三中、四中全会精神结合起来,深化理解,认真研究新思路,寻求新举措,体现新作为。

"三个坚持"即坚持以全面深化改革统领交通运输工作全局;坚持把推进法治建设作为交通运输加快发展的根本保障;坚持以经济建设为中心充分发挥交通基础设施建设对稳增长的关键作用。

"五个更加",即更加注重服务国家战略;更加注重转方式调结构;更加注重依靠创新驱动;更加注重可持续发展;更加注重保障改善民生。

其中:更加注重可持续发展。破解当前制约交通运输科学发展的各种硬约束,实现实实在在和没有水分的增长,必须更加注重可持续发展,下大气力推进绿色发展、低碳发展、循环发展。以前我们讲的可持续,侧重生态环保层面多些。在新的形势下,要将可持续发展理念贯彻到规划、设计、建设、养护、运营、管理的全过程,做到生态环境可持续、经济可持续和社会可持续。实现生态环境可持续,就是要大力发展绿色交通,按照节能减排、环境保护和应对气候变化的要求,推进绿色循环低碳交通运输体系建设,形成节能减排降碳的监测、评价、准入、退出制度,建立健全绿色交通发展的长效机制。实现经济可持续,既要在财税体制改革框架下,建立稳定可靠的交通运输投融资机制,积极争取财政性资金投入,吸引和规范民间资本投资交通运输建设,有效防范企业债务风险,同时还要切实提高基础设施耐久性,保证工程建设质量,加大养护管理力度,延长使用寿命,提高交通运输资金投入产出效益。实现社会可持续,就是要积极回应公众关切,大力推进政府信息公开,加强宣传舆论引导,确保行业形势总体稳定。

上面讲的"三个坚持"和"五个更加",是我们贯彻落实党的十八届三中、四中全会精神和中央经济工作会议精神的总体思路。在2014年交通运输工作会议上,部党组提出,当前和今后一个时期,要集中力量加快推进综合交通、智慧交通、绿色交通、平安交通发展,为全面建成小康社会提供有力支撑和保障。经过一年来的实践,"四个交通"发展理念和各项举措,已经得到了行业上下的高度认同和切实贯彻。在新常态下推动"四个交通"改革发展,形势更为复杂,使命更为艰巨。我们一定要认清形势,牢记使命,进一步增强历史责任感和紧迫感,推动交通运输工作在新的一年中有更大的作为、取得更大的成绩。

三、2015年交通运输工作主要任务

2015年是全面深化改革的关键之年,是全面推进依法治国的开局之年,也是全面完成"十二五"规划的收官之年,做好全年交通运输工作意义重大。总体要求是:全面贯彻党的十八大、十八届三中、四中全会和中央经济工作会议精神,坚持稳中求进工作总基调,坚持以提高交通运输发展质量和效益为中心,坚持以解决突出矛盾问题为导向,主动适应经济发展新常态,狠抓改革攻坚,强化法治建设,推动转型升级,大力推动铁路、公路、水路、民航、邮政深度融合,加快建设综合交通运输体系,全面完成"十二五"规划目标,科学谋划"十三五"规划蓝图,推动"四个交通"发展迈上新台阶,让人民交通实现好、维护好、发展好人民的根本利益。

2015年综合交通运输统筹协调及公路水路交通运输重点工作。

第一,狠抓改革攻坚,不断增强交通运输发展活力。

第二,围绕全面推进依法治国总目标,加强交通运输法治建设。

第三,全面完成"十二五"目标,科学谋划"十三五"蓝图。

第四,服务国家"三大战略",完善交通运输基础设施网络布局。

第五,优化运输组织,提升综合交通运输服务能力。

第六,突出创新驱动,推动智慧交通发展。

第七,坚持走绿色低碳循环发展之路,促进交通运输可持续发展。更加注重走资源节约型环境

友好型发展道路,促进交通运输向集约发展转变。一是完善绿色交通制度,研究提出绿色交通制度体系框架,建立节能减排与应对气候变化统计监测体系。二是加强节能减排新技术新工艺推广应用,开展水运能效、清洁能源利用、绿色港口等试点示范。加强船舶大气污染防治工作,推进内河船型标准化。出台新能源汽车推广应用指导意见。做好合同能源管理、碳排放交易应用试点,推进公共机构节能减排。三是做好交通运输环境保护工作,修订《交通建设项目环境保护管理办法》,有序推进交通运输环境监测网建设。配合开展京津冀、长三角等区域大气污染防治协作,加强重大交通建设项目环境影响评价工作,做好生态环保型示范工程和环境污染第三方治理工作。

第八,继续深化平安交通建设,提升交通运输安全质量监管和应急保障能力。

第九,不断扩大合作交流,开创交通运输对外开放新格局。

第十,加强党风廉政建设和行业文明建设,全面提升行业发展软实力。

强化节能减排降碳　促进绿色交通发展
加快推进绿色循环低碳交通运输体系建设

——交通运输部副部长王昌顺在全国交通运输行业
节能减排降碳工作视频会议上的讲话

（2014年6月9日）

同志们：

这次会议很重要，刚才晓安司长给大家已经报告了，本来杨传堂部长要亲自参加会议，并发表讲话，由于国务院有一个重要的电视电话会议要召开，所以，专门为我们这次会议和我们全行业的节能减排工作做了重要批示，已经给了大家传达了。同时，今天国家发展改革委、财政部和环保部的领导同志也应邀参加了我们的会议。这次会议主要是，传达学习国务院节能减排及应对气候变化工作会议的精神，按照对《2014—2015年节能减排低碳发展行动方案》的具体要求，明确交通运输行业主攻方向，部署重点任务，确保全面完成国务院提出的节能减排降碳的目标，为到2020年基本建成绿色循环低碳交通运输体系夯实基础。我讲三个方面问题。

一、充分认识做好节能减排降碳工作、推进绿色交通发展的重要意义

加强节能减排，实现低碳发展，对交通运输行业而言，就是发展绿色交通，这是部党组提出加快推进"四个交通"发展战略部署的重要组成部分，具有十分重要的政治、经济和社会意义。

第一，发展绿色交通，是党中央、国务院赋予交通运输行业的历史使命。党的十八大提出，要大力推进生态文明建设，努力建设美丽中国，实现中华民族永续发展。十八届三中全会进一步明确，要加快生态文明制度建设，建立系统完整的生态文明制度体系，用制度保护生态环境。党中央做出的重大战略决策和部署，明确了新时期加快转变交通运输发展方式的重要的指向和要求。实现发展方式转变和生态文明建设的既定目标，必须要付出巨大的努力，也需要一个渐进的过程。根据统计，由于2011—2015年公路水路运输和港口要形成1400万吨标准煤以上的节能能力，营运货车单位运输周转量能耗要比2013年降低4%以上。这是交通运输行业必须实现的硬指标、硬任务，时间紧迫、任务繁重，需要全行业增强使命感和责任感，扎实推进节能减排降碳工作。

第二，发展绿色交通，是人民群众对交通运输发展的新期待。我国在经济快速发展的同时，也衍生了资源浪费、环境污染、生态退化等问题。特别是近年来，雾霾天气频发，影响范围广、持续时间长、健康危害大，严重损害人民健康和国家形象。习近平总书记强调，人民对美好生活的向往，就是我们奋斗的目标。李克强总理指出，生态文明建设关系人民生活，关乎民族未来，要坚决向污染宣战。交通运输是节能减排与应对气候变化三大重点领域之一，与人民群众生产生活环境息息相关，

必须以绿色、循环、低碳的交通基础设施和运输装备来提升交通运输服务品质,用节能减排降碳的实际成效回应人民群众对交通运输发展的新期待。

第三,发展绿色交通,是实现交通运输现代化的必然选择。加强节能减排,实现低碳发展,是促进经济提质增效升级的必由之路。李克强总理在国务院节能减排及应对气候变化工作会议上指出,节能减排与促进发展并不完全矛盾,关键是要协调处理,努力走出一条能耗排放做"减法",经济发展做"加法"的新路子。这是对交通运输加快转变发展方式和推进交通运输现代化的具体要求。绿色交通是转变交通运输发展方式的重要途径。部党组强调"四个交通"相互关联,相辅相成,绿色交通要充分发挥好引领作用,与综合交通、智慧交通和平安交通构成有机体系,共同推进交通运输现代化。在浙江考察的时候,我们也看到了浙江在杭州推出"五位一体"的交通运输方式,将地铁、公共自行车、公交、水上巴士和出租车共融一体。我们了解到浙江自行车已达到了17万到18万辆,杭州的服务点就达到3000多个。

二、进一步明确主攻方向和重点任务,为绿色交通发展提供制度保障

近年来,交通运输行业组织开展了很多富有成效的节能减排降碳工作。一是加强组织领导,成立了部节能减排工作领导小组。二是强化顶层设计,发布了《公路水路交通运输节能减排"十二五"规划》、《加快推进绿色循环低碳交通运输发展指导意见》等文件。三是开展试点示范,组织开展了绿色循环低碳交通运输试点工作,公布了100个节能减排示范项目。四是突出重点环节,推广应用天然气动力车船、高效运输组织方式和高速公路不停车收费系统。五是提升基础能力,发布了多项节能减排降碳工作,营造了良好的社会氛围。前一时期的工作已经奠定了良好基础,也给我们一些有益的经验和启示,主要有四条:一是领导重视,理念要先行;二是规划引领,组织要周密;三是政府引导,部门要联动;四是试点示范,推广要深入、要坚决。

十八届三中全会明确提出推进国家治理体系和治理能力的现代化,核心是加强制度体系建设和运用制度管理社会事务的能力。在建设生态文明方面,必须建立系统完整的生态文明制度体系,实行最严格的源头保护制度、损害赔偿制度、责任追究制度,完善环境治理和生态修复制度,用制度保护生态环境。为此,今后一个时期交通运输行业节能减排降碳工作的主攻方向,应该在"制度建设"上下足功夫,逐步建立健全绿色交通制度体系,用制度规范交通运输节能减排降碳各项工作,形成绿色交通发展的长效机制。

建立健全绿色交通制度体系,首先制度体系构成要做到系统、完整。制度体系要覆盖交通运输发展各方面、全过程,严格把控各层级、各领域、各阶段的用能关和排放关。其次每个制度要做到可行、有效。制度的生命力在于执行,不搞假大空,不摆花架子,让制度能够真正地把行业节能减排降碳工作管起来。第三是制度之间要协调、融合。绿色交通是"四个交通"的有机组成部分,要努力找到绿色交通发展与交通运输现代化之间的平衡点,促进"四个交通"完美结合,协调并进。围绕绿色交通制度体系建设,下一阶段的工作要重点做好以下六个方面:

一是强化顶层设计,发挥规划对绿色交通的引领作用。继续组织落实公路水路交通运输节能减排"十二五"规划和环境保护"十二五"规划,确保明年完成规划目标和主要任务。要组织编制"十三

五"期间交通运输节能减排降碳发展规划,根据"到2020年基本建成绿色循环低碳交通运输体系"的发展目标,合理确定节能减排降碳指标、任务及保障措施。要注重行业规划与国家规划、地方规划统筹协调、相互衔接,形成科学的交通运输节能减排降碳规划体系。

二是加快标准建设,强化标准对绿色交通的支撑能力。尽快研究提出交通运输节能减排降碳标准体系,有序推进标准建设。重点支持交通运输用能设备、设施、企业能效和二氧化碳排放强度标准,节能减排降碳项目的节能减排量核算标准,交通基础设施绿色设计与施工标准。进一步加大标准建设投入和宣贯力度,做好标准执行的监督检查工作。

三是加强制度研究,提升行业对绿色交通的监管能力。尽快研究提出绿色交通制度体系框架,确立一整套管用、够用的行业节能减排降碳监管办法。建立健全绿色交通发展目标责任制度和发展评价体系。推进建立营运船舶及交通运输其他用能设备的燃料消耗量和二氧化碳排放量准入制度。继续完善交通固定资产投资项目节能评估制度、交通规划和工程建设项目环境影响评价制度、绿色交通发展统计建设制度。

四是组织试点示范,突出标杆对绿色交通的导向作用。继续组织落实绿色循环低碳交通"十百千"师范工程。积极探索完善部省共建机制,继续深化绿色循环低碳交通运输城市、公路、港口试点,加大资金支持力度,强化试点经验推广。继续开展节能减排降碳示范项目评选和推广,深化实化"车、船、路、港"千家企业低碳交通运输专项行动和交通运输节能减排科技专项行动。

五是聚焦关键环节,加大创新对绿色交通的驱动作用。加快综合交通运输体系建设,优化交通基础设施网络结构和运输装备结构、用能结构,充分释放结构性节能减排降碳潜力。优化交通运输组织方式,鼓励甩挂运输、江海直达、多式联运等先进的、高效的运输组织方式。加大绿色交通科技研发投入,提高成果转化推广应用力度。今年我们按照国务院的要求,正加快地推进全国ETC不停车收费工作,估计到2014年底,全国9个省,主要在北方地区,像北京、河北和天津等将实行联网,按照总体规划,大体到2015年,全国ETC将进行联网。

六是开展宣传交流,营造社会对绿色交通的支持氛围。大力宣传绿色交通理念,培育绿色交通文化,使绿色循环低碳发展成为全行业的共同目标和价值取向。组织开展经验交流和技术比武,传播先进经验,促进行业节能减排降碳技术水平提升。倡导低碳生活理念和行为方式,引导社会公众更多地选择公共交通、自行车和步行等低碳出行方式。

三、全面有力贯彻落实《行动方案》,确保节能减排降碳工作取得实效

发展绿色交通,做好交通运输节能减排降碳工作,是一项长期、复杂和艰巨的任务。各地各部门要在"四个交通"战略导向引领下,着眼长远、科学谋划、有序推进,切实做好交通运输节能减排降碳各项工作。

一是抓住机遇,迎难而上。国务院《2014—2015年节能减排低碳发展行动方案》提出的节能减排降碳指标年度降幅,大部分超过了"十二五"规划的年均降幅。这既突显了当前节能减排降碳工作面临的严峻形势,也充分显示了国务院确保全面完成"十二五"规划目标的坚定决定。交通运输行业要按照国务院同意部署,迎难而上,化压力为动力,变挑战为机遇,确保全面完成交通运输节能

减排降碳目标。

二是加强领导,协同推进。各级交通运输主管部门要高度重视节能减排降碳工作,将绿色交通发展纳入本地区交通运输发展的总体规划,加强领导,扎实推进,确保实效。要进一步完善体制机制,充分调动全行业各方面力量,齐抓共管,共同推进绿色循环低碳交通运输体系建设。要积极争取地方政府及发展改革、财政、环保等部门对绿色交通发展的支持,加强沟通协调,发挥政策叠加优势,营造良好发展环境。

三是强化监督,落实责任。各单位、各部门要节能减排降碳指标和任务纳入年度工作计划,逐级分解,落实到人,要建立健全绿色交通发展目标责任制,将节能减排降碳目标作为"硬指标",将节能减排降碳工作作为"硬任务",采取监督检查、考核评价等"硬措施"来推进落实。要将人民群众满意度作为衡量工作成效的重要尺度,接受人民群众和新闻媒体对绿色交通发展的监督,争取人民群众的广泛认可。

四是创新政策,加大投入。要加大资金、技术、人才等方面投入,支持绿色交通科技研发、试点示范、推广应用及能力建设。要积极争取国家和地方有利于绿色交通发展的财政、税收、金融政策,撬动交通运输企业开展节能减排降碳的积极性和主动性。要充分利用行业政策和管理手段,指导交通运输企业走绿色循环低碳发展道路。要充分利用市场机制,拓宽融资渠道,鼓励交通运输企业增加节能减排降碳投入,逐步形成以财政资金为引导、企业资金为主体、社会资金为补充的良性投入机制。

同志们,发展绿色交通,做好节能减排降碳工作,功在当代、利在千秋,使命光荣、任务艰巨。我们要在党中央、国务院的领导下,深入贯彻十八大、十八届三中全会精神,改革创新,攻坚克难,在绿色交通引领下,全面推进"四个交通"发展,加快实现交通运输现代化,为建设"美丽中国"做出更大贡献。

绿色循环低碳公路建设现场交流会会议讲话

交通运输部法制司司长 梁晓安

（2014年6月10日）

同志们：

这次现场交流会已经完成各项主要议程。总的来看，会议主题鲜明、议程集中、讨论深刻、收获很大，达到了预期目标。下面，我结合大家的交流讨论，讲三点意见。

一、充分肯定绿色循环低碳公路建设取得的成效

作为部选择的绿色循环低碳公路主题性项目，各实施单位在省级交通运输主管部门的正确领导和大力支持下，以优化能源结构、提高能源利用效率、降低碳排放强度为核心，在能源结构调整、技术创新和制度建设这三个层面推进绿色循环低碳公路建设，积极开展了先行先试工作，努力探索绿色循环低碳公路发展模式，工作是扎实的，推进是有力的，成效是显著的。总体来看有以下特点：

一是领导重视。为保证绿色循环低碳公路建设工作的顺利开展，各省级交通运输主管部门建立了专门的领导机构，负责项目实施过程中的总体指导和统筹协调。京石高速改扩建工程和鹤大高速等项目还由交通运输主管部门一把手亲自挂帅成立工作领导小组，为确保绿色循环低碳公路建设工作取得预期成果提供了重要保障。

二是思路清晰。各项目均以绿色循环低碳为发展理念，全过程采用绿色循环低碳技术，全寿命实现绿色循环低碳效益，全方位进行绿色循环低碳管理，全面展示绿色循环低碳成果，用绿色循环低碳的方式修路，为使用者提供安全、绿色、环境友好、景色优美的公路产品。比如宁宣高速公路，项目在规划与设计、建设与施工、运营与养护的全寿命周期内，广泛应用新技术、新能源、新材料和新设备工艺，并通过后期运营管理体系的建设，实现宁宣高速公路全寿命周期节能、低碳效应。

三是项目落地。各实施单位高度重视方案的组织落实工作，方案中提到的具体支撑项目都进行分解落实，并且制定了详细的工作计划和具体实施方案，确保各项工作都有人管、有人抓，在"实"上下功夫，让生态文明理念接地气，让绿色循环低碳发展结硕果。

四是保障有力。各实施单位通过积极争取中央和地方财政资金，以及金融机构的信贷支持，逐步建立了政府引导、企业为主和社会参与的资金投入机制，如贵州道安公路、港珠澳大桥采用BOT模式，为绿色低碳公路建设提供了有力的资金保障。

五是特色突出。各实施单位根据不同区域特征，针对不同类型公路，因地制宜，分别确定了绿色循环低碳公路发展方向、重点和任务，各自特色和亮点十分突出。例如，鹤大高速吉林段充分考虑沿线生态环境敏感要求，体现了季冻区绿色循环低碳公路的特色；青海花久高速公路地处青藏高原"三

江源头",高海拔、高严寒、大温差,充分体现了雪域高原绿色循环低碳公路特色。

六是成效显著。12个绿色循环低碳公路主题性项目按照既定方案稳步推进,特别是2013年支持的2个项目,成渝高速公路复线(重庆境)和宁宣高速公路已建成通车,积累了丰富的建设经验,也取得初步制度成果,节能减排效果已经开始展现,在当地乃至全国都具有很强的示范意义。

二、深化认识,明确目标,切实推进绿色循环低碳公路建设取得实效

绿色循环低碳公路是指通过强化技术创新,积极探索应用新能源、新材料、新设备和新工艺的应用,大力推广应用先进适用技术和产品,实现公路在规划、设计、施工、运营、养护、管理等全寿命周期内的能源消耗、污染物和二氧化碳排放量显著降低,环境效益明显改善的一种公路建设与发展模式。绿色循环低碳公路的内涵丰富,核心就是要倡导绿色建设、低碳运营、智慧管理的价值取向,坚持节约优先、保护为本的指导方针,遵循贯穿建管养、因地制宜的实现路径,注重强化创新驱动、示范推广的推进方式,紧紧围绕实现"三低三高"(低消耗、低排放、低污染、高效能、高效率、高效益)、永续发展的目标追求,实现基础设施畅通成网、配套衔接,技术装备先进适用、节能环保,运营管理集约高效、经济便捷,管理服务快捷便民、公平优质。

(一)充分认识建设绿色循环低碳公路的重要意义

绿色循环低碳公路建设的核心是提高能源利用效率、优化资源利用、保护和改善生态环境、降低温室气体和污染排放强度。当前和今后一段时期,是我国加快转变经济发展方式、推动转型升级的攻坚时期,也是建设现代综合运输体系、加快转变交通运输发展方式的重要时期。加快建设绿色循环低碳公路具有十分重要的战略意义和现实意义,具体体现在以下三个方面。

一是建设绿色循环低碳公路是加强生态文明建设、建设美丽中国的必然要求。党的十八大提出,要大力推进生态文明建设,努力建设美丽中国,实现中华民族永续发展。公路是国民经济和社会发展的重要基础设施,还是能源资源密集型、生态环境影响较大的行业,具有路网规模大、分布广、投资大、周期长等特点,公路一旦建成,将会对于路上行驶车辆持久的能源消费和碳排放产生决定性的影响。因此,着力提高公路建设的土地、通道、能源等资源利用效率,提升生态环境保护水平,促进公路与资源、环境协调发展,实现公路绿色、循环、低碳发展,是加强生态文明建设、建设美丽中国不可或缺的重要组成部分。

二是建设绿色循环低碳公路是发展绿色交通,实现"四个交通"发展目标的客观要求。2014年全国交通运输工作会上杨传堂部长提出,建设综合交通、智慧交通、绿色交通、平安交通的"四个交通"发展目标,其中,绿色交通是引领。公路在现代综合运输体系中占有十分重要的地位,目前我国公路行业能源资源利用效率不高、生态环境影响较大、建设发展方式粗放的格局尚未根本转变。绿色循环低碳公路作为一种公路建设与发展的新理念、新模式,是缓解公路建设发展与能源环境矛盾的现实需要,已成为建设绿色循环低碳交通运输体系的重点领域、实现绿色交通的重要标志,是加快发展"四个交通"的必然要求。

三是建设绿色循环低碳公路是提升公路行业竞争力、实现公路可持续发展的必然选择。随着经济社会的快速发展,公路建设市场竞争日趋激烈,切实依靠技术进步、管理挖潜,建设绿色循环低碳

公路,已成为公路行业降本增效、提高核心竞争力的重要途径,同时也是积极履行社会责任、缓解环境资源压力的重要体现。建设绿色循环低碳公路不仅有利于促进企业加快技术进步、改善经营管理、抢占战略制高点,有利于提升公路基础设施运营服务效率、降低全寿命周期成本,而且也有利于推动公路行业绿色循环低碳转型、走内涵式发展道路、拓展可持续发展空间,实现经济效益、社会效益和生态效益的共赢。

(二)进一步明确绿色循环低碳公路的建设思路

绿色循环低碳公路的建设思路是:深入贯彻落实党的十八大和十八届三中全会精神,以科学发展观为指导,将生态文明、绿色循环低碳理念融入公路建设发展的各方面和全过程,以加快转变公路发展方式为主线,紧密结合区域特点和工程实际,以节约资源、提高能效、控制排放、保护环境为目标,以提高公路可持续发展能力为根本,在公路规划、设计、建设、养护、运营和管理整个生命周期内,通过提升设计理念、改进施工组织和优化运营管理,广泛应用新技术、新能源和新材料,强化绿色循环低碳管理创新,综合运用经济、法律和行政技术手段,着力提高能源、土地、材料等资源利用效率,努力降低二氧化碳和污染物排放强度,尽可能减少对生态环境的影响,提高道路使用者的绿色循环低碳体验,实现公路绿色发展、循环发展和低碳发展。

一是统筹兼顾,协调发展。要统筹谋划公路发展与经济社会、资源环境协调发展,统筹东中西各区域协调发展,统筹城乡协调发展,统筹公路建设、养护与管理各领域全面发展,统筹近期试点与长远发展,充分挖掘结构、技术、管理节能减排潜力,科学有序推进绿色循环低碳公路建设。

二是政府引导,合力推动。政府要主动作为,综合运用经济、法律、行政、技术等手段,注重完善工作机制和配套政策,切实强化政府监管约束和激励引导作用。同时,注重发挥市场机制对资源配置的决定性作用,充分调动建设、设计、施工、监理、检测、科研等各参建单位的积极性和创造性,发挥企业主体作用,引导社会公众广泛参与,形成政府主导、企业为主体和公众共同参与的协同推进机制。

三是创新引领,力求实效。要坚持科技创新和制度创新相结合,先行先试,为绿色循环低碳公路发展提供强大动力。充分发挥科技进步的引领作用,为绿色循环低碳公路发展提供技术支撑。大力推进管理创新,强化绿色循环低碳公路发展的制度保障。同时,结合区域和项目特点,切实增强绿色循环低碳试点工作实效和示范效应,充分发挥引导和带动作用。

四是全面推进,突出重点。要从全寿命周期、全要素覆盖出发,将资源节约、环境友好和绿色循环低碳发展理念贯穿于项目规划设计、施工建设到运营维护全过程,统筹考虑水体、大气、土壤等环境要素,大力推进节能减排,集约节约利用土地资源,促进材料节约与循环利用,有效保护和改善生态环境。在全面推进的基础上,根据不同阶段、不同工程内容,有意识地采用不同的绿色循环低碳建设和运营技术、设施、设备、材料、工艺、管理等,突出不同阶段工作重点。

(三)进一步明确绿色循环低碳公路的建设目标

绿色循环低碳公路的建设目标是:到2020年,全行业绿色循环低碳发展理念明显提升,绿色循环低碳发展体制机制更加完善,创新驱动发展能力明显提高,绿色循环低碳监管水平明显提升,打造一批以低碳设计、绿色施工、高效运营、畅通行驶、精细管理、智慧服务、资源节约、环境友好为主要特征的绿色循环低碳公路示范工程，公路全寿命周期的能源资源利用效率明显提高，控制温室气体排放取得明显成效，生态保护得到全面落实，环境污染得到有效控制，为生态文明和美丽中国建设提供坚实有力的支撑保障。具体包括以下四个方面：

一是生态公路基础设施网络体系进一步完善。建成布局合理、功能完善、衔接畅通、安全高效、生态友好的现代公路网络体系，公路交通基础设施绿色设计、绿色施工和绿色维护水平明显提升，土地和通道资源集约节约利用水平明显提高，废弃路面材料、工程弃土弃渣以及粉煤灰、矿渣、建筑垃圾等资源循环利用率，施工期的养生水、运营期服务区的生产生活污水等循环利用；公路噪声污染得到有效控制，污水、废气等污染物实现达标排放，沿线重点水源得到有效保护，公路绿化率显著提高，生态边沟、生态挡墙等环保工程得到广泛应用，生态环境影响显著降低。

二是绿色循环低碳公路装备设备体系进一步完善。公路施工机械设备的专业化和现代化水平明显提高，节能环保型装备得到广泛应用，公路建设与运营领域中电力、天然气等清洁能源以及太阳能、风能、地热能等可再生能源在消费比重明显上升。LED等节能灯具在场站、隧道、收费站、道路和桥梁的使用率显著提升。

三是绿色循环低碳公路科技创新能力明显提升。绿色循环低碳公路科技创新体系初步建成，创新能力进一步增强，形成一批绿色循环低碳公路发展养护重大关键技术；绿色循环低碳公路的科学素养与技术能力明显提升，技术标准规范体系进一步完善，技术服务能力进一步提升；绿色循环低碳技术与产品推广应用水平进一步提高，先进适用新技术、新材料、新工艺得到推广应用；公路施工期和运营期能耗与环境监测、运营监管等管理信息系统得到普遍应用，智慧公路管理与服务体系逐步建立，科技支撑保障作用明显增强。

四是绿色循环低碳公路管理能力明显增强。绿色循环低碳公路教育、培训及展示，全行业绿色循环低碳意识和素质明显提高，绿色循环低碳公路文化得到广泛传播；公路建设管理的集约化、精细化、智能化和现代化水平明显提高，绿色循环低碳公路管理体系基本健全；公路节能减排与绿色循环低碳发展统计监测考核体系基本建立，绿色循环低碳公路设计、施工、养护和运营管理的指南标准规范和管理制度体系基本健全，绿色循环低碳监管能力和支撑保障水平明显增强；基本建立与绿色循环低碳公路发展相适应的人才工作管理体制和运行机制，形成一支总量适度、结构合理、素质优良的绿色循环低碳公路发展与管理人才队伍。

三、关于绿色循环低碳公路主题性项目下一步工作安排

绿色循环低碳公路建设是一项复杂的系统工程，必须全面推进，突出重点，下一步应着力做好以下四方面的具体工作：

（一）做好已完成项目的验收工作

2013年12月，成渝高速公路复线（重庆境）项目已正式通车；今年4月份，宁宣高速公路改造工程已完成交工验收，正式投入运行。2013年支持的绿色循环低碳公路项目将陆续完成，部法制司和交通运输节能减排项目管理中心要根据《交通运输节能减排专项资金支持区域性主题性项目实施细则（试行）》的相关要求，编制项目验收程序，组织第三方审核机构科学核定节能减排效果，切实做到

节能减排专项验收,确保专项资金结算工作的公开、公平和公正。各项目实施单位也要做好验收准备,保证项目实施和资金使用都能顺利通过验收。

(二)做好已支持项目的推进工作

绿色循环低碳公路发展牵涉范围广、产业关联性强、影响因素众多,需要与发展改革、财税、环保、建设、科技等部门的通力合作,需要各级地方政府的密切配合。因此,各级交通运输主管部门和项目单位要多向政府和相关部门汇报,加强沟通联系,强化组织领导和宏观指导,建立健全管理体制,完善协同推进机制,加强信息共享与协调合作。同时,要加强能耗统计监测考核体系建设,确保节能减排效果可核查、可追溯、可考核。要建立健全目标责任制和绩效考核机制,做到目标责任到人、工作措施到位、制度保障有力,确保绿色循环低碳公路发展落到实处。

(三)做好拟申报项目的组织工作

准备申报2015年绿色循环低碳公路主题性项目的单位,应认真总结和吸纳好的经验、好的做法,从规划和设计等重点环节入手,将资源节约、环境友好、绿色循环低碳的要求落实到公路发展的全过程。要切实把好规划关,在公路规划中充分考虑节约资源、保护环境,从源头上实现公路岸线和土地资源集约节约和生态环境保护。切实把好公路设计关,在初步设计和施工图设计审查中确保节能、环保专篇设计深度达到规定要求,严格执行建设项目环境评价和节能评估的有关要求,进一步提升绿色循环低碳公路发展水平。

(四)做好绿色公路文化的宣传工作

要大力推动绿色循环低碳公路发展与行业文化建设有机融合,丰富绿色循环低碳公路文化内涵,打造具有时代特征、行业特色的绿色公路文化,将其融入行业核心价值体系加以推广和弘扬。积极培育绿色公路文化新载体,探索建设一批交流推广科普展示平台,广泛传播绿色循环低碳公路文化。要深入、持久地开展形式多样的绿色循环低碳宣传,营造良好发展氛围,增强全行业绿色循环低碳意识。要组织开展经常性的绿色循环低碳公路培训教育、技术和经验交流工作,普及绿色循环低碳公路的科学知识,全面提升全行业从业人员的绿色循环低碳理念、技能与素质。

同志们,绿色循环低碳公路建设是一种全新的公路发展模式,在建设过程中,我们取得了一些成绩,也面临着不少困难。这就需要我们在部党组、部节能减排工作领导小组的领导下,在财政部、国家发展改革委等有关部门的指导和支持下,积极谋划,攻坚克难,为建设绿色循环低碳交通运输体系探索规律,积累经验,真正实现以"绿色交通"引领交通运输现代化发展,实现美丽中国美好愿景。

谢谢大家。

交通运输部关于全面深化交通运输改革的意见[①]

(交政研发〔2014〕242号)

各省、自治区、直辖市、新疆生产建设兵团交通运输厅(局、委),部属各单位、部内各单位:

为深入贯彻党的十八大和十八届三中、四中全会的精神,落实中央的战略部署,全面深化交通运输改革,提出以下意见。

一、全面深化交通运输改革的指导思想、总目标和基本原则

(1)坚持深化改革,遵循市场规律,是交通运输持续健康发展的基本经验,是新的历史条件下实现"四个交通"的关键抉择。改革开放30多年来,我国交通运输事业快速发展,城乡交通运输面貌发生了历史性变化,为促进国家经济社会发展和改革开放,为服务群众安全便捷出行作出了重要贡献。当前,我国经济发展进入新常态,交通运输发展进入新阶段,改革进入攻坚期和深水区。必须以强烈的历史使命感、责任感,在新的历史起点上全面深化改革,最大限度调动一切积极因素,以更大决心冲破思想观念的束缚、突破利益固化的藩篱、提高推进发展的能力,努力开拓中国特色交通运输事业更加广阔的前景。

(2)全面深化交通运输改革,必须高举中国特色社会主义伟大旗帜,以邓小平理论、"三个代表"重要思想、科学发展观为指导,贯彻落实党中央、国务院的决策部署,坚持社会主义市场经济改革方向,以提升服务、改善民生为出发点和落脚点,坚决破除各方面体制机制弊端,进一步解放和发展交通运输生产力,努力开创"四个交通"发展新局面,为全面建成小康社会提供更加坚实的支撑和保障。

(3)全面深化交通运输改革,总目标是推进交通运输治理体系和治理能力现代化。到2020年,在交通运输重要领域和关键环节改革上取得决定性成果,交通运输体制机制更加完善,发展质量和服务水平显著提升,支撑和保障国民经济、社会发展、民生改善能力显著增强,形成更加成熟规范、运行有效的交通运输制度体系。

实现这个总目标,必须坚持以下原则:

——坚持市场决定作用。立足于交通运输的基础性、先导性、服务性,进一步厘清政府与市场的边界,发挥市场在交通运输资源配置中的决定性作用,加快转变政府职能,更好发挥政府作用。

——坚持依法推进。坚持运用法治思维和法治方式推进改革,凡属重大改革都要于法有据;实践证明行之有效的,推动及时上升为法律法规;实践条件还不成熟、需要先行先试的,推动按照法定程序作出授权。

[①] 选取《意见》中与绿色交通相关的内容。

——坚持注重实效。坚持以改革促发展,正确处理改革与发展的关系,推动交通运输改革成果更多更公平地惠及广大群众。在改革中要突出问题导向,敢于攻坚克难,加强探索创新,确保改革取得实效。

——坚持统筹兼顾。对一些涉及面广、影响深远的重大改革,坚持加强顶层设计和实践探索相结合,兼顾各方利益,广泛凝聚共识,寻求"最大公约数",切实把握好改革的力度和节奏,做到稳中求进。

二、完善综合交通运输体制机制

(4)深化交通大部门制改革。加强综合交通运输制度建设,推动国家层面出台加快综合交通运输发展的指导意见。建立健全综合交通运输发展协调机制,建立健全和落实部与部管国家局之间的职责关系和工作运行机制,推动完善部管国家局与地方交通运输主管部门之间的工作协调机制,促进各种交通运输方式融合发展。支持地方交通运输主管部门负责本区域内综合交通运输规划、建设、管理与服务,统筹地方铁路、公路、水路、民航、邮政等管理,加快形成"大交通"管理体制和工作机制。鼓励和支持各地加大综合交通运输改革探索,选择具备条件的地方建立综合交通运输改革试验区。

铁路、民航、邮政的其他改革由国家铁路局、中国民用航空局、国家邮政局具体研究部署。

(5)完善综合交通运输规划编制机制。制定出台综合交通运输规划编制与实施办法。服务国家"一带一路"、京津冀协同发展、长江经济带等战略,建立跨区域的交通运输规划编制协调机制。落实国家规划、政策、规定,完善各种运输方式规划编制工作机制,加强铁路、公路、水路、民航、邮政发展的统筹规划。完善交通运输规划项目征集和论证制度,充分发挥下一级交通运输主管部门和社会各方的作用。探索建立交通运输与国土、住建等部门之间多规衔接的规划编制机制。

(6)完善综合运输服务衔接机制。制定完善多式联运系统、综合交通枢纽等建设、服务标准,实现各种运输方式标准的有效衔接。成立综合交通运输标准化技术委员会,统筹推进综合交通运输标准的制修订和实施工作。推进货运"一单制"、客运"一票制"、信息服务"一站式",实现综合运输一体化服务。完善国家重大节假日等特殊时期运输服务协调机制,提升综合运输服务保障能力和水平。

三、加快完善交通运输现代市场体系(略)

四、加快转变政府职能(略)

五、加快推进交通运输法治建设(略)

六、深化交通运输投融资体制改革(略)

七、深化公路管理体制改革(略)

八、深化水路管理体制改革(略)

九、完善现代运输服务体系

（29）深化公共交通体制机制改革。探索公共交通引导城市合理发展模式，完善城市交通拥堵综合治理机制，科学引导公众出行需求，合理控制私人小汽车的增长和使用，使公共交通成为公众出行优选。改革公共交通管理体制，推动公共交通与城市土地使用一体化规划，探索建立规划、建设、运营一体化的管理模式。完善城市公共交通资源配置机制，优化公共汽电车、轨道交通线网布局，引导公共交通企业规模经营、适度竞争。完善城市公共交通发展绩效评价体系，深化公交都市创建工作。健全城乡和跨区域公共交通衔接机制，促进城乡和区域公共交通协调发展。

（30）深化道路客运市场化改革。优化道路客运线网布局规划，提高群众换乘的便捷性。改革道路客运班线经营权配置机制，全面推进实施客运线路服务质量招投标制度。发挥市场在线路资源配置中的决定性作用，扩大企业在站点变更、班次增减、车辆更新等方面的经营自主权。创新客运组织和管理方式，适应多样化的出行需求。完善农村客运运营机制，促进城乡道路客运一体化发展。

（31）完善交通运输促进物流业发展体制机制。推动物流管理体制改革，发挥交通运输在物流业发展中的基础和主体作用。完善交通运输与发展改革、商务、海关、供销等部门综合协调机制，打破条块分割和地区封锁，加快形成跨区域物流大通道，降低物流成本。大力推广多式联运、甩挂运输、共同配送等组织方式，支持无车承运人、货运中介等管理方式创新。完善配送车辆进入城区作业相关政策，建立健全城市配送与车辆管理工作协作机制，着力解决物流运输"最后一公里"问题。加强物流信息资源的整合利用，加快推进国家交通运输物流公共信息平台建设，促进各类平台之间的互联互通和信息共享。

（32）推进出租汽车行业市场化改革。科学定位出租汽车服务，完善运力投放机制，科学调节出租汽车总量，推进通过服务质量招投标等方式配置出租汽车的车辆经营权。完善出租汽车价格动态调整机制，形成与公共交通合理的比价关系。加强对手机召车等新型服务模式的规范管理，鼓励发展多样化约车服务。推动出租汽车行业实行公司化、集约化经营和员工制管理，进一步形成畅通有序的行业诉求表达和权益保障机制。

（33）深化汽车维修和驾培市场化改革。建立实施汽车维修技术信息公开制度，促进维修市场公平竞争。推进汽车维修配件供应渠道开放流通，破除维修配件渠道垄断，探索建立汽车维修配件质量追溯体系。鼓励汽车维修企业开展连锁经营或重组并购，打造优质品牌，提升服务水平和资源配置效率。深化机动车驾驶员培训和道路从业人员培训市场化改革，推动完善考培分离制度，强化专职驾驶员培训。

十、完善交通运输转型升级体制机制

（34）完善智慧交通体制机制。研究制定智慧交通发展框架。加快推进交通运输信息化、智能化，促进基础设施、信息系统等互联互通，实现ETC、公共交通一卡通等全国联网。推动交通运输行业数据的开放共享和安全应用，充分利用社会力量和市场机制推进智慧交通建设。完善交通运输科技创新体制机制，强化行业重大科技攻关和成果转化，推进新一代互联网、物联网、大数据、"北斗"

卫星导航等技术装备在交通运输领域的应用。完善对基础性、战略性、前沿性科学研究和共性技术研究的支持机制,培育建设一批国家级、省部级协同创新中心、重点实验室、工程中心和研发中心。建立健全交通运输领域科研设施和仪器设备开放运行机制。

(35)完善绿色交通体制机制。研究制定绿色交通发展框架和评价指标体系,引导社会各方共同推进绿色交通发展。健全营运车船燃料消耗和主要污染物排放的市场准入和退出机制。加强绿色交通统计监测体系建设,完善重点交通运输企业节能减排监管和工程建设生态保护制度。完善交通运输节能减排产品(技术)推广机制,大力推广应用清洁能源。积极推进内河船型标准化。推广合同能源管理,积极培育绿色循环低碳交通运输服务机构,推进环境污染第三方治理。大力倡导绿色出行。

(36)完善平安交通体制机制。科学界定交通运输管理部门与其他安全监管部门的责任界限,健全交通运输安全生产责任体系。制定交通运输安全监管工作责任规范,探索推行尽职免责的监管制度。健全交通运输安全生产责任追究机制,强化落实安全生产"一票否决"制度。完善交通运输隐患排查治理体系,健全安全生产重大隐患排查治理、报备、挂牌督办等制度。建立交通运输安全风险防控体系,健全安全风险辨识、评估、预防控制等制度。完善危险品运输安全监督管理制度。建立交通运输安全生产巡视制度。

(37)加强交通运输对外合作与开放。

(38)推进交通运输行业文化创新。

(39)完善交通运输反腐败体制机制。

十一、加强全面深化交通运输改革的组织领导(略)

交通运输部
2014 年 12 月 30 日

年度综述篇

党的十八大提出把生态文明建设放在突出地位,融入经济建设、政治建设、文化建设、社会建设各方面和全过程,努力建设美丽中国,实现中华民族永续发展。党的十八届三中全会、四中全会进一步对完善生态文明制度体系和法治体系作出了统一部署。交通运输作为经济社会发展的基础性、先导性和服务性行业,同时也是能源资源密集和生态环境影响较大的行业,是国家节能减排与应对气候变化的重点领域、生态环境保护与污染防治的重要行业。因此,发展绿色交通是国家建设资源节约型和环境友好型社会、推进生态文明建设的重要领域,责任重大、任务艰巨。

2014年,交通运输行业全面落实党中央、国务院关于加快推进生态文明建设的战略部署,深入实施"四个交通"发展战略,贯彻落实交通运输部《加快推进绿色循环低碳交通运输发展指导意见》的总体要求,切实加大节能减排和环境保护工作力度,加快转变交通运输发展方式,调整优化交通运输结构,大力推动行业转型升级提质增效,强化理念意识,注重科技创新,健全体制机制,深化试点示范,加大宣传交流,节能环保监管能力和服务水平不断提升,绿色交通运输体系建设取得明显成效。

一、节 能 减 排

(一)优化交通运输用能结构

根据《中国能源统计年鉴2015》统计数据,2014年,交通运输、仓储和邮政业能源消耗总量为33986.9万吨标准煤,煤炭、汽油和柴油等传统石化能源在交通运输行业能源消费中所占的比重由2011年的88.0%下降至2014年的84.5%,下降了3.5个百分点,而天然气、电力等清洁能源占比增加了1.3个百分点。尽管增长幅度不大,但由于国家对优化运输方式、调整运输结构、推广清洁能源车船的大力支持,行业能源消费结构清洁化趋势会进一步加快。其中汽油消费6864.1万吨标准煤,占比20.2%;柴油消费16090.5万吨标准煤,占比47.3%,与2011年相比下降了4.8个百分点;天然气消费2210.8万吨标准煤,占比6.5%,与2011年相比提高了1.1个百分点,其中液化天然气消费402.8万吨标准煤,占比1.2%,与2011年相比提高了0.2个百分点;电力消费1042.7万吨标准煤,占比4.0%。

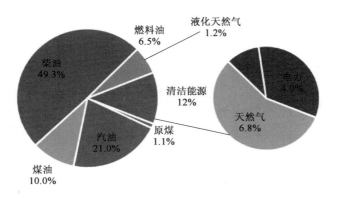

2014年交通运输行业能源消费结构

2014年,交通运输部制定印发了《关于印发液化天然气燃料动力船舶应用推进工作方案的通知》(海船检〔2014〕569号)和《关于推进船舶应用液化天然气燃料工作有关事项的通知》(海船检〔2014〕671号),加快推进了天然气船舶的推广应用,力争打造成为新能源汽车与天然气汽车应用之外,推动交通运输领域能源转型的又一重要领域。

(二)提升交通运输用能效率

根据交通运输部《2014年交通运输行业发展统计公报》统计数据,2014年公路班线客运企业百车公里能耗值比2013年下降1.6%;远洋和沿海货运企业千吨海里能耗值比2013年下降12.6%;港口生产单位吞吐量综合能耗比2013年下降5.1%。**货物运输**能耗强度中,公路运输单位能耗随着车辆技术的不断进步、运输组织化程度的不断提高和运输能源利用效率的不断提升,呈现逐年降低的态势。**城市客运**能耗强度中,轨道交通单位能耗强度最低,公交次之,出租汽车最高。**港口生产**能耗强度中,沿海港口下降幅度大于内河港口,这主要是由于港口规模化、大型化的进一步推进,以及港口"油改电"、装卸设备能量回收等节能减排技术推广。

(三)推广应用节能减排技术

2014年,在世界银行及全球环境基金(GEF)赠款项目支持下,国家发展改革委应对气候变化司组织开展了中国应对气候变化技术需求评估项目(TNA)研究,交通运输部科学研究院和中国民航科学技术研究院承担了交通运输行业相关研究工作,提出了纯电动汽车、LNG动力船舶、燃料电池汽车、航空发动机节能改造等减缓技术需求短名单,为促进联合国气候变化框架公约下的技术转让提供了决策支撑。

在《交通运输行业节能减排技术、工艺和产品推荐目录编制(2013年度)》研究成果的基础上,2014年交通运输部组织开展了公路水路交通基础设施节能减排技术、工艺和产品推广应用实施方案研究,提出公路水路基础设施节能减排技术、工艺和产品在2015—2017年的具体推广应用实施方案,并且先后发布了4批次(第26~29批)燃料消耗量达标车型和1批次特种车型;建成了国内首艘双燃料动力船和内河LNG加注泵船。遴选发布了第三批公路甩挂运输推荐车型。

二、环 境 保 护

(一)持续加大环境保护资金投入

2014年,交通运输行业进一步落实《公路水路交通运输环境保护"十二五"发展规划》,大力推进交通运输环境保护工作,公路水路交通运输环境保护总投入增至165.84亿元,比上年增加5.4%。其中:公路投入129.67亿元、水路投入36.18亿元。公路在保持生态保护设施投入的同时,注重加大了对污染防治设施的投入,生态保护设施投入和污染防治设施投入分别占总投入的68%和18%;水路投入中,污染防治设施投入持续保持稳定,生态保护投入稳步上升,分别占总投入的65%和29%。

(二)深入开展行业大气污染防治

2014年,交通运输行业全面贯彻落实《大气污染防治行动计划》,进一步强化大气污染防治工作措施,加大综合治理力度。2014年公路水路交通运输行业共排放化学需氧量(COD)5111吨,氨氮777吨,废气排放总量1879.14亿标立方米,排放量维持在较低水平,达标排放率保持稳定,主要污染物排放量有效消减。

截至2014年底,公路水路交通运输行业锅炉除尘设备配备总数增至1176台,比上年增加30%,总设计处理能力为14.61万吨/年,比上年增加10%;锅炉脱硫设备总数为459台(套),比上年增加23%;作业粉尘处理设备总数为5571台(套),比上年增加30%。

(三)深入开展行业水污染防治

根据交通运输部相关统计,2014年公路水路交通运输行业污水产生总量为0.84亿吨,污水处理总量为0.81亿吨,污水达标排放总量为0.70亿吨,污水回用总量为0.24万吨;污水治理设施运行投入3.3亿元。截至2014年底,公路水路交通运输行业污水处理设施配备总数达到5937台,比上年增加15%。污水处理设施的总设计处理能力为4.11亿吨/年,比上年提高10%。污水治理设施正常运行率为80%;经过处理后的污水达标排放率74%。

2014年,沿海直属海事系统管辖水域到港船舶污染物接收处理设施数量1564个,比上年增加4%,增加的设施主要为污染物接收船,数量为1054艘,比上年增加7.6%。沿海规模以上港口船舶油类污染物接收量156万吨,船舶生活污水接收量9万吨,船舶垃圾接收量10.83万吨,船舶危化品废水接收量3万吨。

(四)深入开展行业固体废弃物及噪声防治

2014年公路水路交通运输行业固体废弃物产生总量3093.33万吨,固体废物处置量为2963.33万吨,处置率为96%。截至2014年底,交通运输行业固体废弃物处理处置设施总数达到864台(套),与上年基本持平。用于交通运输行业噪声防治设置的声屏障共计107万米,比上年增加5.4%;隔声窗16.23万平方米,防噪声林带4793.89万平方米,均与上年基本持平。

(五)持续提升港口污染事故应急处理能力

2014年交通运输部印发了《关于推进港口转型升级的指导意见》(交水发〔2014〕112号),提出加强港口环境保护,严格依法配备污染监视监测、污染物接收处理、污染事故应急处置的设施、设备和器材。加强港口环境监测、粉尘和噪声污染防治,引导港口企业开展生态型港口工程示范和环境管理体系认证工作。积极推进港口开展生态保护与修复工程,支持开展港口污染防治、环境污染事故应急等环境保护技术研究。

截至2014年底,全国港口共配备围油栏50.39万米,其中当年新增5.36万米;收油机498台,当年新增69台;油拖网2355套,当年新增44套;吸油材料973吨,当年新增150吨;消油剂989吨,当年新增104吨;消油剂喷洒装置599套,当年新增58套;清污船舶329艘,当年新增16艘;储油装置1727台,当年新增127台。

针对原油成品油码头油气回收推广应用工作,2014年交通运输部成立了专题调研组,对美国、欧盟、韩国等17个国外相关组织和10个国内港口码头进行了信函调研,针对我国重要的相关政府部门和知名的码头油气回收系统设计单位进行了实地走访和座谈研讨,对国内油品吞吐量较大、现已安装码头油气回收系统的部分港口码头进行了现场考察,全面了解相关单位和部门对油气回收工作的意见建议。在此基础上,交通运输部完成了原油成品油码头油气回收(试点)行动方案,广泛征求相关部门意见,并会同相关单位开展码头油气回收配套政策、规范和技术标准的完善与修订工作。

三、试点示范

2014年,交通运输部持续推进绿色循环低碳交通运输区域性主题性试点示范工作,继续开展了行业生态环保试点示范工程建设,启动了交通运输能耗统计监测试点工作,继续推进甩挂运输和公交都市创建工作,覆盖了省份、城市、公路、港口、城市交通等范围,囊括了节能降碳、资源循环集约节约利用、生态环境保护、污染治理等内容,基本上形成了全方位的试点示范格局。

(一)继续推进绿色循环低碳交通运输区域性主题性试点工作

根据交通运输部《交通运输节能减排专项资金申请指南(2014年度)》(厅政法字〔2013〕330号)等相关规定,完成了2014年度交通运输节能减排专项资金支持项目的申请与审核工作。2014年,中央财政投入7.4亿元,对公路水路交通运输节能减排116个项目给予奖励。其中,一般性项目44个,区域性主题性项目55个,能力建设项目17个。2014年度支持项目共可实现年度节能能力79.2万吨标准煤(tce),替代燃料量354.9万吨标准油(toe),可年度减少二氧化碳(CO_2)排放393.9万吨。

(二)继续开展行业生态环保试点示范工程建设

2014年,交通运输部推动行业生态环境保护建设,在基础设施领域坚持生态保护与修复并重,加大行业环境污染防治、生态保护与修复、环境监管力度。继续组织实施了多项行业环境监测网建设、生态建设和修复等行业环保试点工程,完成了"十二五"环保试点项目总结工作。

(三)启动开展交通运输能耗统计监测试点工作

2014年,交通运输部在北京、邯郸、济源、常州、南通和淮安6个城市交通运输部门启动开展交通运输能耗统计监测试点工作。通过此项试点工作,力争推进营运货车、内河船舶能耗在线监测和测算交通运输能耗、排放指标,完善统计监测工作方案和技术方案。

(四)继续推进公路甩挂运输试点

2014年,交通运输部组织开展了第三批公路甩挂运输推荐车型的遴选工作,进一步推动我国公路甩挂运输的发展,加快道路货运车型结构调整和技术进步,遴选更多适用、先进、优质车型,以满足甩挂运输试点工程的需要。通过试点项目,有效地推动了我国甩挂运输的快速发展,提高了我国道路货物运输效率、质量与安全水平以及货物运输组织化管理水平,加快现代交通运输业的发展步伐。

（五）加快推进水运行业应用液化天然气试点示范

2014年9月,交通运输部评选并公布了水运行业应用液化天然气首批试点示范项目名单,包括"中外运长航长江干线主力船型船舶应用LNG综合试点项目"等7个试点项目,"西江干线广西段应用LNG示范项目"等6个示范项目,以及"安徽皖江与巢湖水运应用LNG综合示范区"等3个示范区项目,进一步推进水运行业LNG燃料的应用,促进水运行业节能减排,加快绿色水运建设步伐。

（六）持续推进公交都市示范城市创建工作

2014年,启动第二批公交都市创建工作,各地强化"公交引领城市发展"理念,科学制定城市综合交通规划和公共交通规划,出台公交土地保障、资金补贴、路权优先等方面优惠政策,解决公交发展难题;因地制宜加强公交运营管理,特许经营、综合开发等创新模式不断涌现,智能化服务便民提效,公交行业运营效率显著提升;公交服务水平显著提升,定制公交、商务快巴、微循环公交等新服务深受百姓好评,"最美司机"接连涌现;公交优先的社会氛围日益浓厚,全社会共建共享公交都市的局面正在形成。

（七）组织开展行业绿色循环低碳示范项目评选

为加快推广交通运输行业节能减排示范项目的先进经验与成果,经各省交通运输主管部门推荐、专家初审及公示,2014年6月17日,"沥青拌和设备'油改气'技术"等30个项目被评为交通运输行业首批绿色循环低碳示范项目。

四、能力建设

2014年,交通运输部继续强化节能环保能力建设,加强重大战略研究和规划编制,研究出台节能环保政策,着力完善制度标准体系,强化绿色交通科技支撑,交通运输节能减排与环境保护监管能力和服务水平得到明显提升。

（一）加强重大战略研究和规划编制

组织开展中国交通低碳发展宏观战略研究。 2014年,由国家发展改革委气候司牵头组织,国家应对气候变化专家委员会全程指导、交通运输部具体负责,交通运输部科学研究院联合8家行业内外知名研究机构共同开展的《中国交通低碳发展宏观战略研究》课题顺利通过专家组评审验收。

启动交通运输节能环保"十三五"规划编制工作。 交通运输部启动了交通运输节能环保"十三五"发展规划编制工作,组织完成了《公路水路交通运输节能减排"十二五"规划中期评估研究》《公路水路交通运输节能减排"十三五"规划重大问题研究》《"十三五"绿色交通发展战略目标及相关政策研究》《交通运输绿色循环低碳发展水平评估和"十三五"重点任务研究》等课题研究工作。

组织编制全国公路水路交通运输环境监测网规划。 根据《交通运输"十二五"发展规划》和重点工作安排,为做好顶层设计,有序推进行业环境监测工作,交通运输部综合规划司组织开展了《全国公路水路交通运输环境监测网总体规划》编制工作。同时,福建、北京、广东、宁夏等10余个省市陆续启动了"省级交通运输环境监测网规划"编制工作,以衔接和落地全国规划。

(二)完善标准制度体系建设

推进交通运输节能减排标准体系建设。研究制定了《交通运输重点耗能产品能效评定方法通则》和《交通运输重点耗能产品能效评定推进方案》,重点围绕运输车辆、船舶、港口机械、交通工程机械等交通运输装备研究制定了《交通运输行业重点耗能产品目录》,初步形成了行业重点用能产品能效、技术装备能耗限额、碳排放管理等重要标准体系。组织开展了交通运输节能减排标准体系建设研究,研究制定了《交通运输行业节能减排标准体系表(2014—2020年)》和《交通运输节能减排标准建设实施方案(2014—2020年)》。2014年还组织开展了公路建设项目、沥青混凝土路面施工、水泥混凝土路面施工、沥青混凝土路面养护和水泥混凝土路面养护等能效和二氧化碳排放强度等级及评定方法的研究工作。

完善交通运输节能减排资金管理制度。制定发布了《交通运输节能减排项目节能减排量和节能减排投资额核算细则(2014年版)》;印发了《创建绿色交通省份、绿色交通城市、绿色公路、绿色港口实施方案编制指南(2014年版)》,为交通运输行业进一步深化绿色交通区域性主题性试点示范提供参考;印发《绿色交通示范项目专家库管理办法》,扩充了交通运输部绿色交通领域专家库,为专家智慧、服务行业决策管理提供了有力支撑。

印发《公路网规划环评技术要点(试行)》。为贯彻落实《规划环境影响评价条例》,规范和指导公路网规划环境影响评价工作,提高公路网规划环境影响报告书的质量,促进公路发展与生态环境保护相协调,2014年11月24日,环境保护部、交通运输部联合印发了《公路网规划环境影响评价技术要点(试行)》(环办〔2014〕102号),作为开展公路网规划环境影响评价工作的参考。

(三)强化基础研究和数据支撑

开展重大科研课题,继续加大对交通节能减排能力建设项目的支持力度。2014年继续加大对交通节能减排能力建设项目的支持力度,对《公路水路交通运输节能减排"十三五"规划重大问题研究》等17项课题给予了资金支持。

启动交通运输环境数据中心一期工程建设。交通运输环境数据中心是行业数据中心的重要组成部分,是部级交通环境数据资源管理平台,也是各省级交通环境管理、监测和统计数据的汇集点。2014年2月12日,交通运输部以交函水〔2014〕76号文批复了交通运输环境数据中心一期工程初步设计,为行业环境监测、环保统计、环保政策制定和规划编制提供支撑。

(四)出台节能环保相关政策文件

制订行业节能减排低碳发展行动方案。为贯彻落实党的十八大、十八届三中全会精神和《国务院办公厅关于印发2014—2015年节能减排低碳发展行动方案的通知》(国办发〔2014〕23号)要求,加快推进绿色交通发展,确保实现国家和行业提出的公路水路交通运输节能减排"十二五"规划目标,交通运输部组织制定了《交通运输行业贯彻落实〈2014—2015年节能减排低碳发展行动方案〉的实施意见》。要达到:到2015年,交通运输能源利用效率显著提高,用能结构得到改善,交通环境污染得到有效控制,二氧化碳排放强度明显降低,绿色交通发展取得显著成效。

联合签署了部际环境保护合作备忘录。2014年,环境保护部、交通运输部共同签署了《关于促进交通运输绿色发展共同加强环境保护合作备忘录》,明确提出:交通运输行业环境保护管理工作是国家环境保护工作的重要组成部分,同时也是交通运输建设和运营的重要组成内容。两部将本着相互尊重、相互支持、密切配合、共同发展的精神,努力探索建立有效的合作机制,不断拓展合作领域、完善合作内容、创新合作方式,逐步在法规标准、规划编制、前期工作、环境保护监督管理、环境监测、科技创新、应急联动等方面实现全面、深入、长期的战略合作,打造生态环境保护和交通运输事业和谐发展的新局面,更好地为经济社会可持续发展和生态文明建设服务。环境保护部和交通运输部协商建立长效合作机制,签订关于促进交通运输绿色发展共同加强环境保护合作备忘录。

制定公路网规划环境影响评价技术要点。为贯彻落实《规划环境影响评价条例》,规范和指导公路网规划环境影响评价工作,提高公路网规划环境影响报告书的质量,促进公路发展与生态环境保护相协调,环境保护部、交通运输部共同组织制定了《公路网规划环境影响评价技术要点(试行)》。

完善内河船型标准化相关管理制度。交通运输部近年来持续推进内河船型标准化工作,以"车、船、路、港"千企低碳交通运输专项行动为抓手,引导内河船舶运力结构调整。2014年,出台了《内河运输船舶标准化管理规定》(交通运输部令2014年第23号),并会同财政部印发了《内河船型标准化补贴资金管理办法》(财建〔2014〕61号),进一步加强内河运输船舶标准化管理,提高内河运输船舶技术水平,防止船舶污染环境,提高运输效能。

出台推动港口转型升级和绿色发展的相关政策文件。交通运输部于2014年印发了《交通运输部关于推进港口转型升级的指导意见》(交水发〔2014〕112号),提出加强港口环境保护,严格依法配备污染监视监测、污染物接收处理、污染事故应急处置的设施、设备和器材。加强港口环境监测、粉尘和噪声污染防治,引导港口企业开展生态型港口工程示范和环境管理体系认证工作。积极推进港口开展生态保护与修复工程,支持开展港口污染防治、环境污染事故应急等环境保护技术研究。

行业部署篇

一、加强组织领导,强化顶层设计

(一)启动交通运输节能环保"十三五"规划编制工作

2014年10月28日,综合交通运输"十三五"发展规划编制工作启动会在湖北武汉召开。交通运输部杨传堂部长强调,以节能减排为抓手,推动交通运输可持续发展。以绿色循环交通基础设施、低碳环保运输装备、集约高效运输组织为重点领域,推动"绿色交通"建设由试点示范向取得突破性进展转变。强化顶层设计,研究建立交通运输绿色发展的制度体系和标准体系,加快推进行业环境监测网建设,强化行业节能环保监管。

同时,交通运输部启动了交通运输节能环保"十三五"规划编制工作,组织完成了《"十三五"绿色交通发展战略目标及相关政策研究》《交通运输绿色循环低碳发展水平评估和"十三五"重点任务研究》等课题研究工作,开展了交通运输环境保护和节能减排方面的调研工作,全面推进行业绿色发展。

(二)组织召开重要会议研究部署行业节能减排工作

2014年1月28日,交通运输部副部长何建中主持召开了部节能减排工作领导小组2014年第一次会议。会议审议并原则通过了《2013年交通运输行业节能减排工作总结》和《2014年交通运输行业节能减排工作要点》。何建中副部长充分肯定了2013年交通运输行业节能减排工作取得的成效,并强调2014年交通运输行业节能减排工作要以绿色交通为主题,重点做好八个方面工作。一是完善制度体系、规划体系、标准体系建设,强化监测和评估工作;二是强化市场监管,将节能减排的要求融入行业管理制度;三是组织开展试点示范,大力推进区域性试点和主题性示范项目;四是继续开展"车、船、路、港"千家企业低碳交通运输专项行动和科技专项行动;五是做好公共机构(包括部属单位)节能工作,发挥机关表率作用;六是进一步完善节能减排激励机制,引导地方交通部门协调建立激励政策;七是积极应对气候变化,与大气污染防治工作联动起来,发挥政策的叠加效应;八是做好宣传和交流工作。何建中副部长要求,部内各司局要在各自职责范围内,进一步明确年度目标,细化实化抓手,部政策法规司要发挥好综合、协调作用,确保国家下达的各项节能减排任务和2014年交通运输行业节能减排各项重点工作的完成。

2014年6月9日,交通运输部召开行业节能减排降碳工作电视电话会议。杨传堂部长高度重视交通运输节能减排降碳工作,专门对会议作出批示:绿色交通建设关系人民生活,关乎行业发展和生态文明建设全局,要深入贯彻落实党的十八大和十八届三中全会精神,以提高能效、降低排放、保护生态为核心,抓好顶层设计,健全制度体系,强化标准规范,提升技术支撑,推进试点示范,加大宣传力度,着力推进绿色基础设施、运输装备、运输组织体系建设,走出一条符合时代要求、人民期盼、具有交通运输特色的绿色发展和可持续发展之路。王昌顺副部长在会上强调,要将制度建设作为主攻方向和重点任务,强化节能减排降碳,促进绿色交通发展,确保全面完成国务院提出的行业节能减排降碳目标,为到2020年基本建成绿色循环低碳交通运输体系夯实基础。

（三）印发《关于促进交通运输绿色发展共同加强环境保护合作备忘录》

为贯彻落实党的十八大精神,全面落实国务院《关于加强环境保护重点工作的意见》《关于加快长江等内河水运发展的意见》等要求,促进交通运输绿色发展、共同推进生态文明建设,交通运输部与环境保护部共同签署并印发了《关于促进交通运输绿色发展共同加强环境保护合作备忘录》。

交通运输行业环境保护管理工作是国家环境保护工作的重要组成部分,同时也是交通运输建设和运营的重要组成内容。双方将本着"相互尊重、相互支持、密切配合、共同发展"的精神,努力探索建立有效的合作机制,逐步在法规标准、规划编制、前期工作、环境保护监督管理、环境监测、科技创新、应急联动等领域实现全面、深入、长期的战略合作,更好地为经济社会可持续发展和生态文明建设服务。

双方约定,建立定期会晤与热线联系等工作机制,不定期进行工作交流,专题研究共同关心的重大问题,协调推进重点工作;联合推动部、省、市、县各级环境保护部门和交通运输部门加强合作,不断拓展合作领域,打造生态环境保护和交通运输事业和谐发展的新局面,为建设美丽中国共同努力。

（四）印发《2014年交通运输行业节能减排工作要点》

2014年2月18日,交通运输部印发《交通运输部办公厅关于印发2014年交通运输行业节能减排工作要点的通知》(厅政法字〔2014〕36号)。2014年交通运输行业节能减排工作要点：

(1)加强制度体系建设,强化能耗监测和评估。
(2)强化市场监管,提高节能减排服务能力。
(3)推进试点示范,发挥典型引领作用。
(4)深化专项行动,强化企业主体作用。
(5)做好机关节能,发挥政府部门表率作用。
(6)完善激励机制,提升专项资金管理水平。
(7)应对气候变化,做好大气污染防治。
(8)加强宣传交流,传播绿色交通文化。

（五）制定实施《交通运输行业2014—2015年节能减排低碳发展行动方案》

为贯彻落实党的十八大、十八届三中全会精神和《国务院办公厅关于印发2014—2015年节能减排低碳发展行动方案的通知》(国办发〔2014〕23号)要求,加快推进绿色交通发展,确保实现国家和行业提出的公路水路交通运输节能减排"十二五"规划目标,交通运输部组织制定了《交通运输行业贯彻落实〈2014—2015年节能减排低碳发展行动方案〉的实施意见》提出了"十二五"后两年的工作目标以及重点任务部内分工安排。

《交通运输行业贯彻落实〈2014—2015年节能减排低碳发展行动方案〉的实施意见》提出的工作目标：到2015年,交通运输能源利用效率显著提高,用能结构得到改善,交通环境污染得到有效控制,二氧化碳排放强度明显降低,绿色交通发展取得显著成效。与2013年相比,公路运输、水路运输单位周转量能耗分别下降4.7%、4.6%,港口生产单位吞吐量综合能耗下降4.9%。与2010年相比,化学需氧量(COD)、总悬浮颗粒物(TSP)等主要污染物排放强度下降20%。2014—2015年,公路运输实现节能量1100万吨标准煤,减少二氧化碳排放量2386万吨;水路运输实现节能量279万吨标准煤,减少二氧化碳排放量628万吨;港口实现节能量21万吨标准煤,减少二氧化碳排放量34万吨。

具体内容包括:

(1)加快推进重点领域节能减排降碳工作。

①加强绿色基础设施建设。

②推广应用绿色交通运输装备。

③加快构建绿色交通运输组织体系。

④推进交通运输信息化智能化建设。

(2)深入开展试点示范和专项行动。

①深化绿色循环低碳交通运输试点。

②持续开展"车、船、路、港"千家企业低碳交通运输专项行动。

③组织开展交通运输节能减排科技专项行动。

(3)加强制度建设,强化保障措施。

①完善交通运输节能减排政策制度。

②完善交通运输节能减排标准体系。

③加强交通运输节能减排监测考核。

④引导行业建立激励政策。

⑤积极探索和运用市场机制。

⑥加强绿色交通文化宣传与交流。

(六)组织编制全国公路水路交通运输环境监测网规划

为加强交通运输环境监测能力,交通运输部、环境保护部《关于促进交通运输绿色发展共同加强环境保护合作备忘录》明确提出"交通运输环境监测网是国家环境监测体系的重要组成部分"。

根据《交通运输"十二五"发展规划》和重点工作安排,为做好顶层设计,有序推进行业环境监测工作,交通运输部综合规划司组织开展了《全国公路水路交通运输环境监测网总体规划》编制工作。同时,福建、北京、广东、宁夏等10余个省市陆续启动了"省级交通运输环境监测网规划"编制工作,以衔接和落地全国规划。为规范和指导省级规划编制工作,提高省级行业环境监测网规划和建设的规范性和科学性,部综合规划司同步研究起草了《公路水路交通运输环境监测网总体规划编制办法(试行)》。

2014年6月,经过广泛调研和系统研究,全国公路水路交通运输环境监测网总体规划研究报告基本形成。交通运输部综合规划司组织来自环境保护部、交通运输部等多位环境监测领域的权威专家评审通过了研究报告。2014年7月~12月,交通运输部综合规划司向环境保护部、全国各省(自治区、直辖市)交通运输主管部门、部属航务管理局、部属科研机构、沿海及内河主要港口管理局书面征求意见,之后根据反馈意见组织完成了相应的修改完善。

(七)印发《公路网规划环评技术要点(试行)》

为贯彻落实《规划环境影响评价条例》,规范和指导公路网规划环境影响评价工作,提高公路网规划环境影响报告书的质量,促进公路发展与生态环境保护相协调,2014年11月24日,环境保护部、交通运输部联合印发了《公路网规划环境影响评价技术要点(试行)》(环办〔2014〕102号),作为开展公路网规划环境影响评价工作的参考。

该技术要点规定了公路网规划环境影响评价工作的一般性原则、内容、工作程序、方法及环境影响报告书的编制要求,主要用于指导和规范省级公路网规划环境影响报告书的编制。

(八)组织开展中国交通低碳发展宏观战略研究

2014年,由国家发展改革委气候司组织、国家气候变化专家委员会指导,交通运输部负责,交通运输部科学研究院牵头,联合8家行业内外知名研究机构共同开展的《中国交通低碳发展宏观战略研究》课题顺利通过专家组评审验收。课题面向中国交通运输低碳发展的战略需求,首次研究分析了交通运输低碳发展的深刻内涵和主要特征,科学评价了其重要影响和战略需求,运用战略分析、情景模拟和仿真模型明确提出了到2020年、2030年和2050年我国交通运输低碳发展的总体思路、战略目标、战略任务和路线图,制定了到2050年中国交通运输低碳发展宏观战略,凝练了政策要点。核心研究成果已经被国家发展改革委采纳,为《中美应对气候变化联合声明》的签订做出了重要支撑,在此基础上印发了《国家气候变化简报》[国家应对气候变化领导小组办公室第38期(总第202期)],并获交通运输部杨传堂部长等领导批示,指出要对交通运输系统节能、减排、低碳、环保的情况进行分析、专题研究,并提出推进的具体措施。

(九)加强大气污染防治区域协作

为贯彻落实国务院《大气污染防治行动计划》及《大气污染防治行动计划重点工作部门分工方案》相关要求,针对原油成品油码头油气回收推广应用工作,2014年交通运输部成立了专题调研组,对美国、欧盟、韩国等17个国外相关组织和10个国内港口码头进行了信函调研,针对我国重要的相关政府部门和知名的码头油气回收系统设计单位进行了实地走访和座谈研讨,对国内油品吞吐量较大、现已安装码头油气回收系统的部分港口码头进行了现场考察,全面了解相关单位和部门对油气回收工作的意见建议。在此基础上,交通运输部完成了原油成品油码头油气回收(试点)行动方案,广泛征求相关部门意见,并会同相关单位开展码头油气回收配套政策、规范和技术标准的完善与修订工作。

(十)启动交通运输环境数据中心一期工程建设

为解决交通运输行业环境管理基础数据服务能力不足、环境监测和统计体系尚不健全等问题,提升行业环境保护监管能力和科学决策水平,为行业环境监测、环保统计、环保政策制定和规划编制提供支撑,根据《交通运输"十二五"发展规划》,交通运输规划研究院受部委托启动了交通运输环境数据中心一期工程前期工作。2014年2月12日,交通运输部以交函水〔2014〕76号文批复了交通运输环境数据中心一期工程初步设计,工程建设周期为24个月。

交通运输环境数据中心是行业数据中心的重要组成部分,是部级交通环境数据资源管理平台,也是各省级交通环境管理、监测和统计数据的汇集点。一期工程主要致力于行业环境数据资源收集、汇总、整合,建立数据中心基本架构,实现数据的系统化和科学化管理。重点建设内容包括:

(1)建设部省两级交通运输环境数据报送与管理系统,实现全国各级交通运输行政主管部门环境监测和环境统计数据的审核、逐级汇总和上报,试点接入10个省份的在线交通运输环境监测站(点)数据。

(2)建设部省级交通运输环境数据交换和共享服务系统,实现部省交通运输环境监测和环境统计数据的双向交换共享,开展数据交换、分发、发布和数据定制等多种服务,满足各类环境数据的交换需求。

(3)建设部级交通运输环境数据资源平台,结合部规划院已建的交通基础设施及运输数据、公路水路交通情况数据、遥感数据等基础,初步形成较为完整的交通运输环境数据体系。

(4)建设交通运输环境数据基础应用系统,实现对公路水路交通运输环境数据的统一整理、分析和预测。

(5)建设部级交通运输环境数据中心网络、软硬件及存储平台,并为省级环境数据中心网络接入设置接口。

二、完善制度建设,提升监管水平

(一)推进节能减排标准体系建设

2014年,交通运输部有序推进交通运输节能减排降碳标准体系建设,重点支持交通运输用能设备、设施、企业能效和碳排放强度标准,节能减排降碳项目的节能减排量核算标准,低碳交通产品、技术、区域、工程和企业评价标准,交通基础设施绿色设计与施工标准的研究与制定;重点补充完善有关交通运输重点耗能产品能效限定值及能效等级标准、碳排放限值等节能减排方面的标准,研究制定了《交通运输重点耗能产品能效评定方法通则》和《交通运输重点耗能产品能效评定推进方案》,重点围绕运输车辆、船舶、港口机械、交通工程机械等交通运输装备研究制定了《交通运输行业重点耗能产品目录》,初步形成了行业重点用能产品能效、技术装备能耗限额、碳排放管理等重要标准体系。组织开展了交通运输节能减排标准体系建设研究,研究制定了《交通运输行业节能减排标准体系表(2014—2020年)》和《交通运输节能减排标准建设实施方案(2014—2020年)》。2014年还组织开展了公路建设项目、沥青混凝土路面施工、水泥混凝土路面施工、沥青混凝土路面养护和水泥混凝土路面养护等能效和二氧化碳排放强度等级及评定方法的研究工作。

(二)加强节能环保监管能力

一是加强公路水路交通运输环保统计制度。2014年,交通运输部组织完成了2013年度公路水路交通运输环保统计工作,并在交通运输行业媒体和环保行业媒体刊登了主要统计内容,部署了2014年度环保统计工作。配合环境保护部编制完成2013年度《中国环境状况公报》和《中国近岸海域环境质量公报》,交通环境状况的内容首次纳入公报。

二是开展绿色循环低碳交通运输区域性项目和主题性项目的中期检查。2014年3月4日,交通运输部印发《关于开展首批建设低碳交通运输体系城市试点工作总结的通知》(厅函政法〔2014〕67号),要求首批建设低碳交通运输体系试点城市包括天津、重庆、深圳、厦门、杭州、南昌、贵阳、保定、无锡、武汉10个城市开展自我总结评估,提交总结评估报告,加强项目的过程监管。2014年8~10月,组织开展了绿色循环低碳交通运输区域性项目和主题性项目的中期检查,对江苏、广东、山东、辽宁、安徽、湖北、江西等地的区域性项目和主题性项目的工作安排、实施进度、资金使用情况进行了中期检查。

三是参加国家发展改革委牵头组织的全国年度节能目标完成情况考核评价。根据《中华人民共和国节约能源法》《国务院关于印发"十二五"节能减排综合性工作方案的通知》(国发〔2011〕26号)、《国务院批转节能减排统计监测及考核实施方案和办法的通知》(国发〔2007〕36号)和《国务院办公厅关于印发2014—2015年节能减排低碳发展行动方案的通知》(国办发〔2014〕23号),2014年5月和6月,国家发展改革委会同国务院有关部门,对全国31个省(区、市)2013年度节能和控制能源消费总量目标完成情况、措施落实情况进行了现场评价考核。

(三)完善节能减排资金管理制度

一是发布了《交通运输节能减排项目节能减排量和节能减排投资额核算细则(2014年版)》。为了组织做好交通运输节能减排专项资金项目申请和审核工作,交通运输节能减排项目管理中心组织修订了《交通运输节能减排项目节能减排量和节能减排投资额核算细则》,共分两个部分,第一部分属于修订部分,第二部分属于新增部分。第二部分主要涉及11类项目,分别是:港口供电设施节能技术应用项目、港口生产工艺优化技术应用项目、港口机械自动控制系统节能技术应用项目、橡胶沥青在公路建设施工中的应用项目、电子不停车收费系统(ETC)应用项目、公路隧道通风智能控制系统应用项目、高速公路公众服务及低碳运行指示系统应用项目、公路沿线设施建筑节能技术应用项目、公路建设施工期集中供电技术应用项目、能耗统计监测管理信息系统应用项目、太阳能在交通运输基础设施中的应用项目。

二是印发创建绿色交通项目实施方案编制指南。根据交通运输部办公厅《关于做好2015年度交通运输节能减排专项资金申请工作的通知》(交办法函〔2014〕484号)要求,为指导行业有关单位更好地创建绿色交通项目,进一步明确和规范重点支持领域,突出创建成效和示范效应,交通运输部节能减排项目管理中心组织编制了创建绿色交通省、绿色交通城市、绿色交通公路、绿色交通港口、绿色交通运输装备五个实施方案编制指南。各有关单位按照实施方案编制指南要求,组织做好2015年度绿色交通项目的方案编制等各项前期准备工作。

三是印发《绿色交通示范项目专家库管理办法》。为做好绿色交通示范项目评审、现场核查和验收等工作,部组织制定了《绿色交通示范项目专家库管理办法》。根据《绿色交通示范项目专家库管理办法》,部将在自愿申请、单位推荐、省级交通运输主管部门(部直属单位、中央有关交通企业集团、行业协会)审核的基础上,组织遴选一批入库专家予以公布,并由部节能减排与应对气候变化工作办公室颁发聘书。要求各单位本着认真负责的精神,对推荐入库专家的申报材料严格审核,按照专业平衡、优中选优的原则向部推荐。各单位推荐人数不超过10人,其中财务专家限报1人。

四是开展2014年度第三方审核机构考核工作。根据《交通运输节能减排第三方审核机构认定暂行办法》(厅政法字〔2012〕259号,为总结考核2014年度第三方机构审核工作,分析梳理存在问题,提高审核质量和水平,交通运输部节能减排项目管理中心发布《关于报送交通运输节能减排第三方审核机构2014年度工作总结的通知》,要求各第三方审核机构认真做好年度审核工作总结,交通运输部节能减排项目管理中心将在各单位工作总结、向各有关省级交通运输主管部门节能减排工作机构和被审核单位发放调查问卷、项目初审和实地核查的基础上,对第三方审核机构进行年度考核并公布考核结果。具体总结内容如下:

(1)各第三方审核机构基本情况简介。包括参与审核人员基本情况与数量、有关审核管理制度和程序、人员培训情况、参与节能减排领域相关工作和学术成果等。

(2)实地审核项目情况。包括审核项目名称及数量、审核过程、收费情况、项目是否通过、节能减排量审核结果是否准确、参与审核人员培训情况等。

(3)审核中存在的主要问题。

(4)下一步推动第三方机构审核的工作思路及建议。

为全面客观评价第三方机构工作过程和成效,进一步优化调整第三方审核机构队伍,提高审核质量和水平,2014年6月17日,交通运输节能减排项目管理中心发通知请各省厅根据项目初审时组织召开的专家评审会情况填写第三方审核机构与专家审核结果对比表,并请省厅组织被审核单位填写意见反馈表。

三、推进试点示范,强化体系建设

(一)组织开展2014年度区域性主题性试点工作

为全面评估总结首批试点城市的工作成效,推广试点经验和实用低碳交通技术。交通运输部要求首批建设低碳交通运输体系试点城市包括天津、重庆、深圳、厦门、杭州、南昌、贵阳、保定、无锡、武汉10个城市提交总结评估报告。主要包括:

(1)实施方案落实情况,包括建设低碳交通基础设施、推广应用低碳交通运输装备、优化交通运输组织模式及操作方法、建设智能交通、提供低碳交通公众信息服务、建立健全交通运输碳排放管理体系六方面重点任务和试点项目完成情况,保障措施实施情况。

(2)试点工作取得的成效、经验与存在的问题,包括总目标和年度目标完成情况、形成的节能量(替代燃料量)、出台的标准政策制度等,试点工作经验及推进过程中存在的问题。

(3)对交通运输部下一步推进低碳交通运输体系建设工作的意见和建议。

根据交通运输部《交通运输节能减排专项资金申请指南（2014年度）》（厅政法字〔2013〕330号）等相关规定，完成了2014年度交通运输节能减排专项资金支持项目的申请与审核工作，形成了2014年度交通运输节能减排专项资金补助方案并予以公示。

为掌握2015年交通运输节能减排专项资金支持区域性、主题性项目的数量、规模和补助资金需求量，做好交通运输节能减排专项资金预算工作，2014年3月，交通运输部发布《交通运输部办公厅关于开展2015年度交通运输节能减排专项资金区域性、主题性项目的预申报工作的通知》（厅函政法〔2014〕70号）。

（二）继续开展行业生态环保试点示范工程建设

2014年，交通运输部推动行业生态环境保护建设，在基础设施领域坚持生态保护与修复并重，加大行业环境污染防治、生态保护与修复、环境监管力度。继续组织实施了多项行业环境监测网建设、生态建设和修复等行业环保试点工程，完成了"十二五"环保试点项目总结工作。

（三）启动开展交通运输能耗统计监测试点工作

2014年9月，交通运输部在北京、邯郸、济源、常州、南通和淮安6个城市交通运输部门启动开展交通运输能耗统计监测试点工作。试点工作的开展，要求参照交通运输部制定的能耗在线监测工作技术要求和组织方案，选取若干样本营运货车和内河船舶，完成样本车辆和船舶在线监测设备安装、调试和运行，实时采集能耗在线监测数据，并交换至交通运输部能耗在线监测平台。同时，向交通运输部提交试点城市2014年、2015年和2016年交通运输、仓储和邮政业能耗总量及道路运输业（含城市公共交通业）、水上运输业等能耗量；2014年、2015年和2016年试点城市公交、出租客运、班线客运、轨道交通、公路货运、内河货船、海洋货船和港口典型企业能源消耗统计数据。通过此项试点工作，力争推进营运货车、内河船舶能耗在线监测和测算交通运输能耗、排放指标，完善统计监测工作方案和技术方案。

（四）评选公布首批30个绿色循环低碳示范项目

为加快推广交通运输行业节能减排示范项目的先进经验与成果，经各省交通运输主管部门推荐、专家初审及公示，2014年6月17日，"沥青拌和设备'油改气'技术"等30个项目被评为交通运输行业首批绿色循环低碳示范项目。

（五）继续开展公路甩挂运输关键技术与示范

为进一步推动我国公路甩挂运输的发展，加快道路货运车型结构调整和技术进步，遴选更多适用、先进、优质车型以满足甩挂运输试点工程的需要，2014年交通运输部发布《关于开展遴选第三批公路甩挂运输推荐车型工作的通知》（厅函运〔2014〕111号）遴选第三批公路甩挂运输推荐车型。

2014年6月，印发了《关于开展公路甩挂运输第四批试点前期工作的通知》（交运便字〔2014〕99号），明确了第四批试点项目支持范围、原则。通过试点项目，有效地推动我国甩挂运输的快速发展，提高我国道路货物运输效率、质量与安全水平以及货物运输组织化管理水平,加快现代交通运输业的发展步伐。

(六)持续推进公交都市创建工作

自 2012 年公交都市创建试点工程启动以来,全国 37 个创建试点城市积极探索,各地城市公交管理体制逐步理顺,保障机制日益健全,服务水平不断提升,公交优先发展成效显著。两年来,在公交都市创建过程中,各地强化"公交引领城市发展"理念,科学制定城市综合交通规划和公共交通规划,出台公交土地保障、资金补贴、路权优先等方面优惠政策,解决公交发展难题;因地制宜加强公交运营管理,特许经营、综合开发等创新模式不断涌现,智能化服务便民提效,公交行业运营效率显著提升;公交服务水平显著提升,定制公交、商务快巴、微循环公交等新服务深受百姓好评,"最美司机"接连涌现;公交优先的社会氛围日益浓厚,全社会共建共享公交都市的局面正在形成。

(七)评选公布水运行业应用液化天然气首批试点示范项目

为贯彻落实《交通运输部关于推进水运行业应用液化天然气的指导意见》(交水发〔2013〕625号)中关于开展 LNG 试点示范工作的要求,进一步推进水运行业 LNG 燃料的应用,促进水运行业节能减排,加快绿色水运建设步伐,根据《水运行业应用液化天然气试点示范工作实施方案》,2014 年 9 月,交通运输部评选并公布了水运行业应用液化天然气首批试点示范项目名单,包括"中外运长航长江干线主力船型船舶应用 LNG 综合试点项目"等 7 个试点项目,"西江干线广西段应用 LNG 示范项目"等 6 个示范项目,以及"安徽皖江与巢湖水运应用 LNG 综合示范区"等 3 个示范区项目。印发了《关于印发液化天然气燃料动力船舶应用推进工作方案的通知》(海船检〔2014〕569 号)和《关于推进船舶应用液化天然气燃料工作有关事项的通知》(海船检〔2014〕671 号),加强对液化天然气船舶的监督管理。

(八)制定出台推动港口转型升级和绿色发展相关制度文件

为推动港口的转型升级和绿色发展,交通运输部通过试点示范工程等形式,逐步推广靠港船舶使用岸电,开展港作机械"油改电"等。交通运输部于 2014 年印发了《交通运输部关于推进港口转型升级的指导意见》(交水发〔2014〕112 号),提出加强港口环境保护,严格依法配备污染监视监测、污染物接收处理、污染事故应急处置的设施、设备和器材。加强港口环境监测、粉尘和噪声污染防治,引导港口企业开展生态型港口工程示范和环境管理体系认证工作。积极推进港口开展生态保护与修复工程,支持开展港口污染防治、环境污染事故应急等环境保护技术研究。

(九)组织召开江苏绿色交通省创建高层专家咨询会

2014 年 6 月 13 日,交通运输部在北京召开江苏省绿色循环低碳交通运输区域性项目实施方案高层专家咨询会。交通运输部副部长王昌顺、江苏省副省长史和平出席会议。中国工程院院士傅志寰、国务院参事张元方等多名行业内外的专家对《江苏省绿色循环低碳交通运输发展区域性项目实施方案(2013—2017年)》进行了评议,为探索形成高质量、可推广的绿色循环低碳交通运输发展"江苏模式"提出了大量具有前瞻性、指导性和建设性的意见和建议。环境保护部、国家能源局有关部门,江苏省政府及有关单位负责同志参加了会议。

江苏是交通运输部选择的首个绿色循环低碳交通运输发展推进省份。为全面落实2013年6月部省签署的《共同推进江苏省绿色循环低碳交通运输发展框架协议》,江苏省交通运输系统组织编制了该方案,积极开展先行先试,以优化能源消费结构、提高能源利用效率、降低碳排放强度为核心,以区域性主题性试点和专项行动为重点,从结构调整、技术创新和制度建设三个层面全面推进绿色循环低碳发展。

王昌顺副部长指出,江苏省前期工作扎实、协调推进有力、实际成效显著,该方案具有较强的可操作性和较高的可推广性。他强调,交通运输是节能减排的重点领域,江苏省交通运输系统要站在满足国家经济社会发展需求的高度,重点做好四方面工作。一是进一步提高对交通运输生态文明建设新理念、新思路的认识,加强交通运输领域生态文明统筹规划、制度建设和教育宣传。二是不断深化推进绿色循环低碳交通运输发展新机制,争取形成一批能向全国推广的好政策、好制度、好经验。三是切实加强宣传引导,在全社会营造关心、关注交通运输绿色循环发展的良好氛围。四是进一步加大推进力度,提高工作强度,加快行动节奏。

(十)组织召开了绿色循环低碳公路建设现场交流会

为总结交流绿色循环低碳公路建设成果与经验,推动交通运输绿色发展,2014年6月10日,绿色循环低碳公路建设现场交流会在江苏南京召开。2013和2014年绿色循环低碳公路主题性项目实施单位、拟申请2015年绿色循环低碳公路主题性项目实施单位及所在省(区、市)交通运输主管部门领导和节能减排工作机构负责同志参加了会议。

与会代表参观了全国首批绿色循环低碳公路主题性试点项目之一的宁宣高速公路和全国首个高速公路节能减排示范工程——溧马高速公路荷叶山绿色服务区。江苏省高速公路管理中心等12个绿色循环低碳公路主题性项目实施单位结合地域特色和行业特征,分别介绍了绿色循环低碳公路建设思路、推进情况和经验成果。

会议指出,绿色循环低碳公路是一种全新的公路发展模式,要探索规律,积累经验。下一步应着力做好已完成项目的验收工作,组织第三方审核机构科学核定节能减排效果;做好已支持项目的推进工作,建立健全目标责任制和绩效考核机制;做好拟申报项目的组织工作;做好绿色公路文化的宣传工作。

四、加强科技支撑,夯实保障能力

(一)继续加大对交通节能减排能力建设项目的支持力度

2014年,交通运输部继续加大对交通运输节能减排能力建设项目的支持力度,对《公路水路交通运输节能减排"十三五"规划重大问题研究》《公路建设与养护能效和二氧化碳排放强度等级及评定方法研究(一期)》《公路运营能效等级及评定方法研究(二期)》《港口生产能效和二氧化碳排放强度等级及评定方法研究(一期)》《碳税对交通运输发展的影响研究》《营运船舶能效和二氧化碳排放强度等级及评定方法研究(一期)》《绿色循环低碳交通运输发展制度体系框架研究》《国际海运温室气体排放测量》《报告和核实(MRV)规则对我国航运业的影响与对策研究》《公路水路运输装备节能减排技术》《工艺和产品推广应用实施方案研究》等17项课题给予了资金支持。

(二)研究制定交通基础设施节能减排技术、工艺和产品推广应用实施方案

在《交通运输行业节能减排技术、工艺和产品推荐目录编制(2013年度)》研究成果的基础上,2014年组织开展了公路水路交通基础设施节能减排技术、工艺和产品推广应用实施方案研究,拟提出公路水路基础设施节能减排技术、工艺和产品在2015—2017年的具体推广应用实施方案,对鼓励和引导交通运输企业推广应用优秀节能技术,促进行业节能减排工作具有重要意义。

五、推动结构调整,把握关键环节

(一)道路运输方面

为全面了解各地推广应用天然气汽车工作的全面情况,总结试点工作经验,推动道路运输行业使用天然气汽车,加快发展绿色交通,交通运输部组织开展天然气汽车推广应用情况的调研工作。调研的主要目的是摸清全国道路运输行业推广使用天然气汽车的基本情况,重点是试点省区(单位)及京津冀地区的情况;总结试点工作取得的经验,分析存在的问题,听取各地交通运输主管部门和重点企业的意见和建议;为今后推广应用天然气汽车,优化道路运输行业能源消费结构,发展绿色交通提供决策依据。调研工作委托中国道路运输协会负责组织,各地交通运输主管部门协助实施。调研工作采取上下结合、点面结合、书面与实地调研相结合的方法进行。这次调研是交通运输部第一次对全国道路运输行业推广天然气汽车进行比较系统的调研,对于减少二氧化碳等温室气体排放、防治大气污染、发展绿色交通具有重要意义。

(二)水路运输方面

根据《"十二五"水运节能减排总体推进实施方案》,交通运输部对"十二五"水运节能减排工作进展情况进行了督查,2014年交通运输部办公厅印发《关于督查"十二五"水运节能减排工作进展情况的通知》,通知要求各牵头单位和参加单位都要认真进行自查,形成自查报告,自查报告应报告已建立的制度,出台的政策和标准,形成的技术成果、节能减排效果、成功经验和做法,存在的困难和问题,以及"十三五"的工作思路、政策措施、重点工作意见和建议等,未完成工作还应分析原因,并说明下一步工作计划安排。交通运输部将视自查情况组织开展抽查和现场座谈。

为促进水运绿色安全发展、发挥试点探索和示范引领作用,2014年9月,交通运输部印发《水运行业应用液化天然气试点示范工作实施方案》,部署开展水运行业应用液化天然气(LNG)试点示范

工作,加快 LNG 燃料在运输船舶和港区车辆与机械设备上的应用,逐步形成 LNG 燃料配送及加注等配套支撑系统,改善水运行业一次能源消费结构。

交通运输部近年来持续推进内河船型标准化工作,以"车、船、路、港"千企低碳交通运输专项行动为抓手,引导内河船舶运力结构调整。2014 年,出台了《内河运输船舶标准化管理规定》(交通运输部令 2014 年第 23 号),并会同财政部印发了《内河船型标准化补贴资金管理办法》(财建〔2014〕61 号),进一步加强内河运输船舶标准化管理,提高内河运输船舶技术水平,防止船舶污染环境,提高运输效能。

(三)城市客运方面

为加快落实公交都市创建城市支持政策,按照《交通运输部关于推进公交都市创建工作有关事项的通知》(交运发〔2013〕428 号)要求,交通运输部相继发布《交通运输部办公厅关于进一步加强公交都市创建工作动态监管有关事项的通知》(厅运字〔2014〕74 号)、《交通运输部办公厅关于落实公交都市创建城市支持政策　推进城市综合客运枢纽建设有关事项的通知》(交办运〔2014〕149 号)。通知要求,各有关省级交通运输主管部门要组织辖区内的创建城市做好项目确定和申报工作,根据公交都市创建工作实施方案,科学确定城市综合客运枢纽建设项目,明确项目建设规模、功能定位、投资预算、融资方案、进度安排等。部将根据公交都市创建工作总体要求并结合创建城市实际,对各省级交通运输主管部门组织申报的项目进行审核,符合部支持政策要求的,纳入部统一的项目库。

六、加强宣传教育,营造绿色氛围

(一)组织开展 2014 年全国节能宣传周和全国低碳日活动

2014 年 5 月,国家发展改革委、交通运输部等 14 个部委联合印发了《关于 2014 年全国节能宣传周和全国低碳日活动安排的通知》,明确了 2014 年全国节能宣传周和全国低碳日活动主题是"携手节能低碳,共建碧水蓝天"。根据该通知精神,交通运输部要求全行业以"逐梦绿色交通"为主题开展各项活动。根据交通运输部的部署,各级交通运输主管部门和企事业单位结合行业特色和地域特征,陆续组织开展绿色循环低碳交通运输"十百千"示范工程和区域性、主题性项目建设成果的宣传。此外,全行业大力开展绿色交通进"车、船、路、港"以及院校等形式多样的活动,深入宣传交通运输低碳发展理念,推广节能减排技术和产品,引导社会公众绿色低碳出行。本着厉行节约的原则,以务实有效的方式组织开展特色活动,如通过各种媒介,大力推广清洁能源和新能源车船的试点和应用;组织节能驾驶技术学习或技能大赛;在高速公路特别是绿色循环低碳公路的收费站、服务区、办公区等场所集中展示绿色循环低碳发展理念和经验,推广照明、通风、监控等节能技术及绿色节能施工技术;在港口特别是绿色循环低碳港口的码头、办公区等场所集中展示绿色循环低碳港口发展的理念和经验,推广港口机械节能技术、靠港船舶使用岸电技术、集装箱码头 RTG(轮胎式龙门起重机)"油改电"等技术。节能宣传周期间,交通运输部在机关大厅举办了绿色循环低碳交通运输省、城市、公路、港口建设成果展,集中展示了江苏绿色交通省、杭州等17个绿色交通城市、成渝高速公路等12条绿色公路、天津港等8个绿色港口的试点建设成果。发布了《2013绿色循环低碳交通运输发展年度报告》。

(二)组织开展2014年"公交出行宣传周"活动

为深入推进城市公共交通优先发展,提高城市公共交通服务水平,加强城市公共交通出行的宣传和引导,根据《国务院关于城市优先发展公共交通的指导意见》关于"大力加强公共交通和绿色出行的宣传和引导"的要求,交通运输部决定自2013年起,于每年9月16~22日组织开展"公交出行宣传周"活动。

2014年"公交出行宣传周"活动的主题是"优选公交、绿色出行",以服务"四个交通"建设为统领,围绕"优选公交、绿色出行"的主题,通过开展多种形式的主题宣传活动和公共文化活动,提高社会各界的公共交通参与意识,改善城市公共交通发展的外部环境,推动城市交通发展理念的转变,在全社会营造关心公交、支持公交、选择公交的社会风尚。

(三)组织举办"交通运输节能减排大讲堂"

2014年6月12日,交通运输部在部机关报告厅组织举办了一期"交通运输节能减排大讲堂",中国科学院院士、中国气象局原局长秦大河应邀作了《气候变化:科学、适应和减缓》的主题报告。交通运输部总工程师周海涛主持报告会。

秦大河介绍,联合国政府间气候变化专门委员会报告显示,近130多年来,全球地表平均温度升高了0.85摄氏度。气候变化对水资源、生态系统、粮食生产和人类健康等都产生了广泛影响,"人们最直接的感受就是雾霾"。

大气中温室气体浓度增加是气候变暖的"元凶"。秦大河表示,最近50年,人类活动排放的温室气体造成的气候变暖占50%,这一结论的准确度达95%以上。交通运输行业是温室气体的主要排放行业之一。从全球来看,目前交通运输行业的温室气体排放量达到总排放量的14%,从我国来看,约为10%。

秦大河认为,节能减排之路是减缓气候变化的必然选择,交通运输部门应充分认识到节能减排的重要性,推动交通运输发展方式由粗放型向集约型转变,并与其他各部门各行业加强协作、积极发挥作用,共同应对气候变化。

(四)组织开展青年干部"根在基层"绿色教育活动

2014年4月23日,由中央国家机关团工委组织的"根在基层,情系民生"活动启动仪式在京召开,活动有3000余名青年干部将在近300调研点开展实践调研。按照中央国家机关团工委和交通运输部直属机关团委的统一安排,2014年7月21~25日,"根在基层,情系民生"鹤岗至大连绿色循环低碳高速公路试点项目调研团一行12人,奔赴吉林省抚松县,在鹤大高速抚松指挥部进行蹲点调研。交通运输部杨传堂部长亲临鹤大高速现场视察,提出了"严格落实绿色节约、低碳环保的要求,把项目建设实施好,切实发挥项目的示范带动作用"的要求。在整个调研活动中,调研团切实感受到了"绿色交通"在高速公路建设和运营中的生动实践和良好成效,也进一步增强了加快推进"四个交通"发展,为实现中华民族伟大复兴中国梦提供可靠交通运输保障的信心和决心。

七、做好机关节能,发挥表率作用

交通运输部机关服务局以节约型机关建设为主线,通过强化节能宣传、完善规章制度、落实措施到位、创新节能管理等方式,加强统筹协调,健全完善机制,全面推进公共机构节能工作,助力"绿色交通"发展。

为做好厉行节约工作,交通运输部机关服务局把节约型机关建设纳入重要工作日程。先后制定印发了《交通运输部机关公共机构节能工作实施方案》《关于切实贯彻落实党政机关厉行节约八项要求的通知》《关于加强交通运输部直属和所属派驻地方单位公共机构节能工作的通知》《服务中心关于印发部机关食堂和会议服务厉行节约措施的通知》《关于进一步加强部机关节能减排工作的通知》等文件。在注重节能管理的同时,也要抓好节能技术改造。邀请清华大学建筑节能研究中心和其他节能服务专业机构实地调研,制订节约型办公区建设方案,根据建设方案确定常规技术和新技术改造节能规划,已完成部机关复式过滤设备节能改造,节能效果明显。同时,严格遵守《中华人民共和国政府采购法》,优先购买经国家认证的节能型设备和产品。

地方行动篇

节能减排工作

一、山东省交通运输节能减排工作情况

"十二五"以来,在山东省委、省政府、交通运输部的正确领导和大力支持下,全省交通系统坚持以科学发展观为统领,认真贯彻《中华人民共和国节约能源法》《山东省节约能源条例》及国家和省一系列工作部署,积极探索,勇于创新,节能减排工作效果显著,为山东省绿色交通运输建设打下了良好基础。截至2013年底,营运货车单位运输周转量能耗下降9.3%(相比2005年,下同),营运船舶单位运输周转量能耗下降13.5%,港口生产单位吞吐量综合能耗下降7.3%;对客车实载率低于70%的线路未投放新的运力;全省清洁能源营运车辆发展到83406辆,累计开通ETC车道431条,鲁通卡用户达85万,非现金支付使用率达22%。在推进节能减排工作实践中,以绿色循环低碳交通运输体系建设为抓手,积极探索,勇于创新,取得了初步成效。现将有关情况报告如下:

(一)基本情况

1. 注重"顶层设计",夯实组织保障体系

山东省交通运输厅早在2009年就成立了全省交通运输行业节能减排工作领导小组,各市交通运输主管部门也成立了相应的领导小组,全省交通运输节能减排工作基本做到组织、机构、人员、责任四落实,并编制了《山东省公路水路交通运输节能减排"十二五"规划》,明确了"十二五"工作计划和各年度任务目标。出台《LNG推广应用试点工作实施方案》等文件,明确了重点工作的总体思路、任务目标、工作重点和保障措施。制定实施《山东省交通运输行业节能减排工作考核办法及实施细则》,在全国交通行业率先建立了节能减排工作考核体系,将节能减排工作纳入了全省交通运输目标责任考核,目前考核工作已连续开展了4个年度,成效显著。2013年1月20日,交通运输部与山东省人民政府在济南签署了《共同推进绿色交通运输体系建设会谈备忘录》,就加强部省协作,加快推进山东省绿色交通运输体系建设达成了一致意见。

2. 实施"以气代油",促进交通能源结构优化

2012年,山东省被交通运输部确定为LNG推广应用试点省份。为加快形成LNG加气站网络,省住建厅、省交通运输厅联合编制了《山东省高速公路服务区加气站规划》,目前已建成6座,开工11座,其中投入试运行的三对LNG加气站菏泽、莒县、莱芜服务区设备运行良好、加气规范、有序。三对LNG加气站的试运营,使日兰、京沪高速LNG绿色物流通道逐步形成,并取得了良好的经济效益和社会效益。全国第一个LNG汽车地方标准《营业性液化天然气汽车使用、维护和检测技术规范》已由山东省质监局正式发布,为LNG汽车的日常操作以及维修、检测提供了规范依据。截至

2013年底，全省清洁能源营运车辆达83406辆，其中天然气营运车辆发展到82025辆。天然气车辆中，LNG车辆达10168辆，比2012年底增长104.6%，LNG车辆拥有量居全国首位。同时，改造LNG船舶12艘。

3. 重视"示范引导"，打造一批典型城市、企业

2012年2月，青岛、烟台两市成功申请成为全国第二批低碳交通运输体系试点城市；其后，济南、青岛先后分别被确定为全国第一批、第二批公交都市创建城市。以"两个城市、两个都市"为平台，山东省积极开展绿色交通运输体系建设试点工作，并做出有益探索。如，青岛港被国家列入"低碳港口建设"主题性管理试点单位，淄博市公交公司车用气瓶检验站填补了山东省车用燃气气瓶综合检验的空白，12个节能减排项目被交通运输部先后列入前五批全国100个节能减排示范项目之中，其中比较有代表性的是"轮胎式集装箱门式起重机'油改电'技术"（青岛港）、"发动机节能控制技术在RTG中的应用"（烟台港）、"纯电动公交车示范运行项目"（临沂市公交总公司）等。截至目前，全省有112家企业参加省政府组织的百家企业低碳交通专项行动，其中，48家企业参加交通运输部"车船路港"千家企业低碳交通运输专项行动，42家参加了国家发展改革委和十二部委组织的万家企业节能低碳行动。

4. 用好激励政策，带动社会资金投入节能减排工作

2011年，财政部、交通运输部印发《交通运输节能减排专项资金管理暂行办法》，设立了国家交通运输节能减排专项资金。按照文件精神，山东省积极组织省内交通运输企事业单位申请专项资金补助。2011年至今，共有124个项目通过国家审核，获得以奖代补专项资金1.9亿元，在全国位居前列，调动交通企业投入20余亿元。同时，省级财政也安排了交通运输节能专项资金，目前资金管理办法正在起草过程中。通过中央、省级的"以奖代补"，极大调动了交通运输企业开展节能减排的积极性，带动了大量社会资金投入，为构建绿色交通运输体系增加资金保障。

5. 加大"科技创新"，提升交通运输装备水平

近年来，山东省大力推进交通运输信息化和智能交通建设，省交通运输厅建立了应急指挥中心，构建了全省交通物流公共信息平台，打造了山东省道路甩挂运输联盟和"环渤海湾甩挂联盟"，不断完善高速公路不停车收费系统建设，累计开通ETC车道431条，鲁通卡用户达到72万，非现金支付使用率达22%。经各方努力，2013年底京津冀鲁晋跨省收费联网正式开通。积极鼓励各交通运输企业推广应用节能减排新技术，港口"油改电"、船舶利用岸电、绿色照明等先进技术不断得到推广应用，大大提高了交通运输技术设备装备水平。

（二）"十三五"期工作思路、目标与重点

1. 面临的新形势、新要求

党的十八大明确提出了全面落实包括生态文明建设在内的"五位一体"总体布局要求。交通运输部无锡会议就推进绿色循环低碳交通运输体系建设作出了专门部署。山东省作为京津冀周边地区，已被国家纳入京津冀及周边地区落实大气污染防治行动计划，节能减排任务更加艰巨。省委、省

政府高度重视环境保护和节能减排工作,新一届省政府领导班子多次召开会议专题研究部署节能和环保工作,对交通运输节能减排工作提出了明确要求。我们将从落实科学发展观、服务全省经济社会发展的高度,进一步增强做好节能减排工作的紧迫感和责任感,把节能减排工作摆在更加突出的位置,作为一项硬任务、一场攻坚战,采取更加有力的措施,切实抓紧抓好。

2. 总体思路

适应新的形势,今后一个时期推进山东省绿色循环低碳交通运输体系建设总的要求是:以科学发展观为指导,深入贯彻落实党的十八大和省第十次党代会精神,坚持节能和减排并重,以提高能源利用效率、降低排放为核心,以交通基础设施低碳化、运输装备节能环保化、运输组织体系高效化、科技创新与信息化、管理能力规范化为主线,以省市联动和专项行动为主要推进方式,切实将节约能源资源要求融入交通运输发展的各方面和全过程,为实现全省交通运输行业绿色发展、循环发展、低碳发展提供有力支撑和保障,争创绿色循环低碳交通省份,为生态山东建设做出更大贡献。

3. 主要任务和重点工作

实现上述要求,工作中要坚持统筹规划,突出重点。2014年,交通运输厅将启动山东省交通运输公路水路节能减排"十三五"规划编制工作,围绕构建绿色循环低碳交通运输体系,下一步要在五条主线上下功夫、做文章:

(1)紧紧抓牢"交通运输基础设施低碳化"主线,在绿色低碳交通基础设施建设上培育新亮点。一是促进交通运输基础设施畅通化、网络化发展。积极促进铁路、公路、水路、民航和城市交通等不同交通方式之间的高效组织和顺畅衔接,加快形成便捷、安全、经济、高效的综合运输体系。进一步完善高速公路、国省干线和农村公路网络,优化公路客货运站场布局,大力促进城乡客运一体化进程;加快形成以高等级航道为主体的内河航道网,推进港口结构调整;建立以公共交通为主体,多种交通出行方式相互补充、协调运转的城市客运体系。二是积极发展循环经济模式。加强交通运输循环经济研究,大力推进交通资源减量化、再利用和循环再生。广泛应用公路节能新技术,推广路面材料再生和废旧资源再利用技术。积极推广港口污水集中处理等技术,实现港口绿色发展。探索使用可再生能源技术,推动交通能源结构多样化。三是大力推广低碳交通发展模式。"十三五"期间,努力将山东省建设成为绿色循环低碳交通运输省份;将济南、青岛、烟台三市建设成为绿色循环低碳交通运输城市;着力建设3~5条生态环保、安全节约的绿色循环低碳示范公路;将青岛港、日照港、烟台港打造成为国家主题性低碳试点港口,将京杭运河航道打造为低碳内河水运通道,不断在绿色低碳交通基础设施上培育新亮点。

(2)紧紧抓牢"交通运输装备节能环保化"主线,在优化交通能源结构上争取新突破。一是优化交通运输装备结构。道路运输方面,重点打造一批跨区域的清洁运输示范线路,今后新进入山东道路运输市场的车辆以清洁能源车辆为主,其中新增重型货车、营运客车、公交车、出租汽车中清洁能源车辆比例分别达到20%、30%、70%、100%。水运方面,以内河运输船舶为重点,开展天然气推广应用,争取2013年LNG燃料动力船舶达到55艘,2014年达到200艘,2015年达到1000艘。预计到2020年,约100%的出租汽车、45%的公交车、30%的客车、10%的重型货车采用LNG。二是积极推进LNG加气站建设。加快高速公路服务区LNG加气站建设,确保完成2015年建成49座,2020年完成103座的规划目标。省交通运输厅将根据实际情况适当加快建设步伐,将合适的远期目标提前建设,尽快形成覆盖全省的高速公路LNG加气站网络。推动国省道沿线、港区范围和道路运输客货运枢纽LNG加气站建设,为LNG运输工具的推广应用提供基础条件。积极争取燃气管理、消防、安监等部门的支持,按照国家相关规范标准对企业现有加气站提出具体的改造、验收建议,促进道路运输企业LNG加气站合法经营、规范经营。三是加强交通运输装备排放控制。严格落实交通运输装备废气净化、噪声消减、污水处理、垃圾回收等装置的安装要求,有效控制排放和污染。严格执行交通运输装备排放标准和检测维护制度,加快淘汰超标排放交通运输装备。到2015年,将2005年前进入营运市场的黄标车全部清出营运市场。积极配合环保、公安等部门做好黄标车淘汰及限行工作,对未取得环保检验标志的营运汽车不予办理相关营运手续。加快淘汰老旧船舶,有序推进船舶更新改造,积极推广使用标准船型。做好船舶垃圾及油污水接收上岸工作,配套完善垃圾回收船舶、转运车辆等装备,建立船舶污染物接收处理和运营管理机制,确保南水北调不因运输污染。

(3)紧紧抓牢"交通运输组织体系高效化"主线,在发展先进运输组织方式上取得新进展。一是优化客运组织体系。加强运输线路、班次、舱位等资源共享,推进接驳运输、滚动发班等先进客运组织方式。落实城市公共交通优先发展政策,优化城市公共交通线路和站点设置,科学组织调度,逐步提高站点覆盖率、车辆准点率和乘客换乘效率,提高公共交通出行比例。积极倡导公众采用公共交通、自行车和步行等绿色出行方式。二是加快发展绿色货运和现代物流。鼓励企业发展网络化运输,提高货运实载率。加强城市物流配送体系建设,建立零担货物调配、大宗货物集散等中心,提高城市物流配送效率。依托综合交通运输体系,完善邮政和快递服务网络。加大甩挂运输、多式联运等新型运输组织方式推广力度,促进形成不同货类省内、省外、国际区域合作的多种甩挂运输模式。三是优化车船运力结构。鼓励发展高档、环保、高效低耗新能源客运车辆,严禁对实载率低于70%的线路新增运力,支持引导城市公交发展电动客车、混合动力客车等新能源客车。严格执行营运车辆燃料消耗量限值标准,杜绝超标车辆进入运输市场。调整货运车辆结构,推广使用重型车、箱式货车、专用车。积极推广内河船舶免停靠报港信息服务系统,推进沿海港口靠岸船舶使用岸电技术,鼓励发展大型化、专业化、标准化船型,新增运力中节能型船舶要达到90%以上。

(4)紧紧抓牢"交通运输科技创新与信息化"主线,在支撑保障水平上实现新提升。一是推进交通运输信息化和智能化建设。尽快启动省级交通运输信息资源中心建设,实现交通信息资源共享和业务协同。做好"公路水路安全畅通与应急处置系统"等交通运输部信息化重大工程,按照确定的年度计划完成相关工作任务。争取"十二五"末建成全省统一的省、市、县三级信息网络平台;省、市两级基础性数据库建成率达到100%。继续推进高速公路不停车收费系统建设,提高ETC平均覆盖率和非现金支付使用比例。交通基础设施和运输装备运行监测网络基本建成,重点路段航段、大型港站、执法车辆、两客一危车辆和四客一危船舶监测覆盖率达到100%。逐步建立完善覆盖全省的交通公众出行信息服务体系和物流服务平台,面向行业管理、生产运输、企业发展提供数据交换和信息发布服务。加快物联网技术在交通运输领域的推广应用,加快现代交通信息服务体系建设,充分发挥信息化的集约效益。二是加强节能减排技术研发。加大对节能减排项目的支持力度,重点支持交通节能减排关键技术研究,主要包括交通基础设施建设和运输生产领域各环节节能减排技术、交通运输能源利用监测技术,甩挂运输、滚装运输、集装箱多式联运等先进运输技术。积极推进科技成果市场化、产业化。三是积极推广应用节能减排新技术、新产品。以交通运输部公布节能减排示范项目为重点,向全省交通运输企事业单位推介全国重点推广公路水路交通运输节能产品(技术)目录,引导各单位使用目录中的产品和技术。大力推广绿色汽车维修技术、港口综合节能技术、太阳能在公路系统的应用技术、甩挂运输等先进技术和管理经验。推进港口RTG"油改电"工作,推广靠岸船舶使用岸电。因地制宜,充分利用站场风能、太阳能、水能、地热能、海洋能等可再生能源,提高可再生能源使用比例。

(5)紧紧抓牢"交通运输管理能力规范化"主线,在机制建设上迈出新步伐。一是不断完善绿色循环低碳交通运输规范标准。在交通基础设施设计、施工、监理等技术规范中贯彻绿色循环低碳的要求,研究制定绿色循环低碳交通运输相关的标准、办法等。二是建立健全交通运输碳排放统计与监测考核体系。在现有行业能耗统计制度基础上,探索建立交通运输碳排放统计体系,碳排放统计指标及相应统计、核算制度,稳步推进能耗在线监测机制及数据库平台建设,加强交通环境统计平台和监测网络建设。加快山东省交通运输厅已立项的《基于无线传输技术的道路运输车辆能耗监测系统研究》项目进度,早日建成数据采集和统计分析监测平台,为交通运输厅决策提供数据支持。交通运输厅将研究建立交通运输绿色循环低碳发展指标体系、考核办法和激励约束机制,形成对各级交通运输主管部门和重点企业的综合考核办法。三是促进绿色循环低碳交通运输市场机制运用。积极推广合同能源管理。鼓励采用租赁代购模式推进清洁能源交通运输装备应用。加快培育节能减排第三方服务机构和技术服务市场。深化专项行动,鼓励交通运输企业实施清洁发展项目。

二、辽宁省交通运输节能减排工作情况

"十二五"以来,辽宁省交通运输行业认真贯彻落实科学发展观,把节能减排作为促进交通科学发展的重要抓手,作为转变交通发展方式、建设"两型交通"的突破口,坚持节能减排与生态交通建设并举,统筹提高能源利用效率和降低污染排放水平,交通运输行业节能减排整体意识逐步提高,交通运输节能减排制度初步建立,运输结构调整稳步推进,节能减排技术推广工作扎实有效,使辽宁省交通运输绿色循环低碳发展处于全国先进水平。

(一)"十二五"主要工作成绩

1. 建立健全组织法规政策支撑体系,绿色交通发展制度环境持续改善

辽宁省是全国节能减排工作与低碳经济发展的先行省份,同时也是国家发改委确定的全国五个低碳试点省区之一,在节能减排与低碳管理法规制度建设方面走在了全国前列:2007年,辽宁省就确立了生态省建设的目标,制定了《辽宁生态省建设规划纲要》,要求全省转变经济发展方式,形成节约能源资源和保护生态环境的产业结构和增长方式,可再生能源比重显著上升,资源利用效率显著提高,实现节约发展、清洁发展、安全发展和全面协调可持续发展。2009年,辽宁省为了应对气候变化,制定出台了《辽宁省应对气候变化实施方案》,明确提出了发展低碳经济,调整产业结构。

辽宁省结合本省交通运输发展实际,研究制定了一些促进交通运输节能减排的相关政策措施。出台了《辽宁省节约能源条例》等地方性法规,制定发布了《辽宁省人民政府关于蓝天工程的实施意见》《辽宁省公路水路交通运输节能减排"十二五"规划实施意见》《辽宁省低碳试点工作实施方案》《辽宁省"十二五"节能减排综合性工作方案》《辽宁省人民政府关于城市优先发展公共交通的实施意见》等规范性文件。通过加大财政资金引导,大力促进全省交通运输行业绿色循环低碳工作的开展。此外,辽宁省在促进公交优先发展、治理交通拥堵、加强机动车尾气污染防治、发展节能与新能源车辆等方面出台了一系列政策法规。这些规章制度的发布实施为低碳交通发展创造了良好的制度环境。

辽宁省交通厅按照交通运输部、辽宁省委省政府等总体工作部署,着力加强低碳交通规章制度体系建设,周密部署各项工作任务。先后印发了《关于印发辽宁省城市公共交通油改气工作实施方案的通知》《关于辽宁省开展甩挂运输试点工作的实施意见》等一系列促进节能减排发展的规范性文件,为全省绿色低碳交通的发展提供了政策指引。

2. 优化交通运输结构,行业集约低碳发展水平日益显现

一是综合交通运输体系结构初显。"十二五"以来,辽宁省交通运输业处于高速发展时期,公路、水路、铁路、民航多种运输方式齐头并进,六个主要港口初步形成优势互补的"港口群",打造了多种运输方式并举、快速畅达的"中部、进出关、东部、西部"四大通道,建设沈阳、大连、丹东、营口、锦州五个空间布局优化、体系和方式顺畅的综合交通物流枢纽,构建和完善矿石、原油、煤炭、粮食、集装箱运输系统,统筹了辽宁沿海经济带、沈阳经济区和辽西北三大区域综合运输体系发展。以综合交通运输体系为特点的基础设施建设,为加快绿色循环低碳交通运输发展提供了有力支撑。

二是积极优化交通基础设施结构。第一,铁路网结构不断优化,形成以客运专线、快速铁路建设为中心,以城际铁路、煤运通道、疏港铁路建设为重点,以既有线扩能和电气化改造、支线建设为补充,全面落实《中长期铁路网规划(2008年调整)》的铁路客货运输网络。第二,公路网络化程度、路网技术等级和路面等级结构快速提升。公路密度也已达到74.37公里/百平方公里。有序组织实施以沈阳为中心、覆盖全省通程半径3小时的高速公路网络。建设城际快速通道和产业大道,完善沿海经济带滨海公路网络。第三,港口设施不断完善,形成以大连东北亚国际航运中心组合港和沿海港口群建设为重点,港口资源整合、布局合理、结构优化的现代港口集群。第四,机场规模和服务水平不断提升,"十二五"期重点扩建了沈阳、大连等机场港航站区,新建大连枢纽机场、营口等支线机场。到2015年干支机场达到9个。辽宁省全域大部分地区机场服务半径缩小到1小时车程以内。第五,城市轨道交通得到显著发展。形成沈阳、大连等特大和大城市为重点,中等城市轻轨建设为重点的轨道交通主骨架。

三是绿色交通运输装备水平不断提升。在公交车、出租汽车、城际客运和货运车辆等领域大力推广天然气车辆和双燃料车辆,发布了《辽宁省城市公共交通油改气实施方案》《辽宁省机动车排气污染防治条例》,倡导运输装备使用清洁能源,取得了长足进步,对交通运输行业实现其节能减排的目标提供了有力支持。截至2013年底,全省道路运输行业新能源和清洁能源车辆达到6.9万辆,占营运车辆总数的7.7%;城市公交车、出租汽车清洁能源和新能源数量分别达到8400辆、52900辆,

分别占城市公交车和出租汽车总数的45.8%和85.3%;道路运输行业共有23个项目得到交通运输部节能减排专项资金支持。隧道LED节能照明、超薄磨耗层、地源热泵供暖改造等多项节能减排技术广泛应用于高速公路运营管理。收费亭红外辐射智能加热系统节能技术应用被交通运输部确定为节能减排示范项目。

四是运输组织结构不断优化。积极推进甩挂运输试点工作。截止到2013年底,大连、锦州、营口3个项目、5家企业被纳入交通运输部甩挂运输试点项目。培育省甩挂运输试点企业33家,共有412台牵引车,736台挂车参与甩挂运输,平均甩挂比达到1:1.78。与传统运输模式相比,甩挂运输方式大大地提高了运输效率、降低了成本,取得了明显的节能效果和经济效益。

3. 积极研发应用节能减排技术,绿色交通发展特色突出

一是"绿色拌和站"。2013年,辽宁省交通厅以可持续发展理念为先导,以节约能源、提高能效、控制排放、保护环境为目标,以转变发展方式为契机,提出了辽宁省普通公路"绿色拌和站"概念。"绿色拌和站"是指在沥青拌和站生产和运营过程中,采用太阳能集热技术、稀土永磁电机、温拌沥青混合料、清洁能源及厂拌再生技术代替传统生产方式。辽宁省公路系统共有51座沥青拌和站,2013年已完成21个拌和站温拌剂添加系统安装和改造工作、4个拌和站清洁能源改造、2个拌和站永磁电机改造及2个拌和站太阳能供热系统改造。完成温拌沥青路面200公里、厂拌再生路面100公里,节约标准煤2947吨,减少二氧化碳排放7956.9吨。

二是"气化辽宁交通"。根据建设"气化辽宁"工程,实施"气化辽宁交通"工程。2012年,辽宁被交通运输部确定为全国天然气汽车推广应用试点省区之一。辽宁省按照先鼓励引导、再全面推广的原则,在道路运输行业大力推广天然气车辆。截止到2013年底,全省营运车辆总数90.6万辆,其中出租汽车9.1万辆,公交车2.2万辆,载客汽车2.5万辆,载货汽车76.8万辆。现有清洁能源和新能源车辆69746辆,其中天然气车辆36714辆,占现有清洁能源和新能源车辆比重达52.6%。

三是绿色公路网。在公路设计、施工、管理、运营、养护过程中融入绿色交通的可持续发展理念,实现公路在全生命周期内最大限度地节约资源、减少对环境的影响,大力开展绿色精品工程建设和公路沿线绿化工程,打造辽宁省绿色公路网。"十二五"期间普通公路重点推广温拌沥青技术、路面再生技术,修建温拌路面里程1104公里、再生路面里程1298公里。依托沈吉、丹海、丹通、桓永、抚通、庄盖、阜盘、建兴、沈阳绕城高速等建设项目,广泛推广应用半导体照明、隧道智能调光技术、太阳能光电转换技术。自主研发温拌沥青添加剂及添加设备、路面坑槽冷补技术及设备、拌和站沥青储罐太阳能加温设备,并在全省公路推广应用,其中LK型无卤沥青阻燃剂应用技术研究课题荣获2012年度辽宁省科技进步二等奖和中国公路学会三等奖。

四是绿色循环低碳港口。在港航领域,大力促进港口节能减排、降低经营成本,全力打造绿色、低碳、环保港口,以营口港为示范港,打造低碳港口。推进大连港、营口港、盘锦港,丹东港对港内现有集装箱门式起重机进行"油改电"改造,购进电力驱动新型场桥、轮胎吊"油改电"、LED灯具改造等。沿海港口企业完成70台集装箱门式起重机的"油改电",并安装电力驱动集装箱场桥29台。同时积极推动航运企业进行节能技术改造,通过多种途径控制船舶燃料消耗。

4. 强化科技创新与智能交通建设，绿色交通技术优势明显提升

辽宁省交通运输行业切实加强节能减排科技创新，不断提升节能减排的技术保障能力，为深入推进行业绿色循环低碳发展奠定了技术优势。

一是发展交通信息化方面。强化科技创新与智能交通建设，绿色循环低碳技术优势明显提升。发布了《辽宁省公路水路信息化发展指导意见》《辽宁省公路水路交通"十二五"科技发展规划》，突出加强重点领域和关键技术研究，交通运输科技信息化水平不断提升，大力推广应用不停车收费（ETC）、物流公共信息平台、公众交通出行服务系统、全球定位系统（GPS）、地理信息系统（GIS）、智能交通系统（ITS）等技术，智慧交通体系初具雏形，为深入推进行业绿色循环低碳发展奠定了技术优势。

二是积极推进采用现代化的运输装备。开展了推荐车型、客运车辆等级评定和内河船型标准化工作，发布营运车船节能减排技术目录，推广应用先进适用的节能减排技术、产品。

三是在工程建设实践中积极采用新技术、新工艺、新材料和新产品。推广应用路面材料循环利用、粉煤灰和矿渣等工业废料综合利用等技术，探索应用太阳能等清洁能源新技术。辽宁中部环线铁岭到本溪段高速公路在规划设计和工程建设等过程中，较好地贯彻了"两型工程"建设理念，同步纳入节能减排措施。

四是大力推进交通运输节能减排相关基础性、前瞻性技术研究工作。积极支持企业开展节能减排技术研究和应用，交通科技项目评审鉴定也将节能减排纳入范畴。

5. 夯实绿色交通发展基础，发挥试点示范政策叠加优势

一是交通运输能耗与碳排放水平。2014年1月，根据绿色循环低碳交通运输省考核评价指标体系表，对辽宁省绿色循环低碳发展现状水平进行初步评价，全省交通运输行业能源强度指标、碳排放强度指标总体情况很好，充分体现了近年来"蓝天工程""气化辽宁"的实施，辽宁省在大力推广新能源汽车、推广使用天然气汽车及配套建设加气站，严格执行道路运输车辆燃料消耗量限值标准，逐步淘汰高能耗、高污染的老旧运输车辆等方面取得了很好的效果。如2012年全省天然气车辆替代燃料量约6.39万吨标准油，减排$CO_2$18.5万吨。

二是现有试点示范推广情况很好。辽宁省是国家发展改革委确定的首批五个国家低碳省区之一，也是交通运输部确定的全国天然气汽车推广应用试点省区之一。2014年辽宁省交通厅安排节能减排专项资金1100万元，同时争取蓝天工程专项资金2000万元，作为城市公交节能减排专项资金。铁岭市列入国家节能减排财政政策支持综合示范市、全国甩挂运输试点；沈阳市、本溪市、大连市、鞍山市四个城市被纳入国家森林城市；大连市、鞍山市、瓦房店市评为全国卫生城市；大连、沈阳被纳入全国"公交都市"示范城市；沈阳市被纳入全国低碳交通运输体系试点城市；鞍山被纳入2014年绿色循环低碳交通运输发展区域性城市；大连港被纳入2014绿色循环低碳交通运输发展主题性港口。辽宁省充分利用交通运输部以奖代补政策，积极组织交通运输企业开展节能减排专项资金项目的申请工作，已获得部专项补助资金9477万元。因此，在绿色交通省工作中具有很好的基础条件。

6. 强化政府监管和组织宣传,绿色交通管理能力明显增强

一是能力建设方面。强化政府监管,绿色循环低碳交通管理能力明显增强。严格实施营运车辆燃料消耗量限值标准及准入制度,对企业新增、报废更新的车辆,严格按照燃料消耗量限值标准进行核查,从源头上严把业务办理的审核关;严格控制营运车船污染排放,按照《辽宁省机动车排气污染防治条例》,督促运输企业制定"黄标车"淘汰计划,及时更新节能环保车型,综合采取措施切实加强营运车辆的尾气治理;研究探索建立节能减排统计监测考核体系,逐步完善运输行业能源消耗统计工作体系,建立健全交通运输能耗调查监测体系;按照生态省建设工作目标开展绩效考核评议工作。

二是节能减排宣传培训方面。辽宁省积极配合开展节能低碳企业专项行动。全省共有12家交通运输企业入选国家发展改革委"万家企业节能低碳行动"名单,62家交通运输企业被列入部"车、船、路、港"千家企业低碳交通运输专项行动参与企业。积极组织推选节能减排示范项目,目前共有6个项目被部列为交通运输行业节能减排示范项目。同时,辽宁省交通厅开展节能减排从业队伍建设专项行动,搭建与国际先进科研力量、先进经验间的技术交流平台,积极培养、引入与交通运输行业节能减排密切相关科技力量和人才。建立交通节能减排技术服务体系,培育专业化的交通节能减排服务机构,发展交通节能减排服务产业,促进交通节能减排市场繁荣。

7. 加强交通运输环保与资源循环利用,提升环境友好水平

为进一步加强交通环境保护,实现辽宁交通发展与环境保护和谐共赢,"十二五"以来,辽宁省交通厅在省委、省政府的正确领导下,深入贯彻党的十八届三中、四中全会、中央经济工作会议和省委十届四次全会、全省经济工作会议精神,依据辽宁省委、省政府《关于推进蓝天工程的实施意见》《辽宁省"十二五"环保规划》和《辽宁省环境保护"十二五"规划》等文件要求,全面深入推进交通环保工作。

一是加快推进城市交通领域油改气工程。新增和更新的城市公交车、出租汽车全部应用天然气和压缩天然气等清洁年燃料汽车。鼓励各市对具备条件的在用城市公交和出租汽车实施"油改气",强化车辆改装规范管理。建设完善加气站网络系统,在具备条件的高速公路服务区和交通节点建设液化天然气、液化压缩天然气加气站。到2014年7月,全省天然气公交车达到2500辆,天然气出租汽车达到36426辆。

二是加速推进营运黄标车淘汰。将中重型载货、大型载客的黄标车和运营企事业单位黄标车等列为淘汰的重点,依据《辽宁省机动车污染防治条例》《辽宁省大气污染防治行动计划实施方案》等相关法规,通过设定黄标车的限行区域,严格执行机动车强制报废标准规定,严把机动车环保检测关,制定淘汰黄标车经济鼓励政策等措施,超额完成辽宁省政府下达的到2015年底淘汰全省范围的50%"黄标车"的目标。同时,严把入口,新增营运车辆没有环保检验标志的,不予办理相关营运手续;把淘汰任务分解到各市人民政府,并已列入《大气污染防治行动计划目标责任书》,并对工作进行考核,对工作责任不落实,项目进展滞后、环境空气质量改善目标未如期实现的城市相关负责人进行追究。

三是强化机动车防治工作。将《辽宁省机动车排气污染防治条例》升级为《辽宁省机动车污染防治条例》,进一步规范标志管理,强化各监管环节的监督作用。大力推广清洁能源汽车。2014年底,具备条件地区的公交车和出租汽车全部实现使用清洁燃料,加快提升燃油品质。2014年全面供应符合国家第四阶段标准的车用乙醇汽油和车用柴油。加强机动车环保管理。2014年全省环保检验合格标准发放率达到90%以上;继续扩大绿标、路区建设,加快淘汰高污染排放车辆。

四是开展公路、铁路建设破损山体生态治理。其中,公路项目总规划治理面积4.99万亩,投资9.17亿元,2014年底前完成治理。铁路项目总规划治理面积0.71亿亩,投资1.31亿元。在对公路、铁路建设破坏山体生态治理的同时,对于新建公路、铁路而直接导致的山体破坏和植被破坏,实行边生产、边恢复,落实治理职责责任,防止出现新的破坏积淀。

五是加强交通设施施工及运营粉尘防治。港口方面,围绕打造绿色低碳港口,保护港区水域环境,大连港每年投入数十万元用于港池和航道水域漂浮物的打捞与清洁维护,保持港口水域清洁状态。在矿石码头堆场设置防尘墙和采用综合抑尘技术措施,提高矿石码头作业粉尘控制效果。在粮食码头采用密闭流程系统和除尘措施,控制粮食粉尘污染。对燃煤锅炉实行烟气脱硫和在线监测,完成大窑湾中心锅炉房烟气脱硫升级改造项目,烟气脱硫率由原来的75%提高至90%。开展船舶垃圾接收处理工作,每年接收船舶垃圾1000余吨,有效地控制了船舶垃圾在港口的排放。在公路方面,土方、渣土和施工垃圾全部采用密闭式车辆运输或采取覆盖措施,施工现场裸露空地和集中堆放的土方、渣土、砂堆、灰堆,全部采取覆盖、固化、绿化、定时洒水等有效措施控制扬尘。在施工现场出入口处设置车辆清洗设施和泥浆沉淀设施,工程车辆进出工地必须清洗,保证车辆车身洁净。

六是开展资源循环利用项目。海水源热泵应用方面,在大连港矿石码头公司,散粮码头公司,杂货码头公司,集装箱二、三期等推广海水源热泵技术,进行空调系统制冷、制热,节约了能源成本,减少了煤炭消耗。该项目被列为大连市"第三批可再生能源建筑应用示范项目"。海水淡化技术应用方面,2004年,大连港集团采用反渗透技术建设海水淡化站,设备是德国普罗明特流体控制(中国)有限公司建造,由海水取水井、石英砂过滤系统、活性炭过滤系统、高压泵组、能量回收系统、膜堆、计量泵系统、加药系统、反冲洗系统、淡化水水池等组成,投产以来,系统一直平稳运行,每年海水淡化设备产水在10万立方米左右。

(二)"十三五"工作思路与目标

1. 总体思路

深入贯彻党的十八大、十八届三中、四中全会精神,以科学发展观为指导,按照"五位一体"总体布局要求,紧紧围绕全面振兴老工业基地战略,全面落实辽宁省委省政府实施"蓝天、碧水、青山、净土"四大工程和建设"生态辽宁,美丽辽宁"的战略部署,以加强节能减排制度体系建设、标准化建设为基础,充分发挥市场机制的作用,以"节约资源、提高能效、控制排放、保护环境"为目标,充分调动各级政府的积极性、主动性,加强目标责任的考核,加快建设辽宁省绿色循环低碳交通运输体系,为全面建成辽宁生态省提供有力支撑,为全国绿色交通运输体系建设提供典型示范。

2. 发展目标

2015年目标:到2015年末,辽宁省初步建成布局合理、能力充足、高效便捷、衔接顺畅、安全可靠、绿色环保、适度超前、基本实现现代化的绿色综合交通运输体系;沈阳、大连、鞍山等部分地区实现超前发展,整体发展水平处于全国领先水平;运输装备水平得到显著提升,基本淘汰 2005 年底以前注册的营运黄标车,全省黄标车淘汰率达到 50% 以上;"蓝天工程"基本完成,"气化辽宁"工程取得明显成效,全省交通运输行业能源利用效率明显提高,清洁能源和新能源运输装备占比进一步提升,节能环保型营运车辆占比达到 8.9%;加气站网络系统初步完善,天然气供气能力稳步增强,天然气管网覆盖全省 70% 以上乡镇,全省天然气供气能力达到 200 亿立方米,能源消费结构显著改善;沈本、沈铁和营盘城际公交一体化发展基本实现;城市"公交优先"战略进一步落实,提升公共交通吸引力,公共交通占机动化出行比例达到 60%;新增和更新的公交车全部采用液化天然气等新能源汽车,清洁能源出租车占比达到 100%;"环保绿标路、区"创建工程取得初步成果,各市至少建成 1 个环保绿标区,全省绿标路里程达到 400 公里;"青山工程"得到有力落实,交通运输基础设施绿化率明显提升,铁路、公路(一级以上)两侧,实现植物覆盖;绿节能减排科技创新体系进一步健全,技术服务体系进一步完善,节能减排法规标准体系、政策支持体系、监管组织体系和统计监测考核体系基本建立;绿色、低碳交通运输体系建设取得突破性进展,努力实现交通运输快速发展、高效发展、安全发展、绿色发展。2015 年总节能能力达到 29.81 万吨,减少 CO_2 排放 80.14 万吨。

2018 年目标:到 2018 年节能能力为 216.6 万吨标煤,减排能力为 897.74 万吨 CO_2。到 2018 年末,完成沈阳、大连、鞍山、丹东、抚顺等十个绿色交通城市建设,形成辐射东北三省的绿色交通城市群,带动沈阳经济区、辽西北地区绿色交通发展;贯彻执行辽宁沿海经济带战略,完成以大连港、营口港为核心,以丹东、盘锦、锦州、葫芦岛港为两翼的绿色港口带建设布局;以铁本高速为先导的绿色公路网;全省交通运输业绿色循环低碳发展理念与意识显著增强,法规标准基本健全,体制机制更加完善,科技创新驱动能力明显提高,行业能源和资源利用效率大幅提升,控制温室气体排放取得显著成效,适应气候变化能力明显增强,生态保护措施得到全面落实,环境污染得到有效控制;打造绿色试点示范工程,形成一批在全国达到领先水平、具有典型示范意义的绿色交通示范城市、示范公路、示范场站、示范港口、示范航道、示范公交和示范企业等;绿色综合交通基础设施网络基本建成,节能环保交通运输装备广泛应用,集约高效交通运输组织体系建设更加完善,以智能化信息化为特征的交通运输体系高效运转,绿色低碳交通需求管理系统更加完善,绿色循环低碳交通运输体系建设能力逐步提升;建成完善的辽宁省绿色交通运输体系,为老工业基地全面振兴中心提供坚实有力的支撑保障。

三、广东省交通运输节能减排工作情况

"十二五"以来,广东省交通运输行业深入贯彻落实科学发展观,围绕提高能源利用效率,大力实施结构调整,积极推进技术进步,加强节能减排监督管理,扎实推进节能减排工作,取得了积极进展。

(一)"十二五"主要工作情况

1. 交通运输结构进一步优化,行业集约化、低碳化发展水平不断提高

"十二五"以来,广东省交通运输行业注重加快推进交通运输内部结构调整,充分发挥交通运输

节能减排的网络效应、规模效应和集约效应,提升了交通运输系统整体的低碳化水平。主要体现在:

一是公路网络化程度、路网技术等级和路面等级结构快速提升。根据省政府《印发广东省高速公路网规划(2004—2030年)的通知》(粤府〔2005〕122号),有序组织实施以"九纵五横两环"为主骨架的全省高速公路网布局,全省全面形成以珠江三角洲核心区为中心、直达东西北、联通港澳、辐射泛珠江三角洲地区的高速公路网络。

二是水路运输绿色低碳化发展。在内河航运建设上,为了适应船舶大型化的发展趋势,航道等级不断提高,港口建设不断加强。沿海港口对腹地经济社会发展的支撑和促进临港工业发展的能力明显增强,区域港口之间优势互补、错位发展的空间布局已经形成。

三是运输装备结构有所改善。运输装备逐步向大型化、专业化和标准化方向发展,交通运输节能减排的规模效应逐步增强。至2013年底,全省共有道路营运车辆103.64万辆,其中天然气营运车辆保有量为18479辆,占营运车总数1.78%。各类车辆以及相应天然气车辆的保有量如下:城市公交车5.33万辆,其中天然气公交车8854辆,占公交车总数17%;出租汽车6.77万辆,其中天然气出租汽车9413辆,占出租汽车总数14%;公路营运客车4.25万辆,其中天然气公路营运客车458辆,占公路客运营运车总数1.1%;道路营运货车87.29万辆,其中天然气道路营运货车383辆,占营运货车总数0.04%。

四是推广甩挂运输试点示范,提升运输组织效率。加大了道路运输线网布局和结构调整的力度,开展了甩挂运输试点和广东绿色货运示范项目,引导传统道路运输业向现代运输业发展,培育了一批大型客、货运输企业。

广东省根据部省甩挂运输试点示范要求,深入推动国家甩挂试点。督促国家首批甩挂运输试点的三个项目推进试点工作,并进行阶段性总结,积极配合交通运输部开展第二批国家甩挂运输试点项目的筛选工作,深圳华通源-怡和运通、广州城市之星等4个甩挂项目已入选国家第二批试点名单;继续推进省内甩挂运输。督促地市交通运输主管部门、省内甩挂运输试点项目参与企业加快推进甩挂运输试点工作,并对前阶段的推进情况进行小结,及时调整车辆购置等有关政策。将深圳、广州等城市列为第一批试点地区,并完成了试点项目的调查摸底工作。开展"绿色货运"项目,通过引进推广国外先进车辆节能技术以及采取一系列措施提高货运行业组织化和信息化程度,探索货车运输节能减排的新机制。举办广东省甩挂运输研讨培训班,普及了甩挂运输的理论知识,为开展下一阶段试点工作奠定了基础。启动了省内第二批甩挂运输试点项目的申报评审工作,目前已完成项目申报、公示、评审和资金分配等工作。

2. 推进科技创新与推广,节能减排技术基础有所增强

"十二五"以来,通过切实加强交通运输节能减排科技创新,不断增强节能减排的技术基础。主要工作包括:

一是开展了一系列课题研究工作。如:广东省交通行业节能减排统计、监测和考核体系的建立研究、节能技术高速公路应用及示范工程、轮胎式集装箱门式起重机"油改电"应用示范工程项目、船舶发动机的电子降磨节能减排技术研究与应用、重型柴油机SCR技术的适应性研究等。科技创新与推广加快了现代信息技术和组织管理技术的集成应用,提高了运输生产效率和行业节能减排水

平,使交通运输节能减排的技术基础和保障能力不断增强。

二是大力推广全省各地市的先进适用技术。例如,推广了关于 RFID 技术在汕头路桥交通节能减排方面的应用、广州市停车场管理与信息发布系统、珠三角区域城市公共交通一卡通项目(二期)、广东—广西甩挂运输项目、双源无轨纯电动城市客车应用推广、LNG 清洁能源汽车在道路客运中的应用、盐田国际集装箱码头有限公司码头 LNG 拖车项目、天然气在固定式沥青拌和站中的应用、厂拌冷再生泡沫沥青混凝土成套施工技术研究、惠州市地方公路信息化管理系统等节能减排示范项目。

三是大力开展水路运输领域节能改造工程。在深圳盐田集装箱码头有限公司、蛇口集装箱码头有限公司和广州南沙集装箱码头有限公司,按计划分期实施了轮胎式门式起重机(RTG)"油改电"项目和船舶岸电改造项目。三个码头节能减排改造项目已投入应用并取得良好的效果,被列为交通运输部水运节能减排工作试点单位。同时,大力改善航道等级结构,促进内河水运发展,进一步发挥内河水运的节能减排作用。

四是以绿色货车技术示范为抓手,提高车辆燃油效率。绿色货车技术示范通过对现有国内外普遍运用的车辆节能技术进行初步筛选,选择空气动力学、降低地面阻力和节能驾驶技术 3 类技术,导流罩、侧裙、间隔风罩、低阻轮胎、胎压监视器、节能驾驶技术 6 类产品,挑选 1200 台车安装示范,监测燃油消耗情况。同时,将根据技术示范推进,配套开发驾驶员培训教程,组织开展驾驶员的规范驾驶、节能驾驶培训工作。通过技术示范,引导货运物流企业重视车辆技术、性能的提升,重视驾驶员培训和驾驶行为规范,提升车辆燃油效率。目前首期技术示范已经启动,正开展车辆燃油消耗情况的监测工作,预计通过不同技术组合的使用,可降低燃油消耗5%。

五是逐步推进高速公路联网收费工作。全省已开通高速公路全部纳入联网收费,共开通 ETC 车道 560 条,ETC 车道覆盖率为 43.1%,珠三角地区覆盖率达到 70%。自 2004 年 12 月广东省正式开通联网收费以来,全省共撤销主线站 36 个,减少建设收费站 86 个,目前全省高速公路上共设置主线收费站 80 个,其中区域合建站 16 个(双向),标识站 17 个,终点站 37 个,省界站 10 个。粤通卡用户保有量达到 225 万张。

3. 逐步健全管理制度,强化行业节能减排监管

"十二五"以来,广东省交通运输行业积极贯彻落实国家、交通运输部和省政府相关法规、政策,切实加强运输组织管理、节能减排监督管理,实现管理挖潜增效。主要工作包括:

一是健全组织机构,明确工作目标。发布了《关于成立广东省交通运输厅节能减排工作领导小组及其办公室有关事宜的通知》,明确了领导小组主要职责。制定了《广东省交通运输行业节能减排"十二五"发展规划》,每年发布交通运输行业节能减排工作要点,指导行业节能减排工作的开展,分解、落实节能减排各项工作任务等。印发《广东省交通行业节能减排工作方案》,提出了全省交通运输行业节能减排的目标、要求、工作措施及工作任务。

二是加快物流公共信息平台和交易平台建设,提高信息化水平。结合全国交通运输物流公共信息平台建设和南方物流信息平台建设工作,完成广东省道路运输物流信息平台建设,实现政府和企业、政府之间的物流管理信息共享交换,应用在重点诚信共建企业、甩挂运输试点企业、绿色货运企

业。大力扶持货运物流企业物流信息化发展,通过与林安物流公司等龙头企业共建,建设具有广东省特色的物流交易信息平台,实现不同部门和运输方式之间的信息共享,提升货运行业信息化水平,为中小货运企业提供配载服务,以降低载货汽车空驶率,提高车辆运输效率。完成省道路运政管理信息系统向云计算体系的更新换代,全面升级整合硬件环境,在道路运政管理信息系统基础上率先实现"云审批"和"云监管"。

4. 积极开展宣传培训与示范工程,节能减排意识明显增强

"十二五"以来,广东省交通运输行业大力开展节能减排的教育宣传与示范工作,全行业节能减排意识明显增强,资源节约、环境友好、绿色低碳的理念不断提升。主要体现在:

一是开展全省交通运输行业节能减排示范项目推选活动。进一步促进全省公路运输、水路运输、港口行业和交通运输基础设施建设领域节能减排技术和成果的推广,提高交通运输节能减排科技成果的转化率,提高科技对交通运输节能减排的贡献率。

二是配合交通运输部做好"车、船、路、港"千家企业低碳交通运输专项行动。积极推荐并组织省内相关企业参加活动,推进具体工作开展。

三是组织开展全省交通运输行业节能减排研修班。开展珠三角改革发展目标与低碳发展、关于公路水路交通运输节能减排问题的思考、广东省交通运输行业节能减排统计、监测和考核体系的建立研究等专题的学习交流。

四是注重强化节能低碳宣传教育。每年开展省交通运输行业节能宣传月活动,广泛深入开展宣传教育与交流培训;邀请专家通过视频会议讲座的形式,开展交通运输节能技术讲座活动;统一印制《节能环保驾驶宣传手册》和《公共机构节能宣传手册》;开展机关"能源紧缺体验日"活动等。

总体而言,广东省节能减排工作成效显著,主要体现在:逐步构建了全省交通运输节能减排监测考核体系。率先在城市公共交通、市政、公务等领域推广使用电动、液化天然气(LNG)等类型的新能源汽车,加快实施全省新能源汽车推广应用示范工程;启动西江、北江及珠江三角洲骨干航道网适用船型研究;积极探索大宗件货物水路运输诱导和补偿机制;推进资源节约型和环境友好型港口建设,引导港口企业实施"油改电"项目技术改造等。

(二)"十三五"工作思路与目标

1. 总体思路

深入贯彻党的十八大和十八届三中、四中全会精神,以科学发展观为指导,按照中国特色社会主义建设"五位一体"总体布局要求,紧紧围绕广东省绿色交通运输体系建设目标,将生态文明建设融入交通运输发展的各方面和全过程,针对绿色交通运输基础设施、节能环保交通运输装备、科技创新与信息化建设、绿色交通能力建设等重点领域,以节约资源、提高能效、控制排放和保护环境为核心,以试点示范和专项行动为重点,以结构优化为抓手,以科技创新为支撑,以管理提升为保障,转变发展方式、调整交通结构、加快绿色转型,强化创新驱动、加强协调联动、倡导全民行动,加快建成以综合交通、公交优先、绿色出行、创新驱动、智慧管理为主要特征的绿色交通运输体系,为低碳广东、幸

福广东建设提供支撑保障。

2. 发展目标

到2016年,综合交通运输体系取得重大进展,总体适应经济社会发展需要,珠三角等部分地区实现超前发展,整体发展水平处于全国领先。交通基础设施率先基本实现现代化,综合交通骨干网络基本形成,交通通道保障有力、枢纽能力全面提升,现代养护体系初步形成;现代交通运输业发展水平显著提升,货运组织化程度和运输效率明显提高,交通物流服务质量明显提高,城乡客运一体化基本实现;城市公交优先发展战略进一步落实;运输装备水平显著提升;行业绿色低碳监管体系基本建立;资源节约型、环境友好型行业建设取得明显进展,绿色循环低碳交通运输体系框架基本形成,为"绿色广东"建设提供坚实有力的支撑保障。

(1)绿色生态交通网络体系进一步完善。布局合理、功能完善、衔接畅通、安全高效的现代综合交通运输网络初步形成,对城市空间拓展和布局优化的调整引导进一步增强。轨道交通、水运承运比重进一步提高,珠三角综合交通通道内客货运输有三种以上方式可供自由选择,国家级枢纽国际、国内转换能力显著增强,综合客运枢纽省辖市覆盖率达到60%,公路、航道养护水平继续保持全国领先。交通基础设施结构进一步优化,集约化水平明显提高,绿色低碳设计、施工、运营水平明显提高,对土地、能源、材料、水等资源节约循环利用水平明显提高,生态环境影响明显降低。

(2)节能环保运输装备体系进一步完善。客货运输车辆与现代运输组织的适应性进一步增强,厢式车、集装箱车及各类专用车比率达到33%以上,新增进入道路运输市场的车辆100%达到燃油消耗量限值标准;运输船舶与航道、港口发展的适应性进一步增强,内河货运船舶船型标准化率达到50%,西江线、北江线河船型标准化率达到70%;卫星定位等先进技术、产品在运输车船得到广泛应用,运输装备大型化、专业化和标准化水平明显提高,现代化程度进一步提高;施工机械、施工船舶和港口装卸设备等结构进一步调整优化;节能环保型运输车辆、船舶、装备、设备得到广泛应用,LNG、电力等清洁能源、新能源应用比例明显提高,太阳能、风能等可再生能源在有条件的领域和区域逐步得到推广,交通运输能源消费结构更加合理。

(3)集约高效运输组织体系进一步完善。区域交通一体化、综合交通一体化、城乡交通一体化水平明显提高,水运、轨道交通的比重明显上升,综合运输的整体优势和组合效率进一步提升,结构性节能减碳潜力得到有效挖掘;运输生产组织管理能力明显增强,组织化水平明显提升;运输组织结构和经营结构更趋合理,运输企业规模化、集约化水平明显提高,物流社会化、专业化水平明显提高,多式联运、甩挂运输等先进运输组织方式应用广泛,道路甩挂运输拖挂比达到1:2,城市物流配送体系形成规模,中心城内物流配送系统承担城市正常运行货运量的10%左右,社会物流费用与GDP比值降为15%;中远距离城际客运初步实现多方式多选择,都市圈内局部开行城际公交化班线和城市公交互联互通,初步形成以城市公交、城镇客运班线和镇村公交为框架的三级城乡客运体系,城市居民公共交通出行分担率平均达到23%。

(4)绿色交通科技创新能力明显增强。绿色循环低碳交通运输科技创新体系初步建成,创新能力进一步增强,形成一批符合全省绿色交通运输发展需求的重大关键技术,行业科技进步贡献率达到55%以上;绿色循环低碳交通的科学素养与技术能力明显提升,技术标准规范体系进一步完善,技术服务能力进一步提升;绿色、节能低碳技术与产品推广应用水平进一步提高,科技支撑保障作用明显增强;逐步建立以交通运行协调指挥中心为核心的新一代智能交通管理与服务体系,初步实现行业信息的交换共享以及业务协同,城市公交智能调度管理系统、出租汽车智能调度管理系统、公众出行信息服务系统、智能停车管理系统、道路运输车辆管理系统与行业节能减排统计分析系统等进一步完善,现代信息技术等在交通运输全领域广泛应用、深度融合,交通运输管理和服务智能化水平明显提升。公众出行信息覆盖水平达到70%以上,公交省域一卡通覆盖率达100%,高速公路ETC覆盖率达到50%。交通运行监测网络更加全面、高效,重点营运车辆卫星导航系统入网率达到100%。

(5)绿色交通运输管理能力明显增强。绿色交通运输发展战略规划体系、政策法规体系、标准规范体系和组织保障体系基本建立,制度环境明显改善;交通运输节能减排与绿色循环低碳发展统计监测考核体系基本建立,绿色交通监管能力和支撑保障水平明显增强;全行业绿色低碳意识和素质明显提高;初步建立与绿色交通运输体系建设相适应的人才工作管理体制和运行机制,形成一支总量适度、结构合理、素质优良的绿色交通建设与管理人才队伍。

到2018年,全面完成所有绿色交通示范项目,形成一批在全国达到领先水平、具有典型示范意义的绿色交通城市、绿色公路、绿色场站、绿色港口、绿色航道、绿色公交和绿色交通企业等。全省交通运输业绿色发展意识显著增强,法规标准基本健全,体制机制更加完善,制度环境明显改善;政产学研用的绿色交通科技创新体系基本建成,科技研发与推广应用水平明显提升,智能协同的交通运输管理和信息服务体系基本建成,科技创新驱动能力明显提高;行业能源和资源利用效率明显提高,控制温室气体排放取得明显成效,适应气候变化能力明显增强,生态保护措施得到全面落实,环境污染得到有效控制,实现交通运输发展与自然和谐相处,基本建成绿色交通省。

四、湖北省交通运输节能减排工作情况

交通运输是国民经济和社会发展的基础性、先导性和服务性行业,也是国家节能减排和应对气候变化的重点领域之一。"十二五"以来,湖北省交通运输部门积极贯彻落实国家、省绿色循环低碳发展的方针政策和战略部署,以"试点城市、示范行业、重点企业、成熟产品、重点基本建设项目"为抓手,着力推进绿色循环低碳交通运输工作,促进交通领域生态文明建设。加快转变交通运输发展方式,积极探索绿色循环低碳交通运输发展之路,取得了积极成效。

(一)"十二五"主要工作成绩

1.加强顶层设计,注重发挥规划引领作用

绿色循环低碳交通运输工作涉及面广,头绪多,需要加强顶层设计,明确工作方向和目标。为此:

一是编制《湖北省低碳交通发展规划》。作为落实部《公路水路交通运输节能减排"十二五"规划》《湖北省交通运输"十二五"规划》《湖北省低碳发展规划》的具体措施,也为绿色循环低碳交通运输工作明确目标,提供保障。

二是编制武汉、十堰两个低碳交通运输体系建设试点方案。两个城市先后纳入部级试点,使湖北形成一大与一小、"两圈"并重的格局,实现以点带面、重点突破、示范引导、积累经验,全面推进绿色循环低碳交通运输工作的目的。

三是编制武汉城市圈、鄂西生态文化旅游圈绿色低碳交通建设行动纲要。前者以武汉为依托,后者以十堰为典范,两个纲要覆盖全省,将绿色循环低碳交通运输建设的任务具体落实到行业、部门、企业和项目。围绕这两个行动纲要,还将组织各相关行业管理机构、市交通运输管理部门、重点企业等制定绿色循环低碳工作计划,推进相关任务落地、落岗。

四是编制《湖北省公路水路交通基础设施节能减排技术指南》。结合湖北交通建设条件和约束条件,吸纳部公布的节能减排示范项目成果和其他成熟技术等,提出适用湖北公路、水路交通建设的新技术、新工艺、新技术、新产品等及其运用条件,引导交通运输管理部门、项目业主和施工建设单位、设计院所、运营单位等,树立以人为本、绿色低碳、综合运输、全寿命周期等理念,自觉将绿色低碳措施落实到公路、水路基本建设项目。

2. 推进综合运输体系建设,优化综合运输结构

省厅先后分别与武汉、宜昌、襄阳市政府共同制定"十二五"期现代综合运输体系建设总体推进方案,突出绿色低碳交通发展要求,打造"三点支撑"的现代综合运输体系,初步效果已经显现。

一是"三个衔接"得到加强(交通路网之间的衔接、交通枢纽与通道的衔接、交通布局与经济走廊和产业布局的衔接),不合理运输降低,相应减少资源浪费和二氧化碳排放。

①以整体效益更大为目标,整合既有各种交通路网设施,形成连通内外、覆盖城乡的一体化交通路网,使车船通行条件得到改善。

②遵循"零换乘、无缝衔接"原则,布局和建设与铁路、机场衔接的综合客(货)运枢纽,推进区域交通一体化,促进合理化运输。

③按照港口与腹地经济发展有效衔接要求,重点构建九大港口综合物流中心。50多个与工业园区、物流园区配套的港口项目日渐成型,一大批投资百亿元以上的重点项目临江而建。

④通过分析工业、商贸、国际、配送、中转等物流需求,多层次规划布局物流基地项目,总体上与湖北省产业发展格局相协调。

二是充分考虑旅客便捷出行需求,大力推进城乡交通一体化,最大限度地吸引旅客选择公共交通,减少私家车和公务车出行。

优先发展城市公共交通。省政府出台了加快城市公交发展的意见,省厅加强了公交规划编制步伐,武汉市成为全国"公交都市"试点城市。近年来,市州政府出台了10余个支持文件,公交优先发展战略得到进一步落实,公交吸引力进一步增强,衔接综合交通能力提升。据不完全统计,近年来各市州财政支持政策累计2.87亿元,划拨土地685亩。

加快城乡运输一体化步伐。"农村班车进城,公交客车下乡,农村客运网络与城市公交网络衔接"为基本方向的城乡客运一体化试点取得新进展,多地基本形成城市公交与短途客运公交化融和共赢的局面。

充分发挥道路客运"门到门"送达优势。大力开通旅游景区、机场、火车站、大学城、大型企业直

通车,有条件发展商务包车。

三是围绕武汉长江中游航运中心建设,推进运输船舶大型化、标准化,企业规模化、专业化,推动水路运输转型发展。

政策引导结构调整。近三年共筹措补贴资金3.3亿元,更新改造和淘汰老旧船舶,核准拆改船舶910艘、70万总吨。目前,千吨级以上船舶达到1919艘、604万载重吨,货船平均吨位超过1500载重吨。已有90家航运企业的运力规模超过万吨,占全省总运力的3/4以上。

拓展航运服务产业链。港航企业拓展服务功能,延伸航运服务产业链。华中航运集团整合市场、网络、人才、资金等资源,充当整合运营商的角色,以船舶管理为先导、以货运业务为平台、以营销网络为支撑、以提供运输解决方案为手段,拓展航运服务产业链。宜昌港务集团拓展港口物流,在长江多式联运和物流发展中发挥独特优势。黄冈楚江航运公司运贸和港口运输一体化等特色服务项目,促进了企业提档升级。

发挥资产组合效应,资源整合步伐加快。发挥资产组合效应,以骨干航运企业为主体,大力推动水运企业资产重组和联合经营,走规模化、专业化发展之路,完善服务网络、丰富服务产品、拓展服务领域,增强竞争优势,实现规模效益。武汉扬子江游船公司、鄂州市三江油运有限责任公司等通过企业并购,实现了水运资源的优化配置和重新组合,提升了航运业集中度。

四是以优化道路运输结构,逐步改变小、散、乱的局面,提升运输组织规模和企业集中度。

①以存量改造、整合资源为主,开通了十堰至郧县、天门至仙桃、黄冈至沿江4县、襄阳至襄州等城际公交,改变了过去车辆空驶率高、沿街兜圈、盲目竞争等现象。近三年来全省完成60条城乡道路客运公交化改造,呈现区域一体化、区间一体化、城乡一体化发展态势。

②以"自由行"游客为目标市场,以定线旅游客运为主要方式,推动道路客运与旅游服务跨行业融合。

③积极做好道路客运与铁路、航空、水运等运输方式之间的衔接和集疏运。

④合理控制受铁路客运影响大的城市发展省际长途班线,做足短途、力保中途、长途有进有退,避开干线劣势,发挥支线优势。

⑤大力发展甩挂运输、快件、零担班车、集装箱多式联运运输。湖北汽运、武汉赤湾东风、鄂州大通互联、十堰亨运、荆门弘业、武汉乐道、襄阳东风合运7家甩挂运输项目纳入国家试点。

3. 创新工作机制,深入推进绿色循环低碳交通运输开展

一是积极支持武汉和十堰低碳交通运输体系试点。大力宣传"试点就是重点,重点就是政策"的理念,积极争取市政府及市直相关部门的支持,同时,对于试点方案中涉及的"十二五"规划内项目,省厅优先安排计划,计划外项目,明确在规划中期调整时重点予以研究,试点示范项目,优先予以支持。

二是大力推广清洁能源在运输行业中使用。武汉、宜昌、襄阳、十堰、黄冈、荆门等地七家LNG加注站开通运营,荆门和瑞燃气100余辆货车、十堰公交集团118辆城际公交客车使用LNG。目前,全省使用LNG车辆达700余辆,使用液化石油气、天然气的公交车约有4200辆,天然气出租汽车有2.5万辆。其中,武汉市公交行业2011年、2012年、2013年分别新增单一燃料CNG公交车252辆、

356辆、715辆,目前武汉市CNG公交车保有量达到了2217辆,LPG车319辆,混合动力电动车700辆,纯电动公交车10辆,无轨电车240辆,使用清洁能源和节能与新能源车约占车辆总数46%。武汉市CNG出租汽车14135辆,占营运出租汽车总数的90%,出租汽车使用CNG、LPG等清洁能源比例达到99%以上,替代能力160973吨标准油/年。武汉江海通运船务有限公司2013年完成了两艘LNG双燃料动力船(海川2号、海川3号),柴油替代率75%以上,综合替代率高于70%。十堰2014年正实施兴通货1和兴通货2号两条船舶油改气工程。天然气等清洁能源的推广应用,有效地降低了碳排放。

三是深化千家企业低碳交通专项行动。省交通运输厅与省发展改革委共同确定了4家低碳交通运输基地和13家低碳交通运输示范企业,充分发挥其龙头作用,在多个领域取得效果。如武汉、十堰、襄阳公交集团重点在公交车辆清洁能源应用、公交智能调度系统方面开展示范;省客集团、宜昌交运、十堰亨运、黄冈东方客运公司重点在道路客运,车辆在LNG源应用、道路客运智能调度系统、绿色维修、模拟驾驶等方面开展示范;武汉港务集团重点在集装箱码头轨道式龙门吊RMG应用、集装箱智能化管理系统应用方面开展示范;华航集团重点在应用标准化、节能型船舶,推广船舶节能操作法,开展LNG船舶应用等方面开展示范;鄂州大通、襄阳东风合运、宜昌爱奔等企业,分别在货车天然气应用、甩挂运输、多式联运、"公路港"物流信息化等方面开展示范;湖北新捷、昆仑长航重点在"十二五"期100余座LNG加气站建设、推广车船LNG应用等方面开展示范;湖北省高速公路实业开发有限公司在温拌沥青技术、可再生能源在公路建设与运营中应用等方面开展示范。武汉鑫飞达公司2011年—2013年分别新增4万、2万辆、1万辆自行车,累计达到10万辆,形成1218个公共自行车租还服务站点,每年节约18884吨标准煤。武汉公交集团新采购CNG车辆715辆,新增替代能力18977吨标准油/年。十堰公交GPS智能调度系统和G-BOS系统全面完成。湖北高开有限公司废旧沥青面层材料再生利用已纳入节能减排示范项目。

四是将绿色低碳理念融入行业管理之中。

①在推广ETC促进节能减排三方面:省交通运输厅明确将ETC系统设置情况作为项目审查、项目交(竣)工验收内容之一,并作为高速公路联网收费并网检测的控制标准。要求在建、拟建高速公路ETC车道实际覆盖率不低于60%,前者ETC建设相关费用纳入公路项目建设总投资,后者ETC系统费用纳入公路项目总估算。目前全省高速公路建成ETC 102条,日均流量1.8万余辆,ETC用户达到7万户。

②在土地及岸线资源利用方面:严格港口投资强度和吞吐能力双指标控制,确保土地及岸线资源高效、节能、清洁利用。目前,湖北省港口岸线投资强度、单位港口吞吐能力比"十一五"期分别提高了38%和150%。

③在交通工程生态保护方面:严格实施交通工程与环保措施"三同时"制度,合理确定交通工程的规模、线位、时序和技术标准,最大限度减少环境影响。

4. 放大财政资金支持效果,强力推进重点领域节能减排工作

(1)大力宣传绿色低碳交通运输政策。即"节能减排资金管理办法""申请指南"等,积极参加和组织绿色低碳交通运输培训,让基层交通运输管理部门、企事业单位及时了解国家有关方针政策,放大支持资金的影响力,将绿色低碳交通运输工作变成各企事业单位的自觉行动。

(2) 积极培育交通运输节能减排重点项目。按照国家交通运输节能减排导向,加大了车船天然气运用、隧道和服务区 LED 照明、智能交通、绿色维修和驾驶、隧道节能优化等领域项目的培育力度。

(3) 全力做好节能减排和甩挂运输试点项目申报。采取发动、培训、筛选、申报、实地查看、集中审议、交叉复核、重点辅导等多个程序,确保项目申报的成功率。2011—2013 年,全省 24 个项目获得部节能减排资金支持 6722 万元,7 个甩挂项目纳入部试点,均名列各省市前几名。申报成功的项目,及时在全行业进行宣传,扩大影响力。武汉微氢公司的内燃机微氢喷射节能降排技术及装置被评为第二批全国重点推广公路水路交通运输节能产品。经过项目申报、专家遴选等环节,省厅确定特长公路隧道双洞互补式网络通风技术应用、CNG 在重型牵引车的应用、高速公路不停车收费系统(ETC)在联网收费中的应用等 10 个项目为省级绿色循环低碳示范项目,在全省推广应用,并力争更多项目成为全国示范项目。

此外,在港口带式输送机节能改造、服务区光伏发电、等方面开展了一系列工作。

(二)"十三五"期工作思路、目标与重点

1. 指导思想

以科学发展观为统领,以建设绿色低碳交通运输体系为主线,以提高能源利用效率、降低二氧化碳排放强度为核心,加快转变交通运输发展方式,全面推进交通运输结构性、技术性、管理性节能减排工作,不断提高交通运输用能效率,优化用能结构,完善组织管理,改善出行模式,推进技术进步,普及信息应用,探索实践低能耗、低污染、低排放、高效率交通运输发展之路。省厅将深入贯彻落实党的十八大、十八届三中全会精神,按照建设"五位一体"总体布局和交通运输部加快建设"五个交通"的新要求,践行"打牢发展大底盘、建设祖国立交桥"战略,以试点示范和专项行动为主要推进方式,将生态文明建设融入交通运输发展的各方面和全过程,加快建成资源节约型、环境友好型交通运输行业。

2. 总体目标

力争"十三五"末,交通运输能源利用效率明显提高,交通运输生产、经营、消费的各个环节碳排放强度逐步降低,低碳交通运输体系建设初步建立。

(1) 各种运输方式节能减排取得明显进展。基础设施网络体系更加完善,铁、水、公、空、管等运输方式高效衔接,内河航运承运比重和城市公共交通出行分担率明显提高,节能型综合交通运输体系初步形成;运输车辆、船舶、港口机械与施工设备的大型化、专业化和现代化水平明显提高,交通运输装备结构更加优化;替代能源和可再生能源比重有所提高,交通运输能源消费结构明显改善。

(2) 节能减排科技创新与服务体系基本健全。节能减排科技创新体系进一步健全,成果转化与产品推广水平明显提高;交通运输信息化水平进一步提升;节能减排技术服务体系进一步完善,培育壮大一批专业化的技术服务主体,节能减排服务产业化水平明显提高。

(3) 节能减排监管能力显著提升。运输组织化程度和生产效率进一步提高,全行业节能减排理念与素质明显提升,基本形成比较完善的交通运输节能减排战略规划体系、监管组织体系和统计监

测考核体系。

3. 重点任务

一是继续推进绿色循环低碳交通区域性、主题性试点建设。加快推进武汉区域性管理试点建设，加快两圈绿色低碳交通建设行动纲要实施。着手开展绿色循环低碳交通省份申报工作，力争2015年入围。这需要交通运输部和省政府坚决有力的支持，需要省直各部门的大力配合与积极协作。

二是开展"车、船、路、港"千家企业低碳交通运输专项行动，充分发挥重点企业的带动作用。以交通运输厅和发展改革委授牌的武汉公交集团等4家低碳交通推广基地企业、13家交通节能减排示范企业为龙头，以湖北省31家"千家企业"为重点。切实发挥"车、船、路、港"千家企业低碳交通运输专项行动对交通运输节能减排工作的示范作用，加强对专项行动参与企业的支持与引导，逐步建立有利于发挥专项行动示范作用的长效工作机制。督促建立节能减排机构，编制实施方案，制定工作计划，结合部节能减排以奖代补等政策，带动全行业节能减排工作。

三是大力推广天然气应用。借助湖北新捷天然气公司等多个国有企业的优势，加快布局天然气加气站，推进新能源在道路客运、城市配送、城市公交、道路货运、水路运输行业的应用。

四是充分发挥绿色循环低碳项目的示范引领作用。目前，湖北省有10个省级节能减排示范项目，3个部级绿色循环低碳示范项目，要进一步加快绿色循环低碳示范项目推广与应用。按照构建绿色循环低碳交通运输的要求，交通运输系统各单位以促进节能减排、绿色循环技术及方法在交通运输行业推广应用为主线，以项目的成效性、示范性和推广性为重点，以点带面，充分发挥绿色循环低碳项目的示范引领作用，推动交通运输行业绿色循环低碳和可持续发展。同时，注重调动道路运输、水路运输、物流、港口、城市公交、出租客运、地铁、交通建设等各类交通运输企业开展节能减排的主动性和积极性，积极引导重点交通运输用能企业开展节能减排技术和方法的创新与应用，不断探索，积累经验，提炼成果，推陈出新，节能减排和绿色循环效果明显。

4. 建立交通运输节能减排统计监测考核体系

组织开展湖北省交通运输能源利用统计监测研究，完成交通运输部规定的能耗统计监测每半年报相关数据的任务，不断提高监测数据质量。进一步研究完善湖北省交通运输节能减排考核体系方案。研究编制《湖北省交通运输节能减排考核体系》。

五、北京市交通运输节能减排工作情况

（一）"十二五"期主要工作成绩

1. 构建快速公交通勤体系

自2010年以来，北京大力发展快速公交通勤体系。北京市中心城公交出行比例由39.7%增长到2013年的46%，7年内增长7个百分点，出行结构不断优化。其中轨道路网运营线路由2010年14条增至2013年的17条，运营里程由336公里增至465公里。轨道日均客运量由2010年505万人次增至 2012 年 876 万人次。地面公交相继建设南中轴、安立路、朝阳路、阜石路四条大容量公交线路；公交专用道由 2010 年的 294 公里增加至 358 公里。地面公交日均客运量由 2010 年 1300 万人次增长到 2012 年 1321 万人次。此外，北京市启动实施机动车总量调控、停车收费调价、工作日高峰时段区域限行等交通需求管理政策，现阶段已建成约 2 万辆规模公共自行车租赁系统。

2. 加快绿色运输工具的应用推广

"十二五"期间加快绿色运输工具的应用推广，包括车辆排放结构更新升级、新能源消耗限值引导管控以及加强新能源车辆发展应用三项举措。在车辆排放结构更新升级方面，北京市先于国家实施京 V 轻型汽油车和国 IV 重型柴油车排放标准，2012 年社会交通和公交行业国 III 及以下排放标准车辆比例降低至的 40% 和 57%。在新车能源消耗限值引导管控方面，北京市根据交通运输部、工信部车辆燃料消耗量限制相关规定，加快车辆燃料消耗量限值地方标准，促进行业新车选型向低能耗方向发展。在新清能源车辆发展应用方面，北京市加大新清车辆推广力度，2013 年行业新清能源车辆新增至 9995 辆，据测算，2013 年共节约油耗约 1.1 亿升，分别减少 NO_x、CO、HC 和 PM 污染物排放约 590 吨、1020 吨、180 吨和 12 吨。

3. 创新融资模式，扩大新技术应用规模

在新技术应用推广方面，LED 节能照明、变频电梯、变频空调等节能设备应用比例大幅提高。其中枢纽中 LED 灯覆盖率近 50%，变频电梯近 90%，地铁变频电梯比例达 100%。2013 年旧路沥青材料回收率 97%、利用率 79%，使用温拌沥青等节能环保材料 88 万吨，占总量的 86%，道路绿化率 67%。ETC 用户已超过 100 万，电子收费通行量占总通行量的 27%。此外，北京市积极探索合同能源管理和碳交易等创新型投融资模式，应用合同能源管理模式更换地铁照明、电梯设施，同时开展 ETC 自愿减排交易，两年内共减少了温室气体排放 6103 吨。

4. 加强行业节能减排精细化管理水平

"十二五"期间通过各项工作开展加强交通行业节能减排精细化管理水平。在交通行业提升方面，配合交通运输部车、船、路、港千家企业低碳交通运输行动，完善 79 家重点企业能耗统计制度；且根据发展改革委要求，组织推动 36 家重点用能单位实施能源审计和清洁生产审核。在标准编制方面，根据发展改革委百项标准要求，组织推动公交、轨道、货运、出租 4 大行业 5 项标准编制和发布，启动交通节能减排标准体系规划研究。在计量统计方面，开展城市交通领域节能减排智能化能源计量器具改造工程，完成能耗排放统计与监测平台一期建设，为重点交通行业能耗排放监测考核、政策效果评估测算及相关标准规范的科学制定提供支持。

5. 加强节能减排组织机制保障

为保证交通节能减排工作顺利开展，北京市交通委于 2011 年 4 月成立"北京市交通行业节能减排工作领导小组"。2013 年 9 月，配合《北京市 2013—2017 年清洁空气行动计划》的发布，成立"北京市机动车排放污染控制工作协调小组"。2012 年成立"北京市缓解交通拥堵工作推进小组办公室"。2012 年 6 月，成立北京市交通行业节能减排中心，主要负责交通行业节能减排相关政策研究、统计监测、监测评估和合作推广相关工作，是国内第一家交通综合管理部门直属节能减排机构，北京

市第一家行业管理相关部门直属的节能减排机构。

6. 加大绿色交通宣传推广力度

此外,在"十二五"期间积极开展公众沟通工作,先后发起"文明交通,绿色出行"、"全国节能宣传周"等主题系列活动,组建"绿色出行,畅通北京"宣讲团,丰富宣讲形式和内容,并进一步加强媒体宣传,包括开通"@交通北京"微博、设计制作地铁公交循环播放的"豆豆说交通"动漫宣传片,加大社会宣传推广力度提高公众交通认知水平。

7. 探索推进节能减排统计监测体系建设

根据交通运输部《公路水路交通运输节能减排"十二五"规划》(交政法发〔2011〕315号)及北京市发展改革委、市财政局《北京市建设节能减排财政政策综合示范城市总体实施方案(2012—2014年)》(京发改〔2011〕491号)相关要求,启动"北京市交通领域节能减排统计与监测平台建设(一期)"项目,通过开展"北京市交通运输节能减排统计报表制度"研究及交通节能减排数据监测工作,初步建立了交通行业节能减排统计体系。同时在轨道交通、地面公交、出租和旅游四个重点交通行业开展计量设备改造工程,建立了"政府能耗排放管理中—企业能耗排放管理中心—计量设备改造"的三级计量监测体系。

在节能减排统计工作方面,研究制定《北京市交通运输节能减排统计报表制度(征求意见稿)》,实现交通运输行业分能源类型、生产与非生产能耗统计,以及体现服务水平的客货运量能耗、客货周转量能耗等使用强度指标统计。

在节能减排监测工作方面,完成节能减排监测信息报送工作培训及部署,建立了79家企业信息月度报送制度。实现交通能耗能效数据及行业汇总数据汇总上报,掌握全行业能耗总量情况,有效支撑交通运输部"车、船、路、港"千家企业低碳交通运输专项行动节能信息报送,同时为交通运输部客运车辆单位运输周转量能耗下降率6%、货运车辆单位运输周转量能耗下降率12%的目标完成情况的量化评估提供数据支撑。

实现对轨道交通、地面公交、出租汽车和旅游客运四个行业样本车辆能耗数据的动态监测。

在地铁机场线全面安装10kV电能计量仪表63块、314块400V计量仪表,同时安装水表19块,燃气表3块,部分线路进行设备升级和改造,实现对北京地铁机场线的水、电、气的全面监测和数据采集。

在北京市3232辆公交车、2110辆出租汽车、193辆旅游客运车辆上安装车载CAN总线油耗采集设备,实现车辆能耗数据的实时采集和传输。

通过平台的建设,实现了重点交通企业月度能耗数据统计和行业能耗总量推算,进一步摸清交通行业能耗底数;实现了针对不同能源结构、车龄、排放标准等类型的车辆的能耗排放水平的对比分析,实现了重点走廊、重点线路的公交车辆的能耗排放水平的监测,为交通治污与治堵政策的节能减排效果评价提供了支撑。

8. 着力完善节能减排规划计划及相关配套政策

北京市交通行业节能十分注重加强制度体系建设,完善规划政策制度,主要文件如下:

(1)《北京市2013—2017年机动车排放污染控制工作方案》。

2013年9月,北京市政府发布《北京市2013—2017年清洁空气行动计划》,其中84项任务中涉及机动车污染控制相关内容的22条。为落实机动车污染防控工作,交通委牵头将清洁空气行动计划中的机动车相关任务细化为5大类共58项任务。由北京市市政府办公厅印发了《北京市2013—2017年机动车排放污染控制工作方案》及措施任务,并提出了主要目标:到2017年,在机动车保有量继续增长80万辆的前提下,全市车用燃油消耗量比2012年降低5%,机动车污染物排放总量削减25%以上。明确机动车污染控制五大措施:大力发展公共交通、严格机动车总量调控、优化调整机动车结构、严格机动车排放标准、完善公共管理政策。

(2)《北京市小客车数量调控暂行规定》。

北京为实现对机动车的近期控制拥有,远期控制使用的目的,采取行政手段调控小客车的使用。2010年《北京市关于进一步推进首都交通科学发展,加大力度缓解交通拥堵工作的意见》发布。2010年12月23日,北京交通治堵新政——《北京市小客车数量调控暂行规定》宣布正式实施,对符合条件的企事业、社会团体法人和个人,以摇号方式无偿分配小客车配置指标。经调控,2011年机动车发放车牌量为24万,平均每月2万个。机动车保有量增幅首次放缓,有效遏制了北京市机动车的无序增长。2013年,为了达到《北京市2013—2017年机动车排放污染控制工作方案》和《北京市2013—2017年机动车排放污染控制措施任务》,北京市公布新摇号政策——《北京市小客车数量调控暂行规定》(2013年修订)。新政调节年度配置指标总量由24万个减少至15万。其中新能源小客车单独摇号,2014年新能源车可供摇号指标有2万个,指标中占的比重在逐年上升。个人参加摇号的累计次数设置阶梯中签率。指标配置周期统一为每两个月一次。

(3)《北京交通发展纲要(2012—2030年)》。

在《北京交通发展纲要》修订过程中,北京交通的发展目标中将"绿色"的概念融入,提出了控制机动车尾气排放,改善空气质量,为市民创造舒适的、环境优雅的生活休闲空间的目标。

在主要行动措施中提出大力推进交通节能减排,有效改善空气质量,构建绿色配送系统,组建"绿色车队",促进货运企业集约化发展;强化出租汽车行业监管与服务,完善管理机制,依靠科技,提高运行效率和服务水平;加快地面公交、出租、货运等行业车型升级速度,提高交通行业新能源和清洁能源车辆比例;完善步行及自行车系统,打造自行车、步行示范区,推进公共自行车租赁系统建设。

(4)《北京市交通节能减排白皮书(2013—2030年)》。

2013年启动《北京市交通节能减排白皮书(2013—2030年)》编制工作,基于对已开展工作的回顾反思,提出目前快速机动化进程下的城市交通容量和环境容量不容乐观,城市由缓解交通拥堵向应对气候变化快速转型的两大形势;以及如何创新传统交通结构优化调整思路,提升节能减排潜力,如何将政策创新与管理创新有机结合,实现治污与治堵一体化,如何在机动车结构优化调整背景下促进资源再分配,如何在由缓解交通拥堵向应对气候变化的快速转型中实现基础能力的快速提升的四大挑战;明确在2013—2017年期间,通过以集约化出行方式为主体的交通结构、以清洁化技术产品为主体的设施装备和以低碳化出行理念为主体的文明氛围,实现城市交通节能减排的总体发展目标。并提出:低碳出行提升策略、机动车结构优化调整策略、交通需求引导策略、基础能力建设策略、以绿色发展理念为突破的文明重塑策略五大策略以及针对公交、轨道等行业的制定的八大行动。

(5)《北京市空气重污染应急预案(试行)》。

2013年10月北京市人民政府发布的《北京市空气重污染应急预案(试行)》(京政发〔2013〕34号)在2013年10月11日开始实施,该预案中将空气重污染预警分为由轻到重的蓝、黄、橙、红4个级别,当启动红色预警时,将在北京全市范围内按规定实施机动车单双号行驶。《北京市人民政府关于空气重污染期间采取临时交通管理措施的通告》提出,当市突发事件应急委员会办公室发布空气重污染预警一级(红色)时,按照《北京市空气重污染应急预案(试行)》规定时限,对在本市行政区域内道路行驶的机动车(含临时号牌车辆)全天采取临时交通管理措施。

(二)"十三五"期工作思路、目标与重点

1. 面临的新形势与新要求

(1)随着机动化进程不断加快,城市交通容量和环境容量不容乐观。

京津冀区域作为全国八大经济圈之一,大气污染治理工作备受国内外社会瞩目。截至2012年底,京津冀区域人口约10770万人,机动车保有量约1580万辆,约占全国人口和机动车总量的8%和7%,是人口和机动车高度聚集区域。据统计,北京PM2.5排放总量中仍有24.5%来自于周边区域,机动车污染物的扩展与治理将对北京空气质量产生重要影响。

现阶段北京城市交通系统服务人口已达到2115万人,未来可能超过3500万人,通勤半径很可能由30公里向50公里扩展,交通需求的成倍增长,交通容量远超负荷。此外,北京市三面环山,呈明显簸箕状地形,不利于大气污染物扩散。同时,受静稳天气多、干燥少雨等气象条件影响,不利气象条件的发生频率多达42%。

(2)快速机动化对城市由缓解交通拥堵向应对气候变化的快速转型提出更高要求。

各大城市在机动车保有量增长最快的时期,都不可避免地经历了以交通为主要污染源的阶段。世界大城市交通问题从缓堵到污染物治理再到应对气候变化历经了70年左右的时间,而北京急需在未来10年内完成这一演变过程,对全社会的文明意识和政府管理水平提出了严峻挑战。

2. 总体思路与目标指标

"十三五"期间,北京市交通运输行业节能减排工作的总体思路是通过以集约化出行方式为主体的交通结构、以清洁化技术产品为主体的设施装备和以低碳化出行理念为主体的文明氛围实现城市交通节能减排的总体发展目标。

虽然国家及市级均针对交通节能减排工作提出相关工作发展目标和考核指标,交通部《公路水路交通运输节能减排"十二五"规划》中提出"营运车辆单位运输周转量能耗下降6%,营运货车单位周转量能耗下降12%",发展改革委《北京市"十二五"时期节能降耗与应对气候变化综合性工作方案》中提出到"十二五"末期交通运输仓储邮政业能耗控制1600万吨标准煤,北京市《2013—2017年清洁空气行动计划》中提出"到2017年,在机动车保有量继续增长80万辆的前提下,全市车用燃油消耗量比2012年降低5%,机动车污染物排放总量削减25%以上",然而各个目标时间节点、内涵和涉

及范围领域各不相同,亟需将各个目标、考核指标整合。此外,既有目标考核和指标设计中并没有体现出各城市特点,各城市、人口、机动车规模不同,能耗和排放的强度也有较大差异,应充分考虑城市发展阶段和发展特征,设置与交通服务水平相挂钩的考核目标和指标。

3. 主要任务

基于北京市交通行业节能减排工作发展现状,结合世界大城市缓解交通拥堵和空气污染治理相关经验,经诊断,"十三五"期间交通运输行业应从五大方面着手,推动交通行业节能减排工作纵深发展。

(1)提升低碳出行比例。

"十三五"期间,北京市将加大力度发展接近零碳的轨道交通和自行车步行,进一步优化调整地面公交,形成以轨道交通为主、清洁地面公共为辅、自行车步行为补充的低碳交通网络。在轨道方面,加快建设速度,全面提升轨道交通供给能力,在轨道交通规划建设既有安排基础上应进一步加密中心城轨网、扩容重要轨道走廊。在自行车发展方面,遵循化零为整,标准突破,试点先行的实施原则。开展自行车道、步道改造和占用清理行动,实现公共租赁自行车规模化发展,打造绿色出行示范区,实现自行车出行比例稳步提升。促进地面公交向清洁化转型,兼顾车辆能源结构调整与运行速度提升。其中新清能源车型选型应综合考虑车辆排放性能,结合各能源类型车辆的优势,以及线路、客流特征优化线路匹配。公交专用道网络则应基于研究北京市公交专用道地方施划标准的基础上,在拥堵地段优先施划公交专用道。

(2)优化调整机动车结构。

"十三五"期间,将继续按目标要求推进机动车结构优化调整工作,同步加强资金、土地和技术方面的资源分配与保障,保障结构调整稳步推进。至2017年,力争全市累计推广新清能源汽车达到20万辆,其中交通行业3.4万辆,政府公务用车5000辆,私人小客车领域17万辆。同时加强与机动车结构优化调整相关资金政策研究,建立合理的成本分担体系,创新并推广投融资模式。加强基础设施建设相关土地政策研究,保障基础设施建设审批进度。加快节能减排技术应用推广与瓶颈技术攻关,严格车辆能耗排放标准,包括大力推进三元催化等既有成熟技术的应用推广,对电池技术、能耗计量等相关技术开展科研攻关,并通过新车准入环节,严格控制机动车能耗排放标准。

(3)合理引导交通需求。

在充分考虑节能减排基础上,进一步完善既有政策;开拓视野和思维,研究创新政策;预判形势并前瞻,开展政策储备。其中现阶段政策将主要从车辆总量调控政策、本市和外埠车辆分时段分区域限行政策以及差别化停车管理政策等方面着眼。研究创新政策则主要包括机动车燃油类经济政策和低排放区交通拥堵费政策。储备前瞻政策主要包括京津冀区域机动车污染防治与交通发展联动策略以及交通节能减排成本分担体系和金融工具研究。

(4)加强基础能力建设。

逐步加强以统计调查、计量监测、监测评估、标准规范为核心的交通节能减排基础能力建设。在计量测量方面,综合"统计、调查、计量、监测"等手段,支持能耗排放考核工作和行业自身潜力分析和挖掘的需要。在检测评估方面,拟定在3~5年内建设具备交通政策评估、交通环境影响评价、交通节能减排产品技术检测的交通节能减排实验室。在标准规范方面,制定交通运输节能减排标准体系规划,有序推进交通节能减排标准制定和完善,以标准为抓手规范行业管理。

(5)重塑现代交通文明。

目前处于交通转型的关键时机,需要把握时机通过全盘规划、模式转变、体制机制创新与组织保障,迅速形成与快速机动化相配适现代交通文明。首先,应当强化融合,将公众参与的思想纳入政策制定的全过程。其次,关注需求,关注社会民意和对政策的反响。再次,应注重持续,开展终身化的交通文明教育。从单向灌输式的宣传到双向体验式参与的转变,通过引导社会由重视个人权利变为向重视个人责任,自主践行绿色出行。

4. 重点工程

"十三五"期,北京应着力推进的重点工程建设:

(1)北京市交通领域节能减排统计与监测平台。

为完成国家到地方各层级能耗考核目标,进一步挖掘交通行业企业节能减排建立,开展北京市交通领域节能减排统计与监测平台。围绕能耗、碳排放和机动车污染物排放三大因素,建立以集群计算和存储为核心的数据处理和数据管理中心。平台以摸清交通行业企业能耗排放真实情况为目的,实现全行业覆盖和管理考核、政策决策、科研支撑、公共沟通四大方面应用。以2017年为目标年,逐步建立覆盖交通行业和社会交通的满足一定规模要求的能耗排放监测采集体系,整合车辆运营和运行数据,完善交通行业能耗排放统计数据,实现数据层面的全覆盖和动态分析。建立采集终端、企业级平台、交通委平台的三级体系。目前平台一期已经处于试运行阶段,平台二期的需求功能设计、需求调研工作已经开展。

(2)北京市交通节能减排实验室。

开展北京市交通节能减排实验室整体规划与建设。其中实验室主要包括政策评估、环境监测评价以及产品技术检测三个模块。政策评估模块主要研究北京市交通排放分布规律,在建设积累公交、出租、小汽车排放因子库的同时,找到机动车和交通流随速度变化的关键拐点;搭建基于动态交通流数据的交通能耗排放模型。环境监测评价模块主要完成环境监测试点建设主体工作,建成具备大气、水、生态、声、振动等监测能力交通环境监测子模块;摸清开展环境监测影响评价工作的相关资质、人员、技术要求。产品技术检测模块通过调研产品技术检测的市场需求、检测设备与技术流程,设计开展产品检测工作的行动路线。

5. 重大政策需求

(1)京津冀区域机动车污染防治策略与难点问题研究。

目前,京津冀区域作为全国八大经济圈之一,大气污染治理工作备受国内外社会瞩目。截至2012年底,京津冀区域人口约10770万人,机动车保有量约1580万辆,约占全国人口和机动车总量的8%和7%,是人口和机动车高度聚集区域。据统计,北京PM2.5排放总量中仍有24.5%来自于周边区域,机动车污染物的扩展与治理将对北京空气质量产生重要影响。在《北京市2013—2017年清洁空气行动计划》等文件的工作部署下,2015—2017年将陆续出台针对外地车准入和管理的一系列政策。然而目前,区域机动车污染防治策略和措施尚不明确,基础设施统一布局规划尚未形成,既有以行政政策为主体的政策体系难以发挥引导作用等一系列问题亟待破题。

(2)北京市交通节能减排领域投融资与经济政策研究。

在《北京市2013—2017年清洁空气行动计划》发布背景下,交通领域节能减排将面临翻天覆地的变化。据测算,"行动计划"中涉及交通委的18项任务的资金需求中,需财政补贴资金占资金总额的77%。交通节能减排宏伟目标的实现急需巨额且可持续的资金投入予以支撑,而以政府为主体的投资模式难以持续,急需创新型投融资方式扩大融资渠道和力度。此外,目前虽然北京市已实施一揽子交通需求管理政策,但仍以行政类手段为主,经济类政策较少且不明确,而市场是最精细化的手段,精细化的治污治堵一体化交通需求管理急需经济类交通需求管理政策的支撑。《大气污染防治行动计划》《北京市2013—2017年清洁空气行动计划》等文件中也明确提出"通过增加使用成本等措施降低机动车使用强度""要创新经济政策发挥价格杠杆作用"等要求。

6. 主要保障措施

(1)提升基础能力。

交通行业节能减排的基础能力建设要着力抓好:交通领域节能减排统计、监测和调查体系建立;北京市交通节能减排实验室规划建设及实验室功能定位与场地、人员体系建设方案设定;节能减排标准法规体系健全;企业实现能源精细化管理规范引导四个方面。

(2)创新体制机制。

要不断推进交通行业节能减排体制机制创新。一方面要加强组织领导,强化机动车排放污染控制工作协调小组职能,加强统筹调度,解决机动车排放污染控制工作中的重大问题。另一方面,要发挥整体合力,健全完善部门配合、信息共享、市区联动的工作机制,定期调度,加强统筹,推进落实。

(3)强化政策激励。

交通行业节能减排的政策激励将进一步加快基础设施建设审批,加大资金保障力度,制定配套财税扶持政策,提供京津冀联防联控政策保障。

(4)完善标准规范。

加快完成公交、轨道、出租、货运4大重点行业用能评价与指南基础标准的编制,制定交通运输节能减排标准体系规划,明确标准体系总体框架与重点内容,推进节能减排标准的编制工作,跟踪已发布标准的执行效果,不断修正标准内容与限值。

(5)加强宣传引导。

在宣传引导方面要注重公众、交通行业从业人员意识的转变,文明出行、理性出行、绿色出行的意识培养,并非一蹴而就,需要分阶段规划、分主体细化、分步骤实施,形成整体且长远的战略布局与规划。社会沟通模式由单向灌输向双向沟通以及体验参与的沟通模式转型。采用创新型的方式,运用先进的技术手段,开发易于群众接受理解的,可视化互动体验模型,为公众沟通提供良好载体。

六、杭州市交通运输节能减排工作情况

2011年2月,交通运输部启动低碳交通试点工作,杭州市交通运输局积极响应,通过努力争取,使杭州成为全国首批十个低碳交通运输体系建设城市之一。试点三年来,具有杭州特色的低碳交通

运输体系基本形成,交通转型发展的思路得以实践,低碳交通的体制机制实现了创新,一大批新技术新产品在重大工程和企业得到推广应用。三年来,低碳交通运输体系建设丰富了杭州低碳城市内容,得到了政府、企业和公众的广泛好评,并获得"2011—2012年度全国交通运输行业节能减排先进集体"。

(一)"十二五"主要工作成绩

1.低碳交通运输体系建设成效显著

(1)低碳交通基础设施不断升级。

铁路、公路、水运、民航等运输方式不断发展,杭州市形成了城乡一体、覆盖全市、通达全省、辐射全国的客货运输格局,基本适应社会经济发展对交通运输的需求。加速基础设施建设领域新材料、新工艺的研发和推广应用,在工程建设领域推动低碳技术的应用,普通公路大中修工程采用泡沫沥青冷再生技术、温拌沥青技术等;实现路面旧料回收率85%(高速90%、普通国省道85%)以上、循环利用率70%(高速85%、普通国省道70%)以上;实现全市范围内的高速公路电子不停车收费系统(ETC)100%覆盖;通过技术改造、选用低能耗设备等手段,继续推进港口节能设施改造,如千岛湖航区5个码头岸电改造;钱江通道绿色照明全线完成,绕城高速公路、主城区公交车和公共自行车站点、淳安隧道、萧山公交候车亭设备、临安千秋关隧道等LED灯具改造,推进农村公路自发光节能交通安全标识建设;结合省市政府主抓的"四边三化"整治、"三江两岸"整治工作,推进公路沿线固碳汇的碳汇林建设,公路沿线可绿化率达到96.43%。

(2)低碳交通运输装备得到大力推广。

结合当前大气污染综合整治、公交都市创建、城市治堵等工作,强化营运车辆燃料消耗量限值准入工作,大力推广低碳交通运输装备。在全国率先推行城市公共自行车,公共自行车"杭州模式"成功在全国20多个城市推广,向国内外各城市技术服务合同额近3亿元。积极探索新能源、替代能源在城市公交、城际客运、货运等交通运输行业中的全面应用,加大纯电动出租汽车、天然气公交车等车型的推广,每年新增或更新的公共汽车、出租汽车中新能源和清洁能源汽车的比例达到50%以上。杭州市区新能源和清洁能源公交车比例达到27.49%。据测算,2013年主城区公交车综合百公里油耗比预算节约385万升,相当于减少CO_2排放10126吨。

(3)交通运输组织模式及操作方法进一步优化。

一是优化"五位一体"绿色公交。坚持"公交优先"战略,着力构建轨道交通、公交、出租汽车、水上巴士、公共自行车"五位一体"的杭州特色公交体系,2013年底市区公共交通分担率达到35%。强化公交服务辐射,加快快速公交建设,重视换乘枢纽建设与管理。因地制宜缓解城市交通拥堵,积极优化自行车出行环境,结合社区支路、景观支路、游步道等,建设自行车专用道,有效引导公众低碳出行。二是优化水运运输模式。在五水联运、联网成片理念的指导下,重点建设和运营运河、钱塘江、西湖、西溪湿地等水上交通网络。发挥水运优势,发展集装箱专用船舶,推进水运物流公共信息系统建设,内河船舶平均吨位达到252吨。三是优化道路运输组织方式。积极推进全市城乡客运一体化进程,城乡一体化率达到88.54%。发展甩挂运输、多式联运等现代运输组织方式,支持汤氏物流、广安物流等大型物流企业开展甩挂运输。四是大力传播汽车节油理念。2010年以来,杭州市交通运输局联合相关政府部门、媒体、协会等连续面向社会主办四届汽车节油大赛,共计有超过10万人直接参与活动,媒体累计报道超过上千篇。其中2013年组织了由8省9市参加的《中国好手艺》"汽车节油王"技能大赛,杭州电视台联合各参赛城市电视台进行跟踪拍摄,并于赛后制作电视节目六集,每集时长80分钟,去年底黄金时间面向全国播出,传递了绿色低碳的理念。

(4)智能交通建设明显加强。

一是物流公共信息系统建设。交通物流公共信息系统已建成系统管理中心一期,上线1号和2号两个数据交换中心,推广通用网站、小件快运和普通运输三个物流通用软件,与省内六个大的外部系统对接。二是营运车辆联网联控项目建设。该项目为杭州市智慧城市建设在安全生产领域的重点试点项目之一,目前平台一期建设顺利通过验收。系统已完成20752辆营运车辆的监控数据接入,涉及21家GPS运营商。实现了与省、部平台和市运政平台的有效对接和比对。三是千岛湖智慧航区建设。该项目包括智能感知系统、千岛湖湖区地理信息子系统、通航管理系统、搜救中心指挥平台系统四个系统的建设,目前千岛湖智慧航区一期基本完成。千岛湖航区船舶移动视频监控、船舶GPS终端安装率均达100%,有效地提高了千岛湖整个水域的安全监控、应急反应、智慧分析决策和搜救指挥能力,减少了管理能耗。四是不停车治超系统建设。在萧山、临安、淳安等地实施"治超非现场执法"等,完善公路路面治超监控网络,逐步实现异地处罚和全省联网公路治超非现场执法系统开发。

(5)交通公众信息服务效果明显提升。

一是公众出行服务系统建设,已经整合民航、火车、公交、地铁、公共自行车、水上巴士、出租汽车、长途班车、停车诱导、实时路况、自驾线路等方面的信息,完成了线路、站点、票价等信息的接入,实现了9518辆公交车实时GPS数据,公共停车区块和各停车泊位实时交易明细数据,市区路段平均车速信息,以及杭州地区高速公路出入流量数据等。二是目前通过指挥中心已接入了各类视频13683路,接入GPS安装车辆16847辆(出租汽车9199辆,危险品车辆1639辆,客运旅游车辆3702辆,工程车监管2149辆)。三是建成服务网站,并已发布"交通·杭州"手机移动应用软件,去年已向公众提供了近950万次的交通绿色出行信息服务。通过以资源共享为基础的公众信息服务建设,提高了公交车和出租汽车的使用效率和服务质量,进而达到促进节能减排、缓解交通出行难、停车难的问题,方便公众出行、提高管理水平和城市品质的效果。

(6)交通运输碳排放管理体系逐步完善。

一是开展内河船舶能源统计监测研究。该项目作为交通运输部节能减排能力建设的子项目。在船舶上进行实船测试,对船舶油耗进行检测,通过该项目的研究,对内河船舶能源利用状况的动态监测,将更加科学、直观地反映出辖区营运船舶燃料消耗总量和单耗,统计监测内河船舶燃料消耗影响因素,查找节能潜力。二是开展道路运输行业能耗统计平台建设。开发了杭州市道路运输行业能耗统计平台,定期对客运、货运、出租汽车、公交车能耗进行统计和分析。另外,在2011年杭州市统计部门就已经成立了全市重点能耗企业统计平台(包括200多家交通企业)。三是公共自行车碳汇交易的尝试。2012年10月,杭州市公共自行车九个服务点作为绿色低碳与节能减排项目在北京环境交易所成功挂牌,并由专业单位评估可减排616吨的碳排放量,以21560元在交易所成功交易。据此测算,目前杭州3000多个服务点可产生效益超过700万。

2. 试点重点项目顺利推进

(1) "五位一体"绿色公交体系。

一是公共自行车。目前全市公共自行车总量超过 8 万辆,服务网点总量超过 3000 个,日均租用超过 30 万人次,年租用服务量突破 1 亿人次。二是纯电动出租汽车。纯电动出租汽车已投入 500 辆,年可实现节约标准油 3325 吨、减少 CO_2 排放 10500 吨。三是公交。目前全市油电混合动力公交车有 1078 辆,LNG 天然气公交车有 1000 辆,即充式电车 80 辆,纯电动电车 100 辆。四是水上巴士。目前共有运营线路 8 条,船舶 50 艘,实现运河—钱塘江—湘湖—西溪贯通。五是地铁。杭州地铁 1 号线全长 48 公里,截至 2013 年底客运总量达 9800 万人次,日均客运量超 30 万人次。地铁 2 号线东南段预计 2014 年底开通。

(2) 绿色照明技术应用工程。

一是绕城 LED 照明。绕城高速全线互通共计改造完成 1741 盏 LED 灯具。据测算,年可节电大约 36%。二是钱江隧道 LED 照明。在钱江隧道内选用半导体照明设备 LED,共计安装 3180 套灯具,年可节电 247 万千瓦时,节约电费 180 万元。三是普通道路的应用。在普通国省道上推广应用 LED 照明,安装 LED 共计 380 套。此外,萧山完成 600 多个农村公交停靠站 LED 改造,主城区公交站点和公共自行车服务点也进行 LED 改造。

(3) 低碳水运建设改造工程。

一是杭州航区"一体化"管理体系建设与应用。项目实施以来,免停靠船舶数达到年均 32 万艘次,节约柴油约 2720 吨(折合标准煤约 3963 吨),年节约燃油费 2339 万元。继续深化智慧航区建设,推广非现场执法、异地处罚方式,逐步实现界面监管模式的流程化、制度化和规范化。二是富春江船闸改造。已完成船闸水工主体工程大江围堰 1.3 公里,预测到 2015 年富春江船闸过闸物资可达 1860 余万吨。三是京杭运河(杭州段)三级航道整治工程。按计划启动鸦雀漾船舶锚泊服务区三期工程的相关工作。

(4) 道路货运运力结构优化工程。

货运行业厢式化、大型化、专业化车辆占营运车辆比重达到 26.5%、19.5%、5%。2011—2013 年,全市更新厢式化、大型化、专业化车辆 7620 辆,老旧车辆淘汰 3402 辆。

(5) 电子不停车收费系统推广工程。

目前共有 69 个收费站的 154 条 ETC 专用车道建成投入使用,高速公路 ETC 覆盖率达到 100%,发展 ETC 用户总量超过 81457 名。

(6) 绿色驾培维修工程。

一是绿色驾培推广应用。模拟器配备为非互动式 414 台,互动式 443 台,共计 857 台,利用率 100%。工作成果引发广泛关注,2013 年 6 月全国道路运输学会在杭州召开现场会。二是场地电动训练车。场地电动训练车覆盖全市驾校计 146 台。三是绿色维修推广应用。全市完成 298 套烤漆房设备"油改电",为企业直接节省经济成本累计超过 1138.36 万元,年节能量可达 1224.78 吨标准油和 834.4 吨标准煤,向大气减少排放二氧化碳 6997.04 吨、二氧化硫 23.84 吨及氮氧化合物 20.86 吨。

(7) 碳汇林公路绿化建设工程。

至2013年底,三年公路沿线碳汇林工程建设绿化面积6997亩,据测算每年可吸收CO_2达8.3万吨,生态建设效益明显。

(8) 低碳交通能力建设工程。

开发完成内河船舶能耗动态监测系统、道路运输企业能耗统计平台。开展公路建设质量安全监督物联网技术、公路管理物联网技术应用。通过整合交通各类信息资源,建立了统一的"交通·杭州"公众出行信息服务系统,通过呼叫中心、网站系统及手机软件等多种方式向公众提供信息服务。通过成立低碳交通管理与科技推广应用中心,加强低碳交通和科研成果的推广应用。

3. 试点配套政策措施全面落实

(1) 成立领导组织机构。

一是市循环经济与低碳城市领导小组。市委、市政府建立市建设循环经济与低碳城市领导小组,实行市和区县市分别管理、部门相互配合的推进机制。二是市绿色低碳交通试点工作领导小组。为确保试点工作的顺利推进,杭州市交通运输局协调相关部门成立了绿色低碳交通试点工作领导小组。同时,将低碳交通试点方案纳入低碳城市总体方案,并于2012年纳入杭州市节能减排财政综合示范实施方案。在杭州市节能减排财政综合示范城市领导小组的基础上,成立交通清洁化工作组,由分管副市长任组长,交通部门负责人任副组长,市政府相关部门和区县市政府作为成员单位,形成了交通部门牵头抓,相关部门协同抓的工作格局。三是直属单位和区县绿色低碳交通试点工作领导小组。十个直属单位和七个区县市交通运输局成立了试点工作领导小组,负责本行业、本区域内的试点工作。公交集团、长运集团、地铁集团等重点企业也成立领导机构。

(2) 健全具体操作机构。

在新一轮机构改革中,专门新设科技教育处负责全市交通运输系统的节能减排工作,承办低碳交通运输体系城市试点领导小组办公室的日常工作。此外,依托杭州汽车高级技工学校,成立了杭州绿色低碳交通管理与科技推广应用中心,配合试点领导小组办公室开展相关工作。

(3) 发挥政策叠加优势。

充分利用杭州作为低碳交通运输体系建设城市试点、国家节能减排财政政策综合示范试点、绿色循环低碳交通运输体系建设区域性试点,以及"十城千辆汽车节能与新能源汽车示范推广试点城市"、"十城万盏半导体照明应用工程试点"等政策优势,正确处理试点之间的有效衔接和有机整合问题,强化政策整合引导,有序推进示范项目建设。积极引导企业发挥节能减排的主体作用,广泛动员企业申报中央节能减排补助资金。有21个项目获得交通运输部节能减排专项补助资金5777万元,9个项目获得财政部节能减排财政政策综合示范补助资金7103.5万元。补助资金惠及交通运输企业和事业单位,发挥了四两拨千斤的作用。

(4) 强化节能减排考核。

根据试点方案和省市节能减排目标任务要求,结合实际,逐年修订杭州交通运输系统节能减排工作考核办法和年度节能减排量化目标,确保绿色循环低碳交通运输体系建设目标的实现。同时连续三年将低碳交通考核纳入市政府对区县市政府的生态文明考核。此外,交通行业主管部门与重点企业签订了年度目标责任书。

（5）建立项目质量监管。

一是建立督查制度。为加强试点工作实施过程中的监督，及时发现问题采取对策，专门发文建立重点项目督查制度，采用"市局督查、条块结合督查、配合上级督查"的形式，全方位开展。二是建立季报制度。要求项目实施主体单位每季度对试点项目推进情况进行一次全面总结报告，分析存在的困难和问题，提出下一季度的工作安排等。

（6）分级组织交流培训。

依托技术支持单位交通运输部公路科学研究院开展试点方案的编制，技术支持单位不定期给予指导服务。试点启动阶段，组织项目主管部门和实施主体参加的培训会议，解读试点方案。每年至少召开两次节能减排专题会议，不定期召开项目推进座谈会，布置落实目标任务，持续推进各项工作。市局、项目主管部门以及行业协会分级组织相关企事业单位召开年度节能减排专项资金申报工作布置会，解读申报指南，并对申报项目实地核查和书面审核。同时积极组织人员参加省厅和市政府组织的节能减排培训交流。

4. 试点工作成效日益凸显

杭州开展低碳交通运输体系建设城市试点三年以来，经初步估算，八大重点工程28个子项目总投资额26.2亿元，超额完成2.67亿元。据不完全测算，三年试点节约标准油29276吨、标准煤145131吨，固碳24.9万吨，节能减排效果远远超过预期估值。其中"公共自行车、新能源和清洁能源公交车、纯电动出租车、低碳水运建设改造工程、道路货运运力结构优化、电子不停车收费系统、公众出行信息化系统建设"等多个项目超额完成试点方案确定的目标任务。对照试点建设规划的21项低碳交通预期性和约束性指标体系，较好地完成了目标任务。在试点推进过程的2012—2013年，市交通运输局牵头编制完成了《城市公共自行车管理服务规范》《城市公共自行车系统技术规范》2个省级地方标准，在国内率先完成公共自行车的相关地方标准编制。同时《树脂沥青组合体系（ERS）钢桥面施工技术规程》《天然气汽车发动机维修技术规范》两个规范列入2013年省级地方标准建设计划。

总体主要经验总结：

（1）强化科技支撑。充分发挥科技进步在节能减排中的引领作用，大力推广低碳理念、低碳技术、低碳产品的研究与应用。2011—2013年，完成重点科研项目25个，其中12个项目获得中国公路学会科技进步奖，1个项目获得中国航海学会科学技术进步奖，研发水平达到国际先进有3个，达到国内领先有7个。《交通低碳化智能照明管理系统》《杭州绕城高速公路LED照明技术示范与应用》《新型太阳能LED路灯的研究与应用》等项目成为省科技项目、市重大项目，获得专利16项，发明专利3项。《高渗透型橡胶乳化沥青应用研究》《京杭运河沟通钱塘江水系精细化管理与服务机制节能减排效果研究》《西湖游船推进动力与防污染研究》《杭州市公共交通清洁能源和节能汽车动力选型及环境适应性研究》《杭州市绿色低碳交通文化体系研究》等项目也取得较好成效。

（2）强化示范推广。注重抓好试点示范项目的推广应用工作。试点以来，船舶免停靠报港信息系统、延长车用润滑油、泡沫沥青冷再生技术等先后列入交通运输部节能减排示范项目。"杭州市低碳公共交通服务系统、淳安县环千岛湖慢行系统"等7个项目列入省级交通运输行业绿色循环低碳示范项目。认真抓好交通运输部"车船路港"千家企业低碳行动,培育典型示范企业。

（3）强化环境保护。一是加强船舶污染防治。扎实推进清水治污行动,仅2013年打捞运河水面漂浮物1133吨,千岛湖库区300多艘船实现零排放,年可回收近15万吨的生活污水;在钱塘江、运河沿线设立船舶垃圾回收点20个,共回收垃圾776吨;三堡配水工程累计向运河配水5.97亿立方米,使运河水质得到明显改善。二是加强临时码头整治。简易码头泊位明显下降,有效改善了沿江沿河景观。三是加强维修行业废机油回收工作。废机油回收率达到98.5%。2013年,全市一、二类维修企业废机油基本实现统一回收再利用,累计回收废机油4823.46吨。

（4）强化氛围营造。一是抓活动开展。组织系统企事业单位,深入客运场站、服务区、码头、交通运输企业等,开展全国节能宣传周、低碳日、环保日、科技活动周等活动。二是抓宣传引导。《中国交通报》《杭州日报》《钱江晚报》、浙江电视台、杭州电视台等多次对杭州低碳交通进行了深入宣传报道。2012年9月,受国家发展改革委指派,中央电视台专程来杭州拍摄了低碳交通特色项目——"五位一体"公共交通体系,入选《环球同此凉热》人文生态纪录片,作为多哈2012年联合国气候变化大会中国政府的宣传片。三是抓文化建设。注重培育绿色循环低碳交通运输文化,组织开展低碳书画作品征集、绿色低碳征文活动,积极倡导绿色出行。

（二）"十三五"工作思路与重点

1. 总体思路与目标

以科学发展观为指导,以生态文明建设为统领,以杭州市建设低碳城市为发展方向,以加快交通运输发展方式转变,围绕"调整交通运输结构、优化能源消耗结构、改善交通运输组织与装备、发展低碳交通基础设施、优化运输组织结构、发展智能信息交通、引导改变出行方式"七大重点领域,通过政府主导、企业示范、社会参与,实施一批重点项目,完成若干个省级地方性标准,形成杭州绿色交通运输体系全面发展。

2. 主要任务与重点工作

一是建设完善绿色交通基础设施。"十三五"期间,杭州交通将全面开建绕城高速公路西复线、千黄高速、临金高速、杭绍甬高速和杭绍台高速联络线,基本建成"一绕、一环、十一射、三连"900公里高速公路骨架网络;继续改建和完善市域干线公路,完善提升7条国道、16条省道组成的2000余公里国省道干线公路网络;深入实施农村公路改造提升工程,提高农村公路服务能力。航道网方面,建成并运营富春江船闸改造工程,全面开工京杭运河浙江段三级航道整治工程(京杭运河二通道),完善"一港、三干、四支"内河航道网络,贯通钱塘江、京杭运河、杭甬运河对接海上丝绸之路和长江经济带的主通道,形成高水平的江河海联运体系。新增500吨级以上泊位52个。在市区公共交通方面,坚持"公交优先、公交优秀"战略,加快完善绿色公交体系。着力提升公共服务水平,持续提升公交分担率。完善绿色低碳的生态交通系统,重点是加快构建绿色公共交通运输体系,推进市域绿化系统建设,发展节能减排新技术,城市客运单位人次能耗下降率和CO_2排放下降率均达到3%。

二是推广节能环保交通运输装备,优化车船能源消费结构和公路、水路运力结构,深入开展绿色维修与驾培工程。到"十三五"期末,主城区公交和出租车辆全部采用新能源和清洁能源车辆。

三是发展集约高效运输组织方式,深入实施公交优先战略,全面治理城市拥堵。杭州将提升综合交通运输服务能力和服务质量,到2020年,城乡客运一体化率达到100%,快递同城24小时送达率达到90%。市区绿色公共交通车辆比率达到100%,公共交通机动化出行分担率达到61%(目前48%),不含步行全方式分担率达到45%(目前39%),完成国家公交都市示范城市创建。另外,提升地面公交干线服务,中心城区干线实现高峰平均运营车速15公里/小时以上、运行正点率80%以上、乘客平均等(换)车时间控制在5分钟以内、高峰公交拥挤状况明显改善。未来5年,还将继续强化公交支线建设,完善"支线+干线"的换乘出行模式,全年新辟和优化公交线路45条,让群众出行更加便捷。

四是推进科技引领与交通智能化,强化绿色交通科技创新,加快绿色交通标准规范建设,深入推进交通智能化建设。深入实施"互联网+交通运输"工程,城市公交"一卡通"使用率达到80%,客运车辆ETC使用率超过50%,物流公共信息服务平台覆盖率达到90%。

五是提升绿色低碳交通管理能力,健全绿色交通战略规划体系,完善绿色交通统计监测考核评价体系。

七、郑州市交通运输节能减排工作情况

"十二五"以来,郑州市交通运输委员会深入贯彻落实国家、河南省、郑州市关于"十二五"期间节能减排规划目标要求和相关精神,依据交通运输部《交通运输行业"十二五"控制温室气体排放工作方案》、《河南省公路水路交通运输"十二五"节能减排规划》,以及郑州市《2012年郑州市蓝天行动暨大气污染防治工作实施方案》、《气化郑州实施方案》、《郑州市机动车排气污染防治管理办法》等要求,紧紧围绕与市政府签订的节能减排责任目标,着力创建绿色低碳环保交通体系,在全系统大力开展节能减排,发展低碳交通、降低能源消耗,减少环境污染等各项工作,加大投入,强化措施,真抓实干,不断推进全市交通运输事业快速、高效、安全、绿色发展。

(一)"十二五"主要工作成绩

1. 开展蓝天行动,加大营运黄标车淘汰力度

车辆维修管理部门规范检测方法,严格落实检测标准,加强营运车辆尾气排放的管理,严禁超过燃料消耗量限值标准的车辆进入道路运输市场,禁止超标车辆和冒黑(蓝)烟的车辆上路行驶。重点加大对黄标车淘汰力度,围绕市政府《郑州市机动车排气污染防治管理办法》,进行多次调研,深入开展研究,摸清全市营运车辆黄标车底数,积极制定相应措施。对于长途客运车辆,一是针对不同车型加大对黄标车的淘汰力度,力争3年内淘汰更新完毕;二是采取强制措施,实行500公里以内或往返800公里以内的客车全部更新为燃气客车。对于公交车辆,一是积极向政府申报,购置新能源公交车;二是对营运时间长、车况较差、尾气治理后仍不合格的进行停运处理;三是列出年度淘汰计

划,力争 2015 年底前淘汰 2005 年前注册的营运黄标车。

"十二五"期间,新增了实行机动车尾气氮氧化物(NO_x)污染排放控制标准,加大交通运输行业污染减排工作的重点和难点,郑州市交通运输委员会严格按照上级交通运输部门及郑州市政府节能减排工作精神和要求。近两年来,全市共计淘汰报废营运车辆 10135 台,超额完成市政府规定的每年 3000 台目标任务。

2. 实施科技创新,以示范项目带动绿色低碳交通发展

郑州市公共交通总公司和郑州市交通运输集团有限责任公司被列为交通运输部及河南省交通运输行业"12 + 10"第一批节能减排及低碳交通试点单位;"出租汽车服务管理信息系统工程""商品车、集装运输车甩挂运输""长途客车天然气(煤层气)技术研究"这三个项目被确定为省级交通运输节能减排试点项目;郑州市公共交通总公司的"公交智能化调度系统"又被列为交通运输部第五批节能减排示范项目,郑州市公共交通总公司被列为全国"十城千辆"新能源车辆试点单位,全市交通运输行业 6 家企业参加了全国"车、船、路、港"千家企业低碳交通运输专项行动,这些项目的开展都将为全市交通运输行业节能环保工作与绿色低碳发展提供强有力的支撑。

积极创建公交都市,郑州市被列为全国首批"公交都市"试点城市之一,通过积极参与"气化郑州""十城千辆"等活动,实施了公交线路优化战略,全市公交车营运车辆 5745 台,公交线路共有 256 条,日运送乘客 260 万人次,日运行里程 70 万公里,公交出行分担率达到 29%。两年来共计更新天然气及纯电动车辆 2200 余台,仅 BRT 运行线路"一主十三支"全部为混合动力及纯电动车辆,承担旅客运送量日 70 万人次。同时,开发了具有自主知识产权的智能化调度系统,运用 GPS 卫星定位、GMS 语言通信、GPRS 数据传输系统进行智能远程调度指挥。公交总公司通过实施以上措施改进车辆技术、完善运营系统,转变营运模式,年均节约燃料 538.13 万升,相当于节约 6508 吨标准煤,减少二氧化碳排放 13890 吨。

城市交通领域,积极响应"气化郑州""十城千辆"的号召,大力开展了绿色公交创建活动。2014 年,全市共有 700 台混合动力新能源公交车投入运营,年中还有 773 台新能源车辆投入运行,全市公交已有混合动力及新能源公交车辆 2704 台。新创绿色公交线路 5 条,绿色公交线路累计达到 57 条。

长途运输领域,通过商品车、集装箱车甩挂运输项目,以郑州干线公路物流中心和郑州货运西北站为甩挂运输基地,以郑州周边 500 公里左右中心城市为节点,以全国主要中心城市、沿海地区、经济发达地区为重点,以信息技术为支撑,这种甩挂运输和厢式货车运输相结合的先进运输组织方式,实现了比传统运输模式每年节约燃油 50 万升左右,折合标准煤炭 400 多吨,减少二氧化碳排放 1400 吨左右。同时,郑州交通运输集团积极推广新能源汽车应用,在以往推行 GNG 燃气车辆基础上,两年来根据市场变化,积极推行 LNG 燃气车辆,近年来共计投资 8000 万元,购置 135 台 LNG 和 49 台 CNG 燃气车辆,同时投资 1500 万元对燃气加气站更新改造,目前加气站可同时满足 LNG 和 CNG 车辆加气需求,集团公司采取强制措施,500 公里以内或往返 800 公里以内客车全部更新为燃气客车,今年将根据气化郑州蓝天行动的要求,郑州—许昌、郑州—开封、郑州—新乡将开通 150 台纯电动城际公交,这些将为郑州市交通运输行业节能减排做出积极贡献。

出租汽车行业注重使用清洁能源,全市共计出租车10608台,97%实现了油改气,通过交通运输部重点领域信息示范工程,建设了郑州市出租汽车管理与服务信息系统,该系统通过全市近2万辆运营浮动车载GPS数据的采集和分析,建成了郑州市域道路路况分析系统,为公众出行、政府决策提供了及时准确的交通信息服务,同时为出租汽车电召服务提供了信息支撑,有效减少了车辆空驶和道路占用,缓解了城市交通拥堵,极大改善出租汽车行业"扫马路"式的粗放运营方式,减少了能源消耗和二氧化碳排放。

3. 强化综合治理,促进交通运输行业节能减排

近两年来,郑州宇通公司累计投入8300余万元用于节能环保建设,提高减排工艺、设备水平和"三废"治理能力等系统建设,仅2012年宇通公司产量近5万余辆,通过新技术、新工艺更新节能改造等渠道共计节水约1178万吨,节电约700万千瓦时,节煤约5424吨,减少9000千克以上硫化物排放量。同时,宇通公司按照交通运输部安排部署,协办了2009年"首届和2011年第二届全国交通运输行业'宇通杯'机动车驾驶员节能技能竞赛",首届和第二届"宇通杯"活动历时半年,总行程4万多公里,全国25个省市参与比赛,全国300余家企业深度参与、全国1万余名驾驶员参加节油培训、参赛驾驶员平均节油20%。通过测算,如果全国100万辆大客车都能节省20%燃油,一年将节省645万吨燃油,减少二氧化碳排放将达到2100多万吨。

4. 加强制度建设,完善节能减排规划计划及相关配套政策

"十二五"以来,在依据交通运输部《交通运输行业"十二五"控制温室气体排放工作方案》《河南省公路水路交通运输"十二五"节能减排规划》的基础上,本省本辖区交通运输行业又积极制定了《2012年郑州市蓝天行动暨大气污染防治工作实施方案》《"蓝天"行动白皮书(2013—2015年)》《郑州市机动车排气污染防治管理办法》《气化郑州实施方案》《郑州市"十二五"节能减排综合性工作方案》《郑州市"十二五"期间机动车排气污染防治管理具体实施方法》《郑州市营运黄标车淘汰实施方案》《郑州市营运黄标车淘汰实施细则》《郑州市营运黄标车辆黄标车限制通行实施细则》等政策。

近年来,郑州市处于城市化快速发展时期,从2005—2012年,GDP总量由1661亿元提高至5547亿元,建成区面积由262平方公里扩大至373平方公里,煤炭消费总量由2112万吨增加至3500万吨,机动车保有量由98.5万辆增长至240.5万辆,大气污染物排放量大幅增长,环境压力日益加大。在今后一段时期,郑州市经济总量、能源消耗、人口数量仍将保持较快增长,生态资源、环境容量和经济快速发展的矛盾仍将加剧,并将长期存在。2013年以来,郑州市出现的持续雾霾天气,主要污染物为PM2.5。根据研究分析,形成灰霾天气的三大主要污染源分别是燃煤、机动车尾气和扬尘,由于郑州市机动车保有量快速增长,机动车污染日益严重,机动车尾气排放已成为城区大气污染的主要来源,灰霾天数逐年增加,据统计机动车尾气污染物排放占全市空气污染负荷的65%以上。

主要成效及经验:

(1)加快推进全省交通运输节能减排"12+10"示范项目:试点单位为郑州市公交总公司、郑州交通运输集团有限责任公司、郑州市交通运输委员会。试点项目三个:①郑州市出租汽车服务管理信息系统工程。②商品车、集装箱运输车甩挂运输项目。③关于长途客车开发应用天然气(煤层

气)技术研究。

（2）郑州市被列为全国"十城千辆"新能源车辆试点城市,截至2013年底,全市拥有新能源车1663辆,超额完成四部委下达的示范推广1500辆新能源车的目标,5月份还将有773台新能源(纯电动)宇通车投入使用。

（3）全市交通运输行业6家企业参加了"全国车、船、路、港"千家低碳交通运输体系建设活动。

（4）2012年郑州市成功入选全国"公交都市"建设示范工程第一批创新城市,郑州市公交总公司也被交通运输部评为全国城市公共交通十佳先进企业。

（5）郑州市2环BRT自2010年运行以来,线路"一主十三支"运行里程长度210余公里,全部为混合动力及纯电动车辆,日流量近70万人次,以12.5%的运力完成25%的运量,通过申报联合国清洁发展机制(CDM)项目,成功获得国际碳交易市场91万欧元的收益。现郑州市三环BRT已全线开通。

（6）开展"蓝天"行动,加大对营运黄标车的淘汰力度,三年来共计淘汰营运黄标车10135台,为减少机动车排气污染,净化郑州市空气质量,环境保护等做出了积极贡献。

（7）积极参与并申报交通运输部节能减排专项资金,3年来共计获得节能减排专项资金2149万元。

（二）"十三五"期面临的新形势与新要求

总体来看,"十三五"期间郑州市节能减排工作面临的形势不容乐观。目前,国家在发展经济的同时,越来越重视环境保护问题,要求各行各业宁可不发展,也不能以牺牲赖以生存环境为代价。大气污染、雾霾天气使社会各界深刻地认识到环境污染问题的严重性,迫切要求交通运输行业管理部门积极响应国家号召,贯彻落实国家相关要求,引导交通运输行业加快新增,更新运输生产的工具,为节能减排工作作出本行业的贡献。

（1）积极推行交通运输行业生态文明建设、转变交通运输行业的发展方式。

（2）加快交通运输业信息化建设,用信息化带动交通运输行业现代化。

（3）加大推进绿色循环低碳交通运输体系建设。

（4）纯电动车辆零排放,无污染,是新能源车辆发展的终极目标。需要提供强有力的政策保障和支持,建设好充换电站、相关场站等配套设施。

（5）甩挂运输上建议尽快出台配套措施。在国家宏观政策的指导下,尽快出台甩挂运输的配套支持性的文件,细化措施。为甩挂运输的发展提供稳定的政策和经营环境。特别是对购置甩挂运输推荐车型的引导资金补助,建议尽快有政策响应和为甩挂运输提供通行费优惠。

（三）"十三五"期工作思路与重点

1. 工作设想

（1）积极创新绿色低碳交通运输体系建设模式。

一是按照河南省委、省政府和交通运输部的要求,重新调整绿色低碳交通运输体系的发展战略。

二是探索创新绿色低碳交通运输体系建设和管理体制,构建节能减排长效机制。三是探索以区域性和主题性节能减排项目为重点,带动和推进节能减排工作全面开展的模式。

(2)继续提高道路运输节能减排水平。

进一步加快综合交通运输枢纽和物流园区建设;继续深化"车、船、路、港"千家企业低碳交通运输专项行动;继续执行道路客运实载率低于70%的线路不投放新运力政策,进一步调整客运运力结构;严格执行营运车辆燃料消耗量限值标准,加快淘汰老、旧和高耗能、碳排放强度大的车辆;加快推进新能源车辆应用、道路运输站场节能技术改造及绿化美化;深入开展绿色汽车检测维修工程。

(3)努力提升内河航运节能减排能力。

继续推进水运重点项目建设,努力提高水路运输在各种运输方式中的比重;重视内河船型标准化改造,引导内河船舶运力结构调整;加快推进新能源船舶应用试点及推广工作;继续推进新增船舶运力执行营运船舶燃料消耗量准入制度;加快建设内河航运智能化运营管理系统。

(4)持续加快交通运输行业信息化建设与应用步伐。

加快信息化重点项目建设,利用北斗卫星导航系统、物联网和云计算等,积极推动机关办公自动化系统、信息资源整合工程、"城市智能交通"和"智能高速公路"试点工程、ETC联网工程、物流公共信息平台、公众出行平台、客运联网售票系统和城市公共交通信息化等智能交通工程建设。

(5)大力支持城市公共交通优先发展。

继续推进LNG、CNG和纯电动及混合动力车辆在城市公交和出租汽车中的应用;加快郑州市"公交都市"公共交通项目建设;调整运营车辆结构和线路布局;鼓励发展自行车等慢行系统;合理安排运力,进一步提高公交出行分担率。

2. 主要任务和重点工作

一是充分发挥各种交通运输方式的比较优势和组合效率。加快综合运输体系规划与建设,重点加强综合运输枢纽的规划建设,促进公铁水空等运输方式有效衔接。发挥水路运输在节能减排方面的比较优势,不断完善和强化引导政策,宜水则水。充分发挥公共交通容量大、节能环保的优势,提高公交分担率,加强城市公共交通与其他交通运输方式的有效衔接。

二是加快发展集约高效的运输组织方式。加快发展多式联运,推进集装箱、大宗货物水铁联运、江海联运较快发展。积极发展集约高效的物流运输组织模式,加快培育规模化、网格化运作的运输企业,发展道路甩挂运输、滚装运输、江海直达运输等高效运输方式。积极探索城市物流配送发展模式,鼓励发展城市共同配送。

三是有效控制机动车污染。加强机动车环保管理,推行黄标车限行与淘汰,加强机动车污染源头控制、严格油品质量监管、控制车用原油总量,控制机动车保有量,积极推进公交车、出租汽车、城市专用车等车辆结构调整,推广应用新能源汽车和纯电动车等低碳运输装备。

四是积极利用清洁能源。加快太阳能、风能、地热能等清洁能源在高速公路、港口、客货运场站等基础设施建管养运各阶段的应用。加快开展低碳港口、低碳高速公路、低碳客货运场站建设等试点工程。完善沿海及内河港口靠港船舶使用岸电技术应用,鼓励新建港口泊位同步建设岸基供电设施。

五是更好地发挥智能交通系统整体效能。通过对智能交通领域项目的完善与整合,注重通过系统的规模应用和关联系统的信息共享,发挥智能交通系统的整体效能,提升行业减排能力,重点推广高速公路不停车收费系统、隧道通风照明智能控制系统、内河船舶免停靠报港信息服务系统、船舶便捷过闸及联合调度系统、集装箱多式联运智能化系统、城市公交智能调度管理系统、出租汽车智能调度管理系统、公众出行信息服务系统、智能停车管理系统、道路运输车辆智能管理系统等。

八、遵义市交通运输节能减排工作情况

(一)"十二五"主要工作成绩

"十二五"以来,遵义市交通运输行业贯彻落实科学发展观,紧紧围绕提高能源利用效率、降低碳排放与污染物排放强度,不断提升低碳发展理念,加快调整交通运输结构,深入实施公交优先战略,大力推动科技创新与智能交通建设,注重加强精细化管理,提高交通运输生产效率,并通过建立健全节能减排组织机构,加强法规制度建设,强化节能减排监管,扎实推进绿色循环低碳交通运输发展,取得了积极进展。有力地推进了遵义市的城市社会经济发展,为实现全市节能减排目标、推进美丽遵义建设做出了积极贡献。

1. 加快调整交通运输结构,行业集约低碳发展水平明显提高

一是积极探索推进综合运输体系建设。"十二五"以来,遵义市积极探索推进综合交通运输体系建设,在促进各种运输方式协调发展和有机衔接等方面取得了显著成绩。加大了对水运、铁路等绿色低碳运输方式的基础设施建设力度。加快了渡口码头、农村公路渡改桥工程等建设,全面完成赤水河航道整治工程;按通航500吨级机动船Ⅳ级航道标准开工建设构皮滩电站通航建筑物等项目,水运的通航条件较大改善。川黔电气化铁路纵贯遵义全境,每天通过的列车超过75列,是西南铁路网中运输极其繁忙的单线铁路;每天通过渝黔川黔铁路旅行的旅客有4万多人,经过川黔铁路运输的货物有8万吨,遵义市境有遵义火车站、桐梓火车站为主要铁路客运站,遵义南站为铁路物资集散中心,南宫山站为铁路编组站,铁路运输较为发达。已建成高速公路303公里,在建1200公里,约占了贵州省总量的五分之一;对出口、干线等公路改造升级,使遵义市公路等级、通行能力得到较大程度提高,公路交通发展迅速,有效地衔接公路及铁路、水路和航空运输方式。遵义新舟军民两用机场已于2012年8月正式开通,飞行区技术指标为4C级,跑道长2800米,航空运输开通。目前,遵义市综合交通网络已初步形成,基本实现了水铁、水陆、水陆空的有效衔接。

二是积极优化交通基础设施结构。公路网络化程度、路网技术等级和路面等级结构不断提升。截止到2013年,高速通车总里程达到620.7公里;二级及以上公路里程达到1393.8公里;初步形成连通成渝经济圈、泛珠江三角洲经济圈和贵阳城市经济圈的快速公路通道,为公众出行和货物运输提供了直达、便捷的路径选择,省时、省油、减排。

三是大力调整交通运输装备结构。推广使用现代化交通运输生产装备,引导运输车船逐步由技术落后、低效高耗型向技术先进、高效低耗型转变。城市客运方面,近两年全市600多辆公交车中有

400辆已经更新为LNG车辆,1637辆出租汽车中有1450辆CNG车辆;2013年5月与中石油遵义华油天然气有限公司签订了合作协议,一年内使用清洁能源(CNG/LNG)汽车数达300车辆以上,其中LNG车辆100辆;三年总体达1000辆,其中LNG车辆500辆;加强LNG客货车辆的推广应用。水路运输方面,加快调整优化船舶运力结构,加大了船舶运力调控力度,大力推进标准化、专业化、大型化船舶发展,加快淘汰老旧落后船型。完成了贵州省地方标准《贵州省乌江货运船舶(队)标准船型主尺度系列 货船及船组》《贵州省乌江货运船舶(队)标准船型主尺度系列 载货汽车滚装船》和《贵州省赤水河货运船舶(队)标准船型主尺度系列 货船及船组》的制定工作,加快推进内河船型标准化。车船结构调整后,能源消耗大大下降,运输成本下降20%左右。

四是不断优化运输组织结构。交通运输部门通过加强政策调控与扶持大力推进运输组织结构调整,促进了运输业转型升级,实现了企业经济效益与生态效益的双赢。2013年,全市完成公路水路客运量2.69亿人、旅客周转量112.6亿人公里、公路水路货运量1.29亿吨、货物周转量101.2亿吨公里。客运方面,全市公路客运车辆的结构在调控下发生一定变化,中高级客车的占有比例增长迅速,建制村客运班车的通达率达72%,营运客车实载率达76%,公众出行信息服务系统不断完善,建成了遵义运政信息网和各汽车客运站提供的始发班线、里程、票价、时刻公示等。货运方面,大力发展先进运输组织方式,引导、鼓励道路货物运输实行集约化、网络化经营;引导、鼓励采用集装箱、封闭厢式车和多轴重型车运输,货车实载率达到60%以上。

2. 全面落实公交优先发展战略,区域城乡客运一体化率先实现

积极倡导公交优先、绿色出行,率先推进城乡客运一体化发展,实现了服务改善民生与促进行业节能减排的双赢。

一是优先发展城市公交。"优先发展公交,奋力建设三宜(宜居、宜业、宜游)城市"这是遵义市委、市政府的共识。以国家级环保模范城市、公交都市、低碳交通城市创建为载体,公共交通作为服务市民的民生事业、作为城市不可或缺的公共行业、作为城市形象和文明的展示窗口,遵义市公共交通行业的管理者和从业者们用自己的实际行动实现了这个行业前所未有的"蜕变"。建立公交车智能调度平台,提高运行效率。应用GPS监控平台系统,2009年建设使用,2013年安装北斗卫星系统。使用该监控系统后在安全生产管理、技术管理中起到预防违法行为、控制车辆行使速度、掌握车辆动态、遏制事故发生、降低油胎料消耗的作用。开展公交专用道建设。目前遵义市中心城区中华路、北京路、深圳路、香港路、南京路、大连路、外环路、万里路等城市主干道交通压力越来越大,车流量的增加。特别是上下班高峰期,交通拥堵情况严重。为了缓解市民出行难、乘车难、车辆堵塞等问题,引导市民优先选择公交出行,通过公交专用车道的设置,将提升公交运行速度,提高公交承载力。目前,遵义市公交车运行时速平均为12~15公里,每天运输总人数为60万~65万人次,而设置公交专用车道后,时速将提高到18~25公里,每天运输总人数提高到70万~75万人次。规范市场秩序,大力提升公共交通形象。按照"先稳定,后规范,再提高"的总要求,在全面深入开展"我为公交进谏言,文明公交伴我行"等一系列调研活动的基础上,理清行业管理思路,确定行业改革发展方向。通过扎实、持续开展和实施宣传教育、清理整顿、运价调整、秩序规范、线路优化、打击非法营运等一系列积极、稳进、创新的行业改革和管理措施,极大地改变和提升了遵义市中心城区公共交通行业的市场秩序、服务质量和行业印象,得到了政府、市民、游客等社会各界的肯定和好评,行业形象和管理水平不断提升。

二是推进城乡客运一体化。大力推进行政村客运班车通达和镇村公交发展,加快推进城乡道路客运一体化,建制村客运班车的通达率达72%。

3. 强化科技创新与智能交通建设,绿色循环低碳技术优势明显提升

突出加强重点领域和关键技术研究,交通运输科技信息化水平不断提升,智能交通体系初具雏形,为深入推进行业绿色循环低碳发展奠定了技术优势。

一是加强科技创新和"四新"应用。积极支持创新,鼓励创新,大力推广运用新材料、新工艺、新技术、新产品,使科技成果尽快转化为现实生产力。实施完成《赤水河中游浅水船舶标准化系列化船型研究》《赤水河中游船舶通航信息服务系统研究》《赤水河中游船舶通航管理研究》科技项目,推广应用赤水河中游浅水船型科研成果,建造船舶246艘。积极采取优化船型,推广应用安全性、通航性、环保性、经济性优良的新船型,并研制出40、50、60客位库区旅游船型。积极引导客运企业及危货运输企业安装GPS卫星监控系统。在站场建设中大力推广LED照明用具使用。

二是全面加强信息化和智能化建设。坚持以信息化带动交通运输现代化,建成了遵义公路运输行业信息化便民系统工程,并积极开展高速公路不停车收费系统(ETC)联网工程建设,通过信息化手段的广泛应用,在提高管理水平、服务效率的同时,大力提升生态效益和经济效益。开展遵义公路运输行业信息化便民系统工程。建成了遵义公路运输行业信息化便民系统工程,实现遵义地区各客运站信息联网,提供旅客票务、线路、班次查询服务,公务公开,旅游车务查询服务,投诉处理等内容,可通过互联网和手机无线网络等多种方式为公众提供方便快捷的服务,节约旅客出行时间,避免了资源浪费等。逐步完善应用3G技术(GPS、GIS、GSM/GRPS)建设企业的GPS即行车记录仪管理系统,对营运车辆进行精确管理、控制、调度,对于实现节能增效有很好的促进作用。积极开展高速公路不停车收费系统(ETC)联网工程建设,技术水平和各项运营指标均位居全省前列。在现有基础上进一步完善海事管理部门CCTV视频监控系统,增加对主要滩险、控制航段的监控,逐步建成GPS船舶通航定位跟踪实时监控系统,并提供通航信息服务。

三是在工程建设和改造中积极探索节约能源资源、保护生态环境的新技术、新举措。组织开展了赤水河狗狮子至合江段78公里文明样板航道创建活动,并通过交通运输部组织的专家验收评审,被交通运输部正式授予"全国文明样板航道"称号。赤水河文明样板航道的创建,是西部地区第一个国家级文明样板航道。建立健全了长效机制,确保赤水河航道始终保持"通航条件优良、助航标示到位、河岸环境优美、船舶安全整洁、管理先进规范、服务质量优良、综合监控得力"的国家级文明样板航道标准。积极引导全行业树立"规划是龙头、设计是灵魂、施工是关键、监督是保障"的理念,注重合理规划、创新设计、精心施工、严格监管,使节能减排方针在交通建设工程实践中得到了有效落实。

四是在开展绿色汽修和节能驾驶技术研究推广。加强对车辆的维护,从三滤清理及时更换和车辆润滑着手,重点提高车辆发动机的动力性和滑行性,减少油耗。注重维修企业废旧油料的回收处理,防止带来环境污染。加强维修企业的废旧品的管理,确保废旧油料统一收集后交给专门回收机

构。定期对驾驶员进行机械常识培训,让他们充分了解车辆性能状况,维护常识,以及运行过程中易出现的状况,采取合理措施,从而达到降低材料消耗及油耗的目的。大力推广"王静工作法",提升行业从业人员素质。

4. 开展节能行动,绿色循环低碳典型带动作用日益凸显

积极配合开展节能低碳企业专项行动。全市共有贵州省遵义汽车运输(集团)有限责任公司、遵义集顺达交通运输(集团)有限责任公司和遵义市公共交通有限责任公司3家交通运输企业入选国家发展改革委"万家企业节能低碳行动"名单,贵州省遵义汽车运输(集团)有限责任公司、遵义集顺达交通运输(集团)有限责任公司和贵州省赤水轮船公司3家交通运输企业被列入部"车、船、路、港"千家企业低碳交通运输专项行动参与企业。

5. 强化政府监管,绿色循环低碳交通管理能力明显增强

一是切实强化交通建设与运输市场监管。着力加强交通基础设施建设节能减排管理,严格执行交通固定资产投资项目节能评估和审查、规划与建设项目环境影响评价制度。切实加强运输市场监管,认真贯彻落实交通运输部、贵州省交通运输厅和道路运输管理局有关运力调控要求,对所有新增班线运力的申请业务认真审核,严格执行实载率低于70%的班线不予新增运力的政策;同时,运用各种先进技术和管理手段,进一步提高营运车辆实载率、客座率和运输周转能力。

二是严格实施营运车辆燃料消耗量限值标准及准入制度。根据交通运输部、省交通运输厅、省运管局购置"达标车辆"相关规定的要求,对企业新增、报废更新的车辆,严格按照燃料消耗量限值标准进行核查,从源头上严把业务办理的审核关,确保营运车辆的燃料消耗量符合标准。通过严格执行实施营运车辆燃料消耗量准入制度。

(二)"十三五"工作思路与重点

1. 总体思路与目标

初步建成布局合理、功能完善、衔接畅通、安全高效的现代综合交通运输网络,资源节约、环境友好型行业建设取得明显进展,绿色循环低碳交通运输体系框架基本形成;满足广大人民群众安全、舒适、便捷出行要求的县县通高速、村村通油路、组组通公路和重点景区通油路的目标基本实现;与此同时,贵州省公路水路交通基础设施建设取得显著成效,交通供给能力显著提高;以高速公路网及主枢纽建设促进综合交通体系框架的基本建立;公路水路交通运输服务质量及管理水平总体上得到有效提升,初步适应现代服务业发展的要求;公路网养护管理迈上新的台阶,建设与养护管理基本实现协调发展,初步实现养护管理科学化;公路水路交通可持续发展能力有所增强,初步由传统的粗放型模式向环境友好、资源节约的集约化发展轨道的转换。

2. 主要任务与重点工作

(1)绿色交通基础设施建设领域。

一是加快畅通集约交通网络建设。优化综合运输网络布局、优化提升公路网络、加强农村公路建设、加快江河水运联网。加快轨道交通跨越发展。二是加强绿色枢纽与场站建设。加快综合交通

枢纽建设,发挥遵义连接成渝和黔中经济区的枢纽作用。促进客运的"零换乘"和货运的"无缝衔接"。三是加强基础设施绿色循环低碳养护。提升公路养护科学化、机械化和标准化水平。四是强化基础设施建设与运营的绿色循环低碳要求。绿色循环低碳理念的工程规划和设计、交通建设材料循环利用技术应用。五是实施农村公路绿化美化工程。

（2）绿色交通运输装备应用领域。

一是提升运输装备的专业化、标准化和现代化水平。大力调整优化车辆运力结构、推广应用新能源和清洁能源车船、严格执行营运车船燃料消耗限值及机动车排放标准。二是推广绿色工程机械设备。调整优化交通施工机械装备、工程船舶结构。加快淘汰高能耗、高排放、老旧工程机械、工程船舶等。三是推广绿色港口装备。研发推广应用靠港船舶使用岸电等绿色节能减排技术,以及电动吊具等新工艺、新技术。四是推广节能驾驶和绿色维修工程。大力推广节能驾驶、大力推广车船驾驶培训模拟装置、大力推广绿色维修技术。

（3）绿色运输组织模式推广领域。

一是加快调整优化运输结构。积极促进公路、水路、铁路、民航和城市交通等不同运输方式的高效衔接。优先发展城市公共交通。二是加快优化客货运输组织管理模式。加强客运运力调控,提高道路客运企业规模化、集约化水平、加快推进城乡客运一体化、在城区范围内优先发展公共交通。三是加快发展绿色物流业发展。引导货运企业规模化发展,提高物流组织化程度。四是全面落实公交优先发展战略。五是注重引导公众绿色低碳出行。

（4）智能交通与信息化建设领域。

一是大力推进公路运输信息化和智能化进程。加快现代信息技术在公路运输领域的研发应用,逐步实现智能化、数字化管理。二是强化城市智能交通建设。建立城市交通信息公共平台、建立智能公交的综合调度平台。

（5）绿色交通管理能力建设领域。

一是健全绿色交通战略规划体系。二是完善绿色交通法规制度标准体系。三是完善绿色低碳交通运输统计监测考核体系。四是强化绿色交通监管组织保障体系。五是加强绿色交通服务平台建设。大力推广合同能源管理、研究探索碳排放权交易机制。

环境保护工作

一、安徽省交通运输环境保护工作情况

"十二五"期间,安徽省交通基础设施建设每年投入400多亿元,随着交通基础设施建设的快速发展,安徽省交通运输主管部门在建设资源节约型、环境友好型行业、加快发展绿色交通中开展了大量的工作,交通环保、环境监测开始走上正轨,交通运输主管单位通过行业引导、宣传教育、督促检查等方式,进一步提升了全行业的环保意识,其具体工作有以下几方面:

(一)安徽省交通运输行业环境保护管理体系

目前,安徽省大部分交通运输主管单位和建设单位均以建设项目为依托,建立了较为完善的环保管理工作体系,主管单位分管环保机构基本明确,省交通运输厅建设管理处是安徽省交通运输行业环境保护管理相关工作的职能牵头部门。

安徽省公路、水路交通各主管和建设单位均设立了兼职部门和专人负责本单位的环保工作,其中:国省干线公路由省公路局计划和建管处分别负责前期和施工期的环保工作,尤其在引用外资项目管理上,严格按照国内外的相关环保制度,设置了独立的安全环保总监办公室;高速公路环保工作分别由安徽省高速公路控股集团公司和安徽省交通投资集团公司建设管理部门负责,项目施工期环保工作有各项目建设办负责,运营期环保工作由高速运营公司负责;水路交通环保工作由安徽省港航建设投资集团负责。

据统计,全省交通运输共有环境保护管理和技术人员131人,每年投入行业环境保护管理经费约1500多万元,并逐年增加。

(二)安徽省绿色交通发展政策及环境保护措施

根据《安徽省交通运输"十二五"发展规划》,"十二五"期间,节能环保绿色交通工程是发展重点之一,通过规划和政策引领,安徽省绿色交通分别从优化交通用能结构、集约节约利用资源、推广低碳交通技术等领域开展大量工作。

近年来,安徽省公路建设项目采取了降低路基填土高度、提高桥隧比例、合理运用土石方平衡、曲线边坡技术、废弃物利用等环保设计理念,从源头上减少了对沿线地形地貌的破坏,保护了生态环境。同时,不断提高科技创新,加大科研方面的投入,在资源节约、环境保护方面做了大量工作。并在隧道"绿色照明节能系统"、沥青路面再生利用、"白改黑"水泥面板破碎利用、泥岩和红砂岩施工工艺改良等方面进行了技术攻关,取得了多项环保科研成果,创造了良好的社会效益和经济效益。

(三) 安徽省绿色交通环保措施落实情况

根据交通运输部《交通运输行业公路水路环境监测管理办法》要求,省交通运输厅分别于2009年下发了《关于我省交通环境监测工作有关问题的意见》,2010年根据交通运输部《关于印发交通运输行业公路水路环境统计报表制度的通知》,省交通运输厅下发了《关于加强交通建设项目环境监测工作的通知》(皖交建管函〔2010〕778号文),委托省交通环境监测中心站积极与全省公路水运各建设、运营单位对接,较好地完成了省内交通环保基础数据的收集、整理和上报工作。"十二五"期间开展的环境监测(含施工期)项目数量为59个,执行环境影响评价制度的建设项目数量177个、行业规划30个,环境影响评价制度执行率100%;"十二五"期间通过的竣工环保验收项目33个,"三同时"制度执行率100%,已完成省内高速公路项目、港口建设等规划环评工作,国省干线公路规划环评正在实施中,建设项目各阶段环境保护制度得到了较好的落实,有力推动了省交通环保工作上台阶。

(四) 安徽省交通环境监测工作开展情况

1. 成立具备相应环境监测资质的中心站

2010年安徽省交通运输厅要求,省公路工程检测中心申报交通运输行业环境监测资质,通过人员、设备、环境及技能等方面的认真准备,同年9月获得交通运输部颁发的交通环境监测资质,等级为交通运输部环境监测二级站,作为安徽省交通环境监测的中心站。2011年1月,省交通环境监测中心站在水、气、声三个监测领域,共17个项目参数均通过省质量技术监督局的计量认证,正式具备了向社会出具公证数据的能力。

省交通环境监测中心站现有专职人员17人,其中正高级工程师2人、高级工程1人、工程师6人。监测人员均经过严格的技术培训,有扎实的监测专业理论基础和较丰富的实践经验,专业技术人员全部通过了交通运输部组织的监测考核培训,均持证上岗。中心站现有环境监测实验室面积共计约200平方米,可开展水质、噪声与振动、大气三个领域环境监测工作,监测项目有水质、pH、悬浮物、溶解氧、化学需氧量、生化需氧量、高锰酸盐指数、总磷、总氮、氨氮、环境空气TSP、PM 10、SO_2、NO_2、声环境质量、建筑施工场界噪声、工业企业厂界、港口及两岸区域噪声等。中心站配有各类试验、检测类车辆和仪器设备,如大气综合采样器、噪声统计分析仪、双光束紫外可见分光光度计、多功能水质分析仪、红外光度测油仪等国内外先进仪器设备50多台套,设备资产达150余万元。

2. 积极开展公路水路重点工程环境监测工作

外资项目在环保上要求严格,施工期环境监测是项目管理的一个重要手段。因此,省交通环境监测的开展以外资项目为切入点,首先在省公路局承担的亚行路网项目上开展施工期环境监测,然后逐步拓展到高速公路、重点水运项目等,取得了较好的效果。

近年来,安徽省交通环境监测工作已经实现了全省公路、水路重点工程项目的全覆盖,完成或正在进行的监测项目共计29个,出版报告近200份。主要开展的监测项目有:高速公路施工期环境监测项目 14 个，总里程约 515 公里；路网一级公路升级改造项目施工期环境监测 4 个，总里程约 145 公里；路网外资建设项目施工期环境监测 7 个，总里程约 390 公里；水运项目施工期环境监测 2 个，总里程约 200 公里；桥梁重点建设项目施工期环境监测 2 个，总里程约 50 公里。

二、甘肃省交通运输环境保护工作情况

近年来，为确保甘肃省交通运输行业与自然生态环境的和谐发展，甘肃省交通运输厅认真贯彻落实科学发展观，根据中央"建设资源节约型、环境友好型社会"及甘肃省提出的"建设生态文明省"的战略要求，在交通运输发展中牢固树立"预防为主、保护优先、尊重自然、协调发展"的理念，围绕建设和谐交通、绿色交通的目标，通过规划指导、科技创新、精心设计和精细施工，积极探索具有行业特色的绿色交通发展之路。

（一）甘肃省交通运输行业环境保护工作开展情况

甘肃省交通运输行业的环境保护工作，经过多年的努力，从无到有，已初步形成了相对完善的行业环保管理和工作体系。目前，由甘肃省交通运输厅全面负责全省交通运输行业环境保护管理、制定全省交通运输行业环保发展规划、政策和制度，监督和指导行业内的环境影响评价、竣工环保验收、环保科研、环保统计及环保宣传等工作，各相关部门根据各自职责，分别负责交通规划、设计、施工、运营等全过程环境保护管理工作。基本形成了以甘肃省交通运输厅为核心，各级交通运输行业部门和项目建设业主为主体的自上而下、多层次的交通运输环境保护管理机制，明确了环保管理责任，确保各项环保措施落到实处，交通运输行业环保工作力度明显加强。甘肃省交通环境监测中心站也正在组建中，建成后，将依据国家有关法律法规和交通运输部有关规定，开展全省交通行业内的各类污染源调查、环境监测、环保治理与工程检测；参与编制全省交通运输行业环境保护有关标准、环境监测治理技术规范与指南；协助污染事故查证，建立污染源技术档案，开展交通环境质量统计、交通环境监测技术研究、技术培训和技术咨询等工作；受省交通运输厅委托，参加有关交通环境调查、统计、治理与污染事故应急处置等工作，为甘肃省构建绿色低碳现代交通运输体系提供重要的技术支撑和服务。"十二五"期间，甘肃省 53 项重点建设项目进行了环境影响评价，21 项重点建设项目进行了竣工环保验收，行业环境影响评价制度执行率达及"三同时"制度执行率均达到 100%。

（二）甘肃省交通运输行业环境保护措施

1. 交通运输规划领域

在交通规划编制过程中，以资源环境承载力为前提，合理确定交通发展目标、规模、重点任务及规划布局等，最大限度地降低对环境的影响，并设置专门的环保篇章，环保理念在规划阶段得到充分体现。甘肃省交通运输厅在编制《甘肃省"十二五"交通运输发展规划》中，独立设置"绿色交通"和"规划环评"篇章，提出了"十二五"期交通运输发展中节能减排、集约节约利用资源、加强生态保护和污染治理等措施，同时对交通建设可能产生的环境影响进行分析，并提出了环境影响减缓措施与

建议。对正在编制的《甘肃省省道网规划（2013—2030年）》，目前已委托相关单位开展规划环评工作，以便从环境影响、资源利用等方面对甘肃省省道网布局、规模进行进一步的论证。

2. 交通基础设施建设领域

一是围绕省域生态屏障体系建设，启动实施了一批重点生态交通建设工程项目。围绕省政府启动的石羊河流域重点治理工程，启动了武威市新井至红崖山水库防沙治沙生态公路。同时，为更好地服务国家级风电、光伏发电等基地建设，启动了甘肃省第一条沙漠高速公路S314线瓜州至敦煌快速通道项目，该项目已于2013年开工建设。

二是在项目实施中，全面贯彻环保理念，将交通运输环境保护工作落到实处。在建设项目可研阶段，积极与国家有关环保、水保部门配合，按照国家法律法规的要求，开展交通建设项目的环境影响评价和水土保持方案编制工作，从项目建设的源头预防和减少对环境的不利影响。在设计阶段，以"安全、环保、舒适、和谐"及不破坏就是最大的保护为原则，加强总体设计，坚持环保选线，合理确定路线走向、技术等级及建设方案。按照环境保护设计规范及相关技术规范的要求，编制环境保护篇章，并依据经批准的建设项目环境影响报告书或者环境影响报告表，按要求设置必要的声屏障并落实其他防治环境污染、生态破坏的措施，编制环境工程投资概算，保障环保设施建设资金。在施工阶段，加强施工环境管理，合理选用取料场和弃料场，合理用水和弃水，防止水土流失和水污染。切实落实施工临时用地和取土坑的生态修复措施，采用植被恢复、取料场的复耕或造田还耕等措施，最大限度地恢复了路域生态环境。坚持"谁开发，谁保护；谁破坏，谁恢复；谁利用，谁补偿；谁污染，谁治理"的原则，搞好环保重点工作，交通建设项目环境保护工程均做到与主体工程同时设计、同时施工、同时投入使用。

3. 交通运输服务领域

一是在完善现有交通运输体系的基础上，大力实施公交优先发展战略，合理配置线路资源，努力构建多功能、一体化、现代化的城市公共交通网络和高效、通畅、舒适、便捷的城市公共交通体系。2011年，省厅对全省现有高速公路出入口拥堵情况进行了详细调研，并在此基础上编制完成了《甘肃省高速公路出入口拥堵问题的调查研究报告》，逐步对拥堵的高速公路出入口进行改扩建，以提高高速公路出入口通行能力。

二是进一步加快交通运输行业与现代科学技术的快速融合，积极推广高速公路联网不停车收费系统（ETC）和道路运输车辆、运输场站等重点领域和关键部位的视频监控系统，有效提升了运输组织效率，缓解交通运输中的车辆拥堵现象，降低车辆油耗和尾气排放，减缓由车辆拥堵带来的废气污染。截至目前，甘肃省高速公路收费车道共计942条，其中，已建成自动发卡车道201条，建成ETC不停车收费车道88条，具备ETC功能车道的收费站46个、覆盖率为29.68%，ETC用户量已经超过了20000个。

三是综合利用行政许可、燃油价格补助、成品油与运价联动机制等管理手段，积极推行道路运输车辆燃料消耗量限值标准和准入制度，努力加快清洁能源推广和使用。大力推进班线客运车辆、农村客运车辆和城市公交车辆等营运性车辆的更新升级。2013年，全省更新各类营运车辆36157辆，其中班线客车更新2285辆，达到20494辆，公交车更新485辆，达到7038辆，出租汽车更新3578辆，达到33119辆,营运货车更新29809辆,达到262473辆。

4. 交通科技创新领域

一是充分利用高校和科研院所的技术和科研优势,积极推进产学研相结合,为交通行业开展生态保护与修复提供了技术和理论支撑。"干旱半干旱地区高速公路沿线生态环境建设实验示范研究"等课题研究形成的湿陷性黄土地区路基、路面、桥涵、隧道、防排水工程等设计和施工成套技术的推广应用,不断提升了公路建设项目灾害防治能力和工程质量。

二是交通环保、节能新技术、新工艺逐步得到推广应用。太阳能和风光互补能源技术在高速公路运营维护中得到广泛应用,很大程度地起到了节能减排,保护环境的功效。

三是以公路工程应用急需的高性能材料、工艺和装备为重点,积极推广废旧路面材料冷再生、热再生等循环利用技术和施工工艺,开展了施工弃渣、港口疏浚土等资源的再生和综合利用;加强了运输站场、车辆维修厂、机场污水的循环利用和污物处理,大力推广雨水集流工程,积极提倡利用雨水和循环水清洗车辆,节约了水资源。

(三)甘肃省绿色交通发展政策措施落实情况

1. 对交通运输行业统计报表制度的落实情况

省厅对交通运输行业统计、信息工作高度重视,根据国家有关规定建立了严格的交通行业统计报表制度。每年均依照交通运输部制定的"交通运输行业公路、水路环境统计报表制度"中对相关指标含义、计算方法、范围口径等的填报要求,认真组织实施,专人负责,专人填报,真实、准确、完整、及时地报送统计调查所需的资料。

2. 对交通运输行业公路水路环境监测管理办法的落实情况

交通环境监测是交通环境保护的基础性工作,准确可靠的交通环境监测数据能为交通运输和交通环保工作提供可靠的基础和保障。近年来,省厅按照国家环保有关规定,委托环保系统环境监测机构开展了施工期监测和验收监测;逐步开展定期的施工期环境监测,分析高速公路施工造成的环境污染程度和范围,提出有效的预防对策和措施,并对环境监测数据进行统计汇总。为进一步加强甘肃省交通环境监测工作,提升交通环境监测水平,省厅建立甘肃省交通环境监测中心站及甘肃省交通运输环境监测网络,目前,该项目已纳入交通运输部"十二五"环境保护试点项目中。

三、广西壮族自治区交通运输环境保护工作情况

(一)交通运输行业环境保护管理体系

1. 交通运输行业主管部门管理体系

根据自治区人民政府组成部门"三定"方案,自治区交通运输厅负责指导公路、水路行业环境保护工作,具体职责由厅综合规划处承担。厅综合规划处现有管理和技术人员6人,办公经费由自治

区财政统一划拨。自治区交通运输厅下设自治区港航管理局、道路运输管理局、公路管理局、高速公路管理局四个行业管理局,行业环境保护工作均由各局内设负责行业规划的科室负责。

2. 交通环境监测机构

为加强交通环境保护监测工作,自治区交通运输厅于2001年成立了广西交通环境监测中心站,由厅直属企业广西新发展集团有限公司下属广西交通科学研究院管理。2013年12月,经自治区人民政府同意,广西新发展集团有限公司划归自治区国资委管理,广西交通环境监测中心站因此脱离省厅管理。经过十多年的发展,广西交通环境监测中心站已建成一个涵盖陆路、水路交通所必需的环境监测指标体系的交通行业环境监测二级站,初步具备了水和废水监测、大气和废气监测、土壤监测、海水监测、噪声监测能力,目前可监测环境指标共54项。该站拥有大型仪器室、小型仪器室、化学分析室、细菌生化实验室、天平室、外业实验室、药品间等多间实验室,配备人员15人,目前承担全区90%以上公路建设项目环境影响评价的环境现状监测,以及全区大部分在建高速公路施工期的环境监测任务,已通车项目所开展的施工期环境监测在竣工环保验收中实现了100%的通过率。

3. 环境监测工作开展情况

"十二五"期间,自治区有20个高速公路项目开展环境监测,所有公路水路交通重大建设项目均执行环境影响评价制度,所有公路水路交通规划均设置环境保护专篇,《防城港总体规划》《西江航运干线航道建设规划》等还专门编制了环境影响评价报告,环境影响评价制度执行率为100%。

"十二五"期间竣工的所有公路水路交通重大建设项目均已完成竣工环保验收,"三同时"制定执行情况良好。

4. 绿色交通发展政策措施执行情况

全区公路水路交通行业主管部门积极贯彻落实交通运输部关于行业绿色交通发展的政策措施,严格执行交通运输行业公路水路环境监测管理办法等法律法规和交通运输行业公路水路环境统计报表制度。

(二)公路水路交通行业环境保护措施

1. 加强公路水路交通运输规划环评工作

为了从源头上减少对生态环境的影响,根据国家相关法律法规的要求,自治区交通运输厅编制的公路、港口和航道等交通规划中都设置了专门的环保篇章或开展环保专项规划,对交通规划实施的环境影响和应对措施进行分析和论证,从环境保护角度对规划方案提出优化建议和措施,为规划项目实施提供交通环保指导。在公路、港口及航道规划方案的确定过程中,注意尽量避让自然保护区、水源保护区和珍稀动植物保护区等生态环境敏感目标,尽可能节约土地和岸线等资源,促进交通和谐、绿色和可持续发展。

2. 在设计、施工、运营阶段全面落实环境保护措施

在公路水路项目设计、施工和运营阶段,均严格按照有关规定开展环境评价、环境保护工作,并严格控制施工工艺和措施,将对环境的影响降至最低限度,主要措施有:

在设计阶段,以"不破坏就是最大的保护"为原则,充分利用有利地形,尽量减少对森林植被的破坏和对耕地的占用,避绕保护植物。路线布置及桥梁、隧道方案的选择充分考虑环保要求,注重生态的保护、恢复,注意对沿线耕地的保护、沿河路段的生态防护、恢复措施以及征地拆迁对工程影响区的社会影响。绿化设计因地制宜,结合地域文化特色和自然环境,构建丰富多彩的绿化模式,最大限度地拓展绿化空间,提高绿化覆盖率。路线经过自然保护区、风景名胜区、地质公园等生态敏感区路段尽量采取对环境影响小的建设方案,如尽量采用桥隧方案,对于填高大于20米、挖深大于30米的路段,原则上采用桥隧方案,以减少对环境的影响。禁止在自然保护区、风景名胜区、地质公园等生态敏感区设置取弃土场,路线穿越生态敏感区路段的等临时工程尽量利用主体工程减少临时占地数量(永临结合),优先考虑利用闲置地、无植被或植被稀疏区域。

在施工阶段,严格按照设计进行取土场和弃渣场等临时占地设置,禁止设置于基本农田内。对固体废弃物(特别是含有石油类的机械揩布等有毒有害固体废弃物)实行集中堆放,及时清运处理,严禁随意弃置污染周边环境。做好施工废水和生活污水沉淀处理,并及时做好边坡水土保持工作,避免因边坡水土流失。施工中加强地下水的预探,对地下涌水进行截堵以减少影响。隧道、大桥、高填深挖、互通以及取土场、弃渣场施工需进行植被清除土石方开挖的,针对不同的地形地质、地貌、土壤环境特征采取对于对应的措施,并保护桥梁下方、隧道进出口下方以及隧道顶部植被,尽量减少占用和避免人为践踏、随意砍伐破坏。同时,施工便道的修建也要避让发育良好的自然植被,使用后及时进行生态恢复。

在运营阶段,运营初期对隧道口上方和深挖路段以及施工阶段产生地下水流切割地带的植被进行跟踪观测,根据观测结果采取相应措施,防止水土流失。禁止漏油、不安装保护帆布的货车和超载车上路,以防止公路上车辆漏油和货物洒落在道路上,造成沿线地面水体污染和安全事故隐患。执行汽车排放车检制,在收费站对汽车排放状况进行抽查,限制尾气排放超标车辆上路。加大环境管理力度,公路管理部门设环境管理机构,委托环保监测部门定期在公路沿线环境敏感监测点进行环境空气监测。服务区和收费站设垃圾桶收集固体废物,定期运附近城镇垃圾处理场处理。服务区含油污水处理微量油泥为危险废物单独存放,定期交由当地危险品处置单位妥善处置。

3. 全力推进交通绿化美化工作

根据自治区"绿满八桂"造林绿化工程的决策部署,结合广西开展的"美丽广西·清洁乡村"行动,自治区交通运输厅每年制定广西交通绿化美化实施方案,明确年度绿化美化目标任务,在全区范围内掀起了交通造林绿化热潮,"十二五"前三年共计投入78884万元资金,取得了较好的成效。高速公路累计投入10250万元,完成种植大规格苗木71803株、小苗70万株,实施1033.3公里(单侧)高速公路网内通道绿化项目建设;普通公路累计投资6006万元,共实施43段3027.5公里;道路运输站场绿化累计投资809万元,总共实施项目50个、绿化面积87940平方米;水运项目绿化累计投资831万元、共绿化面积182680平方米。

4. 推进生态建设科技项目

"十二五"期间,自治区交通运输厅相继组织开展了广西交通信息资源整合与运行监测服务系统工程建设项目研究、库区航道岸坡生态治理关键技术示范研究、旧水泥路面加铺耐久性沥青表层关键技术研究等一批公路水路交通环保科研课题研究。在公路生态环境保护、资源集约利用、节能减排等领域取得了一些科研成果。在养护大中修等工程中积极推广应用新技术、新工艺，如水泥混凝土面板碎石化再生利用、旧沥青路面再生利用、水泥稳定基层铣刨再生利用等，减少固体废弃物的排放，在实际应用中取得了较好的效果。

四、贵州省交通运输环境保护工作情况

（一）贵州省绿色交通工作基本情况

贵州省交通运输厅绿色交通管理体系主要由两大块组成。一是交通运输环保工作。根据职能安排，省厅交通运输环境保护工作主要由厅规划处承担，负责指导全行业环境监测、统计等业务，省交通运输厅相关处室和厅属相关单位分别在职责范围内，对公路建设、水路建设、交通运输等领域实施具体工作。同时，为进一步提高环境监测能力，省交通运输厅于1999年成立了贵州省交通环境保护监测站，具体开展全省交通环境监测业务。二是节能减排工作。为建立健全节能减排实施组织管理机制，省交通运输厅成立了由厅领导任组长，厅有关处室、厅属相关单位负责人为成员的厅节能减排领导小组，下设办公室设于厅科教处，具体负责全省交通运输行业节能减排工作，组织研究制定行业节能减排相关规范、政策、标准和措施，协调解决行业节能减排工作中的重大问题。

2013年，贵州省交通运输业环境保护共投入资金20044万元，其中生态保护设施18651万元，污染防治设施257万元，环境监测624万元，环境保护设计与咨询160万元，环境风险防范与应急处理120万元，其他环境保护工作233万元。全行业环境保护工作人员总数达433人，其中专职环境保护人员102人。全年污水处理总量3.8万吨，治理废气达到排放标准总量637.54万标立方米，增设声屏障937.56米。"十二五"期间，贵州省共开展交通环境监测项目16个，执行环境影响评价制度的建设项目75个，执行环境影响评价制度的规划2个，建设项目竣工环保验收项目3个，环境影响评价制度执行率和"三同时"制度执行率均达到100%。

（二）贵州省制定的绿色交通发展政策措施

1. 绿色交通发展指导性意见方面

起草形成了《贵州省绿色交通行动方案（2014—2017年）》（意见征求稿），明确以资源节约、能效提高、排放控制、环境保护为目标，以试点示范、制度规范、考核考评为主要推进方式，大力推进贵州交通运输绿色、节约、循环、低碳发展。同时，具体提出了能耗下降、清洁能源利用、资源利用、环境改善、绿色出行及公路景观等多项工作标准，分阶段从绿色设计、绿色施工、绿色管理、绿色运输和绿色出行等多途径实施绿色交通行动计划。

2. 行业资源循环利用方面

制定出台了《关于在"十二五"期间推广应用公路实用科学技术项目的通知》（黔路发〔2010〕23号），将路面基层材料再生循环利用和废旧沥青面层材料循环利用作为"十二五"期间在普通国省干

线公路上重点推广应用的公路实用科学技术并提出了明确的技术要求。同时,将路面材料再生循环利用纳入年度绩效目标管理,明确在普通国省干线公路大中修工程中,路面基层符合条件的都应进行基层冷再生,废旧沥青面层材料的回收率达到95%,再生利用率高于60%。进一步加强课题研究。完成磷石膏在路面基层中使用的研究课题,拟在公路大修中试验推广。组织开展了《贵州山区公路现场冷再生技术应用研究》《贵州省山区公路现场重复冷再生技术及耐久性研究》《山岭高温潮湿区普通公路沥青路面厂拌热再生技术应用研究》和《CRP改性沥青在黔东南地区的应用研究》等科技项目研究,通过技术研究,解决路面材料再生循环利用过程中的技术难点问题,确保再生路段基层和面层满足工程质量相关要求。

(三)落实交通运输部绿色交通政策措施情况

1. 切实加强行业环境监测工作

贵州省交通环境保护监测工作开展较早,1999年成立贵州省环境保护监测站,2005年通过计量认证,2010年成为交通运输部交通运输行业环境监测中心站。目前,监测站共有各类专业技术人员26人,其中13人持有交通运输部环境保护中心颁发的监测上岗证,7人持有贵州省技术监督局颁发的内审员证,拥有各种监测设备70台(套)。省交通环境监测工作以交通运输部《关于印发交通运输行业公路水路环境监测管理办法的通知》(交环发〔2008〕112号)为指导,主要开展各类交通建设项目环境影响评价现状监测、施工期监测、竣工验收监测、运营期环境监测以及交通行业污染事故的调查工作。其中,水环境监测项目有pH值、悬浮物、化学需氧量、氨氮、高锰酸盐指数、五日生化需氧量、石油类、溶解氧、总磷、粪大肠菌群10个;大气环境监测项目有总悬浮颗粒物、二氧化硫、二氧化氮、一氧化碳、PM10、沥青烟等6个;声环境监测项目有噪声、振动2个。同时,按照交通运输部要求,科学组织交通运输行业公路、水路环境统计报表制度,为交通运输部监测喀斯特地貌地区交通生态情况提供了科学的数据支撑。

2. 有效推进环境影响评价工作

贵州省交通运输厅对所管辖的交通运输类建设项目的环境影响评价非常重视,早在1999年就对贵阳至毕节高等级公路和关岭至兴义高等级公路开展了建设项目环境影响评价。在不同时期,又积极推动和开展了全省公路网和水运网的规划环境影响评价,保障了后续具体建设项目的科学实施。目前贵州省交通运输行业类建设项目均按规定开展了环境影响评价工作,通过环境影响评价,将环境保护措施、建议和评价结论反馈于工程设计与施工,为优化工程设计及工程施工、营运期间的环保监管提供理论依据,减少或减缓了交通类建设项目建设对环境的负面影响。

3. 加大环保资金投入力度

由于贵州生态环境较为脆弱,耕地较少,交通类建设项目特别是公路的建设对生态环境的影响较大,贵州在公路建设中注重生态环境的保护,不惜增加投资,以加大桥隧比的方式减少占用土地面积,保护耕地和生态环境;在项目建设中加强对临时占地的防护及植被恢复措施,加强绿化,并重视完善公路服务设施水、气、声污染治理。

4. 强化公路建设环保理念

根据贵州山多地少,喀斯特面积占全省面积的61.9%的自然情况,省厅要求省内交通项目建设把"生态、环保"的理念贯穿于公路工程建设过程中,设计阶段加强总体设计,坚持环保选线;施工阶段、营运阶段坚持环境监测,加强环境监理。将"生态、环保"的环境保护理念贯穿交通项目建设、营运始终。目前已建成的麻尾至驾欧高速、贵阳绕城高速、茅台高速等高速公路已成为生态路、景观路。

五、云南省交通运输环境保护工作情况

（一）云南省交通运输行业环境保护管理体系

为认真贯彻执行《中华人民共和国环境保护法》《中华人民共和国环境影响评价法》和《中华人民共和国水土保持法》等法律法规,强化对交通建设项目环境保护和水土保持的监管,云南省交通运输厅于2004年成立了由云南省编办批准的云南省交通运输厅环境保护委员会,下设云南省交通运输厅环境保护办公室(设在厅综合规划处)负责日常事务,开展云南省交通行业环境保护和水土保持管理工作。各州市交通行政主管部门和项目建设单位按要求设置专兼职环境保护管理人员和机构,具体负责本单位的环水保工作的组织、监管和协调工作。同时,环境保护办公室配备了专门人员负责交通行业环水保工作,目前云南省交通建设项目专职环境保护人员达200多人,交通行业环境保护管理经费也逐年上升。

多年来,云南省交通运输厅严格按照交通运输部、环保部、水利部、国土资源部、住建部、林业部等部门的有关规定,认真贯彻国家有关法律、法规,按照科学发展观的要求,严格执行公路水路交通建设项目的环境影响评价和水土保持方案编报等工作。认真落实环境保护和水土保持同时设计、同时施工、同时验收的"三同时"制度,采取切实有效的措施保护和改善生态环境,认真做好环境保护工作,抓好交通建设项目环境影响评价、环保工程专项设计、环境监理、环境监测和竣工环保验收等工作,取得了一定的成效。

一是项目前期阶段严格执行《中华人民共和国环境保护法》《中华人民共和国环境影响评价法》和《交通建设项目环境保护管理办法》等法律法规和有关规定,督促建设业主认真编制建设项目环境影响报告书,并按程序报批。"十二五"期间执行环境影响评价制度的建设项目数量达131个,环境影响评价执行率为100%。

二是按照交通运输部《关于开展交通工程环境监理工作的通知》和《关于在公路水运工程建设监理中增加施工安全监理和施工环保监理内容的通知》、环保部《关于加强公路规划和建设环境影响评价工作的通知》等要求,监督和督促建设业主开展项目环境监理工作,作为工程监理的重要组成部分,纳入工程监理管理体系。环境监理纳入主体工程监理的高速公路、一级公路,涉及环境敏感区的二、三级公路(自然保护区、风景名胜区、国家地质公园、饮用水源保护区等)的环境敏感项目,均要求建设业主在开工建设前建设单位编制《环境监理(环保、水保)实施方案》并报经省交通运输厅

组织专家论证后实施,督促建设业主及时组织相关人员开展环境保护、水土保护培训。

三是按照《全国环境监测管理条例》《环境监测管理办法》和《交通运输行业公路水路环境监测管理办法》等法律法规和有关规定要求,要求各建设单位及时开展项目施工期和试运营期环境监测工作。"十二五"期间云南省二级以上公路开展施工期和试营运期环境监测,数量达48个,环境监测执行率90%。

四是严格按照《中华人民共和国环境保护法》《建设项目竣工环境保护验收管理办法》和《建设项目竣工环境保护验收技术规范(公路)》等法律法规和有关规定要求,云南省交通建设项目主体工程竣工验收前,均通过了环保行政主管部门的竣工环保验收。"十二五"期间云南省交通建设项目竣工环保验收项目数量达50个,交通建设项目竣工环保验收执行率为100%。

(二)云南省交通运输行业绿色交通发展政策和环境保护措施

云南省交通建设项目历来重视环境保护工作,认真落实《中华人民共和国环境保护法》《中华人民共和国环境影响评价法》和《中华人民共和国水土保持法》等国家法律法规、相关规定规范和交通行业环保政策,按照科学发展观的要求,在交通建设中认真开展环境保护和水土保持工作,深入贯彻落实开发建设项目环境保护和水土保持工作"三同时"制度,采取切实措施保护和改善生态环境,认真做好水土保持工作,取得了显著的成效,得到了国家环保部、水利部和交通运输部等国家相关部委以及云南省环保厅和水利厅等相关厅局的认可和肯定。

1. 项目前期工作和设计阶段注重加强环境保护工作

云南省在公路水路项目前期工作和设计阶段十分重视新的环保理念的应用,通过不断和总结经验,形成了一些好的经验和做法。

一是工程可行性研究阶段重视环保理念。公路建设对周边的环境影响历来是研究的一个重要问题。首先是初步确定路线走廊带及主要控制点、独立大桥的桥位、长大隧道的隧址及互通立交的设置等工程建设方案后,收集沿线环境敏感点、自然保护区、水源点、学校、医院、居民点等,结合收集的资料布设路线方案,编制可行性研究报告初稿,由环境影响评价单位开展环境影响专项评价。再根据环境影响评价报告对工可路线方案进行调整和修改完善。在工可阶段确定路线方案时须遵循以下原则:合理利用土地资源,节约用地,尽量不占用价值高的土地,如高产田、耕地、林地;尽量减少对森林植被的破坏,避免造成水土流失,引起水质污染;尽量避让风景名胜区,须穿越时应注意结合自然,不破坏景观;尽量远离居民稠密区,以免造成大量噪声及水污染,影响居民作息、危及居民身体健康;尽量避开水源保护区,以免造成水源污染或造成局部区域水源枯竭;尽量不破坏湿地和野生动植物栖息地,减少对生态环境的影响;不侵占自然保护区,特别是保护区的核心区。

二是初步设计阶段重视环保选线和方案优化。初步设计是依据工可研究的结论和环境影响评价报告,确定技术经济、合理可行的设计方案,落实环境影响评价报告的要求。方案比选应充分考虑环境影响因素,把环境破坏程度作为主要比选条件;合理运用技术指标,尽量减少高填深挖;工程防护尽可能采用生态防护,绿化方案与自然景观相融合;合理选择取土场、弃土场,对取、弃土场进行防护、绿化,避免水土流失。

三是施工图设计阶段重点落实环保措施。施工图设计是根据初步设计批复意见对确定的设计方案、技术措施的深化,为指导施工提供设计图表,是落实环保理念,实施环保措施,做到最小限度地破坏,最大限度地恢复生态的关键环节,在这阶段环境保护应做好以下工作:进一步优化平纵面线形,降低填挖高度。不可避免的高填深挖适当增加桥梁隧道解决;尽量减少人工痕迹,填挖边坡采用生态防护,构造物设计自然、简捷、古朴为好,与周围环境协调;充分重视路基横断面设计,使路基断面形状与地形地貌相适应,将公路与周围环境有机的联系起来,形成一个整体;桥梁尽量降低桥台高度,隧道洞门简捷,采用零开挖仰坡进洞。减小对环境的破坏;对各项工程施工工序作详细要求,并计列相关工程数量,保证施工按设计要求实施,如桥梁桩基施工的泥浆处理,施工噪声控制等;为减小施工对环境的影响,对进场道路、取弃土场、场地清表做详细设计,对环保要做作详细说明。对取弃土场进行必要的修饰与原地形、地貌融为一体;选取取土场、石料场尽量避开一级面山,以免造成景观和环境破坏;落实好环评报告中的环保措施,做好环保、景观设计。

2. 项目施工和营运期环境保护工作

(1)重视项目施工过程中的环境保护工作。云南省交通运输厅要求各在建项目指挥部积极抓好施工过程的环保管理工作。一是从管理制度上抓落实,在建的项目指挥部和施工单位签订协议,向各项目部收取环保措施保证金,规定工程结束后,各项目经理部都要对所占用的临时用地恢复原貌,经检查合格后退还临时用地使用保证金;二是从施工工艺上严格要求和对"三场"加强管理。

①水污染治理。一是修建便道时,及时清理滑落到河道的土石方和疏通河道。二是将施工现场搅拌站废水,桩基、墩台修建时的泥浆水和施工机械油污沉降,充分利用沉淀水用于工地洒水降尘。三是现场存放油料的地面进行防渗处理,如采用防渗混凝土地面、铺防油毡等措施,防止土壤或河流受到污染。

②噪声治理。一是在靠近居民区施工时,机械设备和工艺操作所产生的噪声不得超过有关标准,并符合国家规定的有关规定,否则采取措施,降低噪声。二是在施工期间,适当控制机械布置密度,条件允许时拉开一定距离,避免机械过于集中形成噪声叠加。三是控制钢筋加工、混凝土拌和场远离居民区,降低噪声污染。

③固体废弃物污染治理。针对施工过程中产生的包括建筑渣土、生活垃圾、废弃的散装建筑材料、废弃的包装材料、粪便等在内的可能造成污染的固体废弃物,要求各个施工单位按照其所能造成的污染不同类型进行不同处理。处理方法分别是:回收利用、减量化处理、焚烧处理、稳定和固化处理、填埋。

④临时工程环保措施。工程施工过程中不可避免地会产生一些临时工程,也会对周边环境产生影响,主要是体现在两个方面:一是当永久性工程完工后尽量将施工便道交付地方交通利用,对不能利用的路段,进行清理和植树恢复绿化工程;二是现场施工队在施工现场搭设的临时工棚等,除应满足安全要求外,尽可能地选择可以被利用的或植被较少且容易恢复原貌的地点。

⑤路基工程环保措施。一是路基工程施工前确定现场工作界线,放好边桩,并保护所有规定保留和相关部门指定要求保留的植物及构造物。路基范围内清理的草皮、表土,尤其是种植土应集中堆放,用于恢复绿化使用。二是按照"边开挖,边防护,边治理"的原则,解决好边沟、排水沟及涵洞

的流水问题,并要求绿化单位对施工过程中产生的路基边坡尽快完成恢复绿化工作。雨季施工期间,采用土工布、塑料薄膜覆盖边坡,用塑料薄膜修筑临时集水沟,在坡脚修筑拦浆坝、挖沟,设置沉淀池等手段,尽最大努力减小地表径流造成的冲刷。

⑥桥涵工程环保措施。在施工过程中,不但紧抓桥涵工程主体结构本身的质量和安全,而且高度重视工程与环境的协调问题,全面考虑施工过程可能对周边环境造成的破坏,严格把关桥涵施工的各个细节。一是涉河(水)桥梁施工,避免钻孔护壁泥浆等对水体的污染;钻孔工作平台不影响排洪,完工后及时拆除、清理。二是林区桥梁施工,修筑便道、基础施工尽量少破坏植被,能不砍的树绝对不砍,工程完工后恢复其原貌。三是混凝土拌和站、仓库、预制场等要求尽可能设在桥头路基范围之内,或设在视线以外植被较少且容易恢复原貌的隐蔽处。四是水泥包装袋等建筑垃圾集中收集堆放并按规定进行处理,严禁随意弃置,随风飘散。

⑦在施工过程中严格控制施工范围;严禁乱挖、乱弃、乱倒、乱伐;合理利用现有施工条件,控制外借及弃土石方量。

⑧高标准对弃土场、取料场、无法利用的施工便道及施工营地进行绿化修复,保证区域环境的协调。

(2)加强公路营运期环境保护和污染治理。云南省交通运输厅要求管养单位加强营运期公路、水路环境保护和污染治理工作:一是日常巡查中发现有路面污物、障碍物等及时清洁,保证路面整洁。二是高速公路路面养护作业中产生的废水废料统一收集处置。三是对路侧、立交区、隧道区域、收费站点、中央分隔带的绿化进行定期维护、修剪、除病虫害等作业,保证绿化生态的正常使用。四是对桥面径流收集系统、风险事故收集系统定期检查和维护。五是高速公路收费站、服务区的污水处理系统,管养单位按照日常养护规程进行养护。大部分污水处理系统工作正常、性能稳定、排放达标。少数污水处理系统由于使用时间长、设备老化或不能满足需求等原因,正在改造或更新。六是生活垃圾根据属地政府要求,或运送至指定地点集中处理,或定期焚烧处理。

(3)加强公路废旧路面材料循环利用。一是将废旧材料循环利用工作作为推进创新型、节约型工作的重要内容来抓,对废旧路面材料通过有效的破碎、筛分、烘干,并根据旧料中沥青含量以及老化等指标,与添加剂、新料等按一定比例混合后拌和出合格的沥青混合料。二是明确了普通干线公路的主要目标。即到"十二五"末,路面材料回收利用率达到95%以上,循环利用率达到70%以上;到2020年,公路路面旧料循环利用率达到85%以上。三是结合实际制定科学的工作方案和保障措施。尽快实现大中修工程的路面旧料集中回收与统筹利用。四是因地制宜,以现油料拌和场为基地,建立废旧路面材料回收场地,强化废旧路面材料的回收利用工作。

(4)环保措施落实和效果执行情况。云南省交通运输厅督促建设单位严格按照环保部、水利部和省环保厅、水利厅批复建设项目环境影响报告书和水土保持方案以及批复文件要求,认真落实相关环保措施,重点做好以下工作:一是加强施工期和运营期水环境保护工作。合理安排施工期,尽量避免雨季进行路基开挖和桥梁施工。施工人员尽量租用当地民房,生活污水依托现有设施进行处理;施工生产废水采用沉淀池处理后回用,服务区废水必须经处理后回用或达标排放。尤其为防范危险化学品运输带来的环境风险,对跨越饮用水水源二级保护区、准保护区和二类以上水体的桥梁,在确保安全和技术可行的前提下,应在桥梁上设置桥面径流水收集系统,并在桥梁两侧设置沉淀池,对发生污染事故后的桥面径流进行处理,确保饮用水安全。二是加强声环境保护措施的针对性和可操作性。要求建设单位在公路设计阶段进一步优化公路线型,尽量远离村庄、居民点和学校等声环境敏感点。沥青拌和场应按照《公路环境保护设计规范》(JTG B04—2010)的要求进行设置。施工时应尽量采用低噪声设备;加强施工机械设备的维修保养,禁止强噪声设备夜间施工和运输车辆鸣笛;对预测超标敏感点采取跟踪监测,对试运营期噪声超标的敏感点应设置声屏障等合理措施,确保声环境满足相应区域质量标准要求。三是要求建设单位采取水土保持工程、植物和临时防护措施,防治水土流失。剥离表土临时堆放于临时施工场地内,收集后用于生态修复。做好土石方的调运方案设计,妥善处置施工中产生的固体废弃物,弃渣应运送到指定地点堆放,堆渣结束后及时对渣场进行植被恢复。四是加强生态保护工作。要求建设单位加强对施工人员相关法律、法规宣传教育力度,严禁对沿线植物和野生动物进行非法砍伐和猎捕。占用生态公益林的,要求建设单位应考虑优化局部路段,尽量少占用生态公益林,并根据《天然林资源保护工程管理办法》(林天发〔2001〕180号)、《云南省地方公益林管理办法》(云政发〔2009〕58号)、《中华人民共和国森林法实施条例》和《占用征用林地审核审批管理办法》的规定办理征用林地手续。五是要求建设单位应按照《关于在公路建设中实行最严格的耕地保护制度的若干意见》(交公路发〔2004〕164号)和《公路工程项目建设用地指标》(建标〔2011〕124号)等规定,采取收缩边坡、降低路基高度等措施减少对耕地和基本农田的占用。按照《中华人民共和国土地管理法》和《基本农田保护条例》相关要求,做好占用基本农田报批和补偿工作。六是要求建设单位加强对沿线水利设施的保护,保持沿线水利灌溉原系统不受破坏或改变,确保沿线水利排灌设施的通畅。施工期增加洒水频次,降低扬尘对周边居民的影响,生活垃圾集中收集和处理。

云南省公路水路通过认真落实各项环保措施后,取得了较好效果,有效减缓了对环境的污染。目前,云南省公路边坡绿化率达到70%,切实起到了防治水土流失的效果,公路服务区污水处理达标排放率达到90%、污水回用率达到80%、清洁能源利用率达100%,公路沿线声环境质量达标率85%,公路临时用地恢复率90%,固体废弃物循环利用率达60%,隧道空气质量达标率70%,云南省目前公路环保投资比重占3%~5%;云南省水运基础设施实施一系列环保措施后,也取得了很好的效果,目前单位吞吐量的水资源消耗量约100吨/万吨,单位吞吐量能源消耗合标准煤为0.02429吨标煤/万吨,港口污水处理率85%、污水回用率80%、堆场降尘率85%、空气达标天数2013年度约310天,港口噪声达标率90%,港口绿化率65%,船舶油污水、生活污水和生活垃圾接收率分别为95%、95%和100%,港口固体废弃物利用率达到95%,疏浚物利用率80%,景洪港、思茅港和水富港污水均实现污水零排放,但均未申报绿色港口,港口清洁能源使用率达到100%,云南省港口环保投资比重约3%。

(三)云南省绿色交通发展政策措施落实情况

云南省交通建设项目严格按照《中华人民共和国环境保护法》《全国环境监测管理条例》和《交通行业环境保护管理规定》等有关法律、法规规定,认真贯彻落实交通运输部《交通运输行业公路水路环境监测管理办法》，云南省各类交通建设项目在工程环境影响评价、施工、竣工环境保护验收以及试运营过程中均严格按照有关法规规定进行环境监测。一是在环境影响评价阶段，严格按照《中华人民共和国环境影响评价法》《公路建设项目环境影响评价技术规范》、《环境影响评价技术导则　总纲》以及相关专题环境影响评价技术导则等法律和相关规定规范的要求，云南省交通建设项目均开展项目环境影响评价现状监测。二是在施工和试营运期阶段，交通项目严格按照交通运输部《交通运输行业公路水路环境监测管理办法》的相关要求，云南省公路、港口、场站、航道建设项目建设过程中均开展了施工和试营运期环境监测，要求建设单位编制项目施工期和试营运期环境监测实施方案，并经交通行业主管部门组织专家进行论证后作为项目开展施工期和试营运期环境监测开展的依据，监测数据作为竣工环保验收的重要技术支撑。三是在竣工环保验收阶段，交通项目严格按照《建设项目竣工环境保护验收技术规范　生态影响类》和《建设项目竣工环境保护验收技术规范　公路》的等相关规定和规范要求，均开展了验收阶段的环境监测。

为规范和提高云南省交通运输行业环境保护管理工作，规范和加强云南省公路、水路环境统计工作，云南省交通运输厅严格执行《关于执行新交通运输行业公路水路环境统计报表统计制度的通知》（厅海便〔2010〕18号），认真执行交通运输行业环境统计报表制度，近年来按照交通运输部要求，按时上报云南省交通运输行业环境统计报表。

六、浙江省交通运输环境保护工作情况

（一）浙江省交通运输行业环境保护管理体系

浙江省交通运输行业环境保护归口处室为省交通运输厅建设管理处。"十二五"期间，共有12个规划、130个项目进行了环境影响评价，环境影响评价制度的执行率为100%；共有136个项目通过了竣工环保验收，环保"三同时"制度的执行率为100%。2013年9月，根据部批复的《浙江省交通运输环境监测网络建设试点工程可行性研究》，省厅启动了环境监测试点工作，并于2013年11月批复《浙江省交通运输环境监测网络建设试点工程初步设计》（浙交复〔2013〕149号），目前该试点工程正按照部要求稳步推进。

（二）浙江省绿色交通发展政策及环保措施

"十二五"时期，是深入贯彻交通运输部"三个服务"和浙江省委"两创"总战略的要求、继续全力推进"三大建设"、加快转变交通运输发展方式、为全面建设小康社会提供保障与服务的重要时期。根据《中共浙江省委关于推进生态文明建设的决定》《浙江省公路水路民用机场交通运输"十二五"发展规划》和浙江省"生态交通五项行动"方案，浙江省交通运输厅研究并制定了《浙江省交通运输循环经济"十二五"发展规划纲要》《浙江省交通运输节能减排"十二五"规划纲要》和《2014年绿色循环低碳公路建设工作方案》等相关政策及指导意见，在辖区内开展了"三化示范路"和"绿色航道"等创建活动。浙江省交通运输厅正在组织编写《公路工程生态建设技术指南》。

1. "三化"示范路的创建

2012年10月,为全面提升浙江公路整体服务水平,努力营造"畅、安、舒、美"的行车条件和运营环境,按照浙江省"四边三化"行动总体部署,浙江省交通运输厅在全省开展了创建公路三化示范路行动,并于当年12月印发了《浙江省公路边三化示范路指导标准》的通知,计划从2012年10月至2014年12月,分阶段推进公路边"三化"(洁化、绿化、美化)行动。同时将公路边"三化"行动开展情况纳入各地交通年度工作目标责任考核中。在公路边"三化"行动推进过程中,坚持高起点规划、高质量建设、高效能管理。截至目前,全省范围基本建成22条(1409公里)的示范路。

2. 绿色航道的创建

根据浙江省委省政府"五水共治"的总体部署要求,浙江省港航系统开展了绿色航道的创建活动。一是启动湖嘉申线"五水共治"样板航道创建工作。以船舶污染监控工程、航道防洪提升工程、航道清障保畅工程、水岸环境美化工程、绿色船舶推广工程、船舶防污染治理工程六大工程为抓手,加快样板航道创建;二是启动船舶污染治理重点项目建设。开展全省船舶垃圾接收点、船舶油污水接收点布局研究,2104年全省内河计划完成7处船舶油污水接收点、130处船舶垃圾接收点建设;三是开展生态航道养护试点工作。加强生态护岸建设、航道疏浚和绿化,在湖嘉申线湖州段和嘉善开展生态航道养护的试点工作,并大力推广义务植树、绿化航道活动;四是实施航道绿化,建设美丽浙江。以提高生态航道为理念,以服务经济发展为中心,以创造良好的社会形象为目的,立足重点航段现有的绿化建设规模,结合绿道建设,科学合理规划河道两侧绿化,重点加强交通枢纽周边绿化环境的美化。同时注重航道绿化的日常养护,充分发挥各港航局处的主观能动性,采用多种模式强化航道的日常养护。

(三)浙江省交通运输行业环境监管措施落实情况

根据交通运输部2008年4月下发的《交通运输行业公路水路环境监测管理办法》和2013年12月下发的《交通运输行业公路、水路环境统计报表制度》,省厅认真研究并严格贯彻落实。为了进一步加强行业环保管理工作,做好部要求上报的交通运输行业公路水路环境统计报表数据的统计工作,根据部办公厅规划字〔2013〕321号文件要求,省厅于2014年5月印发了《关于加强全省交通运输行业公路水路环境监测管理工作的通知》(浙交〔2014〕91号),对辖区内开展环境监测和监测数据统计填报工作做了进一步明确要求。

七、重庆市交通运输环境保护工作情况

(一)环境保护管理体系

重庆市交通委员会科技处牵头管理交通行业环保工作,并负责交通运输节能减排相关工作;委规划处负责组织拟定中长期规划、年度计划和投资计划,提出有关专项资金投资政策和资金安排建议并监督实施,负责指导重庆市交通运输环境监测网络建设试点工程相关工作;交通委公路建设管

理处负责公路建设项目的招投标、施工许可、竣工验收等管理工作;交通委港航建设管理处负责港口、航道中交委直接负责项目的环保管理工作;交通委公路养护处负责已建成投入营运的高速公路的环保管理工作;交通委运输处负责运输中的环保管理工作。此外,成立重庆市交通节能环保技术中心并挂靠在重庆市交通规划勘察设计院,负责重庆市交通运输环境监测网络建设试点工程的建设、运维和日常管理,负责节能减排及其他环境保护工作和政策的推行。

(二)重庆市交通运输基础设施建设和运营环境保护

重庆市公路基础设施、水路基础设施建设在规划、布线时虽尽量绕避环境敏感区,但由于重庆市地形地貌主要以山地、丘陵为主,出现穿越或毗邻环境敏感区的情况较多。目前,公路基础设施在建设和运营过程中产生影响较大的问题主要表现在噪声污染、空气污染等方面。例如,成渝复线(重庆段)穿越缙云山,毗邻巴岳山等环境敏感区,对沿线生态环境有一定的影响,此外,如G85九龙坡收费站、G50江北收费站、G85中梁山隧道等设施由于车流量较大,导致噪声污染大、尾气排放严重、隧道空气质量较差,对沿线生态环境污染较大。由于重庆地貌主要以丘陵、山地为主,坡地面积较大,制约重庆市交通运输发展的主要环境资源因素表现为可利用的土地资源稀缺,生态环境比较敏感等。

(三)重庆市绿色交通发展政策措施及落实情况

1. 制定的主要政策措施

重庆市交通运输行业环保目前处于起步阶段,尚未制定行业相关环保规划、技术规范及指导意见,针对交通行业节能减排领域,市交通委于2009年编制出台《重庆市公路水路交通运输节能减排中长期发展规划》,并于2010年编制《重庆市公路水路交通运输节能减排"十二五"发展规划》。目前重庆市拥有全国首条建成通车的绿色低碳循环主题性公路项目成渝复线高速公路(重庆境),"十二五"期间完成国省道公路废旧材料再生技术应用40公里,并将继续推进普通国省道水泥混凝土路面破碎再生工程300公里、普通国省道沥青路面冷再生利用工程100公里。

2. 已开展的主要工作

一是主城饮用水源保护区内船舶码头搬迁治理工作。7处须搬迁的船舶已经全部完成搬迁,7座需开展环境综合整治的码头1座已停止经营,其余6座都已完成整治。19艘采取治理措施的船舶固体垃圾都已实现上岸处理,16艘船舶的废水处理达到了治理要求,另外3艘船舶已采取临时搬迁的措施,全面完成了主城饮用水源保护区内船舶搬迁整治工作任务。

二是加强路容路貌及扬尘污染控制工作。制定下发了《重庆市高速公路路面及附属设施日常保洁养护技术标准》和《重庆市高速公路沿线设施维护保养技术标准》,对各高速公路运营管养公司的保洁人员配置和保洁设备投入提出了明确要求。

三是加强机动车排气污染控制工作。按照重庆市政府蓝天行动总体要求,实现新增公交、出租汽车一律使用CNG汽车。按照《重庆市节能与新能源汽车示范运行实施方案》的要求,积极稳妥推进混合动力汽车运行示范。

四是大力推进通道森林工程。拟定并印发了《全市通道森林工程建设的实施意见》《重庆市公路通道森林工程管理办法》和国省县乡公路通道森林工程实施奖励和补助政策。截至目前,全市通道森林工程(含高速公路封闭网外)共完成绿化约20000公里,新增绿化面积16.3万亩,种植乔木约600万株。

五是积极落实绿色交通发展政策措施。目前委托重庆市交通节能环保技术中心开展《交通运输行业公路水路环境统计报表》统计分析。

试点示范篇

节能减排部分

一、管理综述

2014年,中央财政投入7.4亿元,对公路水路交通运输节能减排116个项目给予奖励。其中,一般性项目44个,区域性主题性项目55个,能力建设项目17个。2014年度支持项目共可实现年度节能能力79.2万吨标准煤,替代燃料量354.9万吨标准油,可年度减少CO_2排放393.9万吨。

2014年在区域性主题性项目管理模式上进行了改革和完善。在2013年区域性主题性项目管理经验教训的基础上,2014年着重从专项资金支持方向、核算技术细则、考核评价体系、项目评审要求和程序、第三方机构审核、考核验收的程序和要求及江苏省交通运输区域性项目管理等方面进行了探索和完善,基本形成了区域性主题性项目的操作管理模式。主要包括:编制了《交通运输节能减排专项资金申请指南(2014年度)》,修订并发布了《交通运输节能减排项目节能减排量和节能减排投资额核算细则(2014年版)》。《申请指南》重点调整了支持项目方式、支持领域和项目管理方式。在支持区域上,突出了京津冀、长三角、珠三角等节能减排重点地区,不再强调区域平衡;在项目类型上,突出了以省或城市为单位的区域性项目,以港口或公路为单位的主题性项目,并选择天然气车船和营运(施工)船舶节能减排技术改造两个技术领域改变为主题性项目继续支持,其他技术领域的一般性项目则一律不再支持;在管理方式上,加强了省级交通运输和财政主管部门在项目立项、实施和验收等方面的权责,交通运输部、财政部不再直接面向一般交通运输企业管理具体项目。在实施方案编制管理方面,进一步完善了实施方案编制要求,加强了项目实施方案质量管理。在第三方审核机构管理方面,加强了第三方审核机构的审核质量管理。对第三方机构审核工作程序和审核报告格式进行了修订,并通过举办"交通运输节能减排第三方审核机构工作培训班",进一步提升了第三方审核机构的审核质量。在项目申报管理方面,完善了项目申报系统,进一步提高了管理效率。

2014年,通过专项资金的引导,全行业绿色发展意识明显增强,企事业单位主动参与节能减排行动的热情不断增长,行业节能减排管理能力不断提升,为有效推动绿色循环低碳交通运输体系建设提供了动力。2014年专项资金支持情况见下表。

2014年中央交通运输节能减排专项资金支持项目一览表

序号	申请单位名称	项目名称	补助额(万元)
1	天津市客运交通办公室	天津市天然气车船主题性项目	1349
2	河北省道路运输管理局	河北省天然气车船主题性项目	2441
3	山西省交通运输管理局	山西省天然气车船主题性项目	787
4	内蒙古自治区交通运输管理局	内蒙古自治区天然气车船主题性项目	419
5	辽宁省交通运输厅运输管理局	辽宁省天然气车船主题性项目	1314

续上表

序号	申请单位名称	项目名称	补助额(万元)
6	吉林省运输管理局	吉林省天然气车船主题性项目	473
7	黑龙江省道路运输管理局	黑龙江天然气车船主题性项目	390
8	上海市城市交通运输管理处	上海市天然气车船主题性项目	59
9	浙江省道路运输管理局	浙江省天然气车船主题性项目	145
10	安徽省道路运输管理局	安徽省天然气车船主题性项目	719
11	福建运输管理局	福建省天然气车船主题性项目	285
12	江西公路运输管理局	江西省天然气车船主题性项目	193
13	山东省交通运输厅道路运输局	山东省天然气车船主题性项目	5758
14	河南省道路运输管理局	河南省天然气车船主题性项目	2405
15	湖北省交通运输厅道路运输管理局	湖北省天然气车船主题性项目	434
16	湖南省道路运输管理局	湖南省天然气车船主题性项目	201
17	广东省交通运输厅综合运输处	广东省天然气车船主题性项目	875
18	四川省交通运输厅道路运输管理局	四川省天然气车船主题性项目	1183
19	云南省道路运输管理局	云南省天然气车船主题性项目	163
20	陕西省交通厅运输管理局	陕西省天然气车船主题性项目	502
21	甘肃省道路运输管理局	甘肃省天然气车船主题性项目	245
22	青海省公路运输管理局	青海省天然气车船主题性项目	498
23	宁夏回族自治区运输管理局	宁夏回族自治区天然气车船主题性项目	208
24	新疆维吾尔自治区道路运输管理局(含乌鲁木齐市交通运输局)	新疆维吾尔自治区天然气车船主题性项目	415
25	新疆生产建设兵团交通局运管处	新疆生产建设兵团天然气车船主题性项目	76
26	大连市道路客运管理处	大连市天然气车船主题性项目	151
27	青岛市道路运输管理局	青岛市天然气车船主题性项目	748
28	宁波市城市客运管理局(含道路运输管理处、港航管理局)	宁波市天然气车船主题性项目	1078
29	中远集装箱股份有限公司	营运(施工)船舶节能技术改造主题性项目	1000
30	中远散货运输(集团)有限公司	营运(施工)船舶节能技术改造主题性项目	850
31	中远航运股份有限公司	营运(施工)船舶节能技术改造主题性项目	500
32	大连远洋运输公司	营运(施工)船舶节能技术改造主题性项目	197
33	中交天津航道局有限公司	营运(施工)船舶节能技术改造主题性项目	446
34	中交上海航道局有限公司	营运(施工)船舶节能技术改造主题性项目	632
35	中海集装箱运输股份有限公司	营运(施工)船舶节能技术改造主题性项目	258
36	中国外运股份有限公司	天然气车船主题性项目	47
37	中国长江航运(集团)有限公司	营运(施工)船舶节能技术改造主题性项目	152
38	招商局能源运输股份有限公司	营运(施工)船舶节能技术改造主题性项目	1000
39	济源市交通运输局	济源市区域性项目	780
40	邯郸市交通运输局	邯郸市区域性项目	3400
41	鞍山市交通局	鞍山市区域性项目	3011
42	蚌埠市交通运输局	蚌埠市区域性项目	1592
43	南平市交通运输局	南平市区域性项目	990
44	烟台市交通运输局	烟台市区域性项目	2138

续上表

序号	申请单位名称	项目名称	补助额(万元)
45	天津市交通运输和港口管理局	天津市区域性项目	3662
46	吉林省高等级公路建设局	鹤大高速主题性项目	996
47	江西省高等级公路管理局	昌樟高速主题性项目	511
48	贵州省高速公路管理局	道安高速主题性项目	751
49	青海省花石峡至久治公路建设指挥部	花久高速主题性项目	470
50	中交股份联合体港珠澳大桥岛隧工程项目总经理部	港珠澳大桥主题性项目	337
51	广州港集团有限公司	广州港主题性项目	1117
52	大连市水路运输管理处	大连港主题性项目	1103
53	福建省港航管理局	福州港主题性项目	666
54	山东省港航管理局	日照港主题性项目	1359
55	江苏省交通运输厅	江苏省区域性项目	11280
56	交通运输部科学研究院	公路水路交通运输节能减排"十三五"规划重大问题研究	30
57	中交公路规划设计院有限公司	公路建设与养护能效和二氧化碳排放强度等级及评定方法研究(一期)	100
58	交通运输部公路科学研究院	公路运营能效等级及评定方法研究(二期)	70
59	交通运输部水运科学研究院	港口生产能效和二氧化碳排放强度等级及评定方法研究(一期)	100
60	交通运输部科学研究院	碳税对交通运输发展的影响研究	40
61	大连海事大学	国际航行船舶能效计量方法学研究	40
62	大连海事大学	营运船舶能效和二氧化碳排放强度等级及评定方法研究(一期)	48
63	交通运输部规划研究院	绿色循环低碳交通运输发展制度体系框架研究	40
64	大连海事大学	国际海运温室气体排放测量、报告和核实(MRV)规则对我国航运业的影响与对策研究	40
65	交通运输部公路科学研究院	公路水路运输装备节能减排技术、工艺和产品推广应用实施方案研究	40
66	交通运输部天津水运工程科学研究院	公路水路交通基础设施节能减排技术、工艺和产品推广应用实施方案研究	40
67	交通运输部天津水运工程科学研究院	港口作业机械能耗在线监测技术规程研究	30
68	交通运输部公路科学研究院	营运车辆能效和二氧化碳排放强度等级及评定方法研究(一期)	40
69	交通运输部科学研究院	交通运输行业重点用能单位能耗监测体系建设(三期)	45
70	交通运输部公路科学研究院	绿色交通评价制度及绿色公路水路运输企业评价指标体系研究	48
71	交通运输部科学研究院	"交通运输节约能源条例"前期研究	40
72	北京中交联合咨询有限公司	交通运输企业节能减排能力提升研究	48
	合计		63598

二、区域性项目成果

(一)绿色循环低碳交通运输省份区域性项目实施方案概述

江苏省绿色循环低碳交通运输发展区域性项目实施方案:

江苏省位于我国东部沿海中心、长江下游,面积10.26万平方公里,现设13个省辖市、3个试点省管县(市),常住人口7865万人。2012年全省人均GDP超过1万美元,居全国首位,跨入中等发达国家水平。江苏省历来高度重视节能减排和环境保护工作,早在2001年,省人大就做出了推进生态省建设的决定,勾画了江苏生态省建设的目标任务与总体框架,提出了经济建设、环境保护和生态建设的基本要求和主要措施,并把环境指标作为考核全面小康社会建设和科学发展的核心指标。近几年,江苏省实施了"清水蓝天"工程,太湖水质进一步改善,大气污染防治取得积极进展;实施了美好城乡建设行动,推进村庄环境整治,城乡面貌和人居环境继续改善;加快绿色江苏建设,全省设立自然保护区31个,其中国家级自然保护区3个,自然保护区面积达到5650平方公里。

"十一五"以来,江苏交通运输行业紧紧围绕全省"两个率先"的目标,紧密呼应沿海开发和长江三角洲一体化的国家战略,在全国率先探索推进综合交通运输体系建设,进一步优化交通运输结构,全面落实公交优先发展战略,强化科技进步与智能交通建设,创新行业管理,引导全省交通运输行业走内涵提升、创新驱动的转型发展之路,注重发展质量和效益,着力构建以集约、高效、绿色、低碳为主要特征的综合交通运输体系。

目前江苏省正处于工业化的中期、城乡一体化的加速期、国际化的提升期,交通运输能耗需求与碳排放仍将持续快速增长,交通运输节能减排与绿色发展面临前所未有的压力。2013年6月,交通运输部与江苏省人民政府签订了《共同推进江苏省绿色循环低碳交通运输发展框架协议》,为全面落实该协议,通过"综合交通、低碳发展,公交优先、绿色出行,结构优化、效率提升,技术革新、创新驱动",部省携手将江苏省率先打造为全国绿色循环低碳交通示范省份。

(1)指导思想

深入贯彻党的十八大和十八届三中全会精神,以科学发展观为指导,按照中国特色社会主义建设"五位一体"总体布局要求,全面落实省委省政府"两个率先"、建设美好江苏和生态省的战略部署,将生态文明建设融入交通运输发展的各方面和全过程,以贯彻落实部省《共同推进江苏省绿色循环低碳交通运输发展框架协议》、建设"综合交通、智慧交通、绿色交通、平安交通、民生交通、法治交通"为主线,以节约资源、提高能效、控制排放和保护环境为核心,以区域性主题性试点和专项行动为重点,转变发展方式、调整交通结构、加快绿色转型,强化创新驱动、加强协调联动、倡导全民行动,加快建设以综合交通、公交优先、绿色出行、创新驱动、智慧管理为主要特征的绿色循环低碳交通运输体系,力争率先建成全国绿色循环低碳交通示范省,为率先实现交通运输现代化、全面建成生态省提供有力支撑,并为全国绿色循环低碳交通运输体系建设探索经验。

(2)发展目标

到2015年,在全国率先基本形成综合交通运输体系,总体适应经济社会发展需要,苏南等部分地区实现超前发展,整体发展水平处于全国领先。交通基础设施率先基本实现现代化,综合交通骨干网络基本形成,交通通道保障有力、枢纽能力全面提升,现代养护体系初步形成;现代交通运输业发展水平显著提升,货运组织化程度和运输效率明显提高,交通物流服务质量明显提高,城乡客运一体化基本实现;城市公交优先发展战略进一步落实,运输装备水平显著提升;行业绿色低碳监管体系基本建立;资源节约型、环境友好型行业建设取得明显进展,绿色循环低碳交通运输体系框架基本形成,为生态省建设提供坚实有力的支撑保障。

①低碳生态交通网络体系进一步完善。布局合理、功能完善、衔接畅通、安全高效的现代综合交通运输网络初步形成,对城市空间拓展和布局优化的调整引导进一步增强。轨道交通、水运承运比重进一步提高,沿海、沿江、东陇海和沪宁四大国家级综合交通通道内客货运输有三种以上方式可供自由选择,三大国家级枢纽国际、国内转换能力显著增强,综合客运枢纽省辖市覆盖率达到60%,公路、航道养护水平继续保持全国领先。交通基础设施结构进一步优化,集约化水平明显提高,绿色低碳设计、施工、运营水平明显提高,对土地、能源、材料、水等资源节约循环利用水平明显提高,生态环境影响明显降低。

②节能环保运输装备体系进一步完善。客货运输车辆与现代运输组织的适应性进一步增强,厢式车、集装箱车及各类专用车比率达到33%以上,新增进入道路运输市场的车辆100%达到燃油消耗量限值标准;运输船舶与航道、港口发展的适应性进一步增强,内河货运船舶船型标准化率达到45%,长江干线、京杭运河船型标准化率达到70%;卫星定位等先进技术、产品在运输车船得到广泛应用,运输装备大型化、专业化和标准化水平明显提高,现代化程度进一步提高;施工机械、施工船舶和港口装卸设备等结构进一步调整优化;节能环保型运输车辆、船舶、装备、设备得到广泛应用,LNG、电力等清洁能源、新能源应用比例明显提高,太阳能、风能等可再生能源在有条件的领域和区域逐步得到推广,交通运输能源消费结构更加合理。

③集约高效运输组织体系进一步完善。区域交通一体化、综合交通一体化、城乡交通一体化水平明显提高,水运、轨道交通的比重明显上升,综合运输的整体优势和组合效率进一步提升,结构性节能减碳潜力得到有效挖掘;运输生产组织管理能力明显增强,组织化水平明显提升;运输组织结构和经营结构更趋合理,运输企业规模化、集约化水平明显提高,物流社会化、专业化水平明显提高,多式联运、甩挂运输等先进运输组织方式应用广泛,水铁货运周转量占比达到77%,道路甩挂运输拖挂比达到1:2,城市物流配送体系形成规模,中心城内物流配送系统承担城市正常运行货运量的10%左右,社会物流费用与GDP比值降为15%;中远距离城际客运初步实现多方式多选择,都市圈内局部开行城际公交化班线和城市公交互联互通,初步形成以城市公交、城镇客运班线和镇村公交为框架的三级城乡客运体系,城市居民公共交通出行分担率平均达到23%。

④绿色循环低碳交通科技创新能力明显增强。绿色循环低碳交通运输科技创新体系初步建成,创新能力进一步增强,形成一批符合全省绿色循环低碳交通运输发展需求的重大关键技术,行业科技进步贡献率达到55%以上;绿色循环低碳交通的科学素养与技术能力明显提升,技术标准规范体系进一步完善,技术服务能力进一步提升;绿色循环、节能低碳技术与产品推广应用水平进一步提高,科技支撑保障作用明显增强;逐步建立以交通运行协调指挥中心为核心的新一代智能交通管理

与服务体系,初步实现行业信息的交换共享以及业务协同,城市公交智能调度管理系统、出租车智能调度管理系统、公众出行信息服务系统、智能停车管理系统、道路运输车辆管理系统与行业节能减排统计分析系统等进一步完善,现代信息技术等在交通运输全领域广泛应用、深度融合,交通运输管理和服务智能化水平明显提升。公众出行信息覆盖水平达到70%以上,公交省域一卡通覆盖率达80%以上,干线公路ETC、干线航道水上ETC和沿江沿海港口EDI平均覆盖率分别达到25%、60%和40%以上。交通运行监测网络更加全面、高效,重点营运车辆卫星导航系统入网率达到100%。

⑤绿色循环低碳交通运输管理能力明显增强。绿色循环低碳交通运输发展战略规划体系、政策法规体系、标准规范体系和组织保障体系基本建立,制度环境明显改善;交通运输节能减排与绿色循环低碳发展统计监测考核体系基本建立,绿色循环低碳监管能力和支撑保障水平明显增强;全行业绿色循环低碳意识和素质明显提高;初步建立与绿色循环低碳交通运输体系建设相适应的人才工作管理体制和运行机制,形成一支总量适度、结构合理、素质优良的绿色循环低碳交通建设与管理人才队伍。

(3)主要任务与重点项目

2013—2017年期间,按照江苏省绿色循环低碳交通运输省份区域性项目建设的总体要求,以交通运输部《绿色循环低碳交通运输省份考核评价指标体系(试行)》为重要参考依据,特别是立足江苏省绿色循环低碳发展现状水平评价结论,紧紧围绕2017年度目标指标的实现,按照"提强补弱、突出特色"的指导方针,确定江苏省绿色循环低碳交通运输省份建设的重点领域和主要任务,以构建低碳生态交通基础设施为基础,以推广节能环保交通运输装备、集约高效交通运输组织模式为核心,以加快绿色循环低碳交通科技与智能交通建设、加强绿色循环低碳交通能力建设为支撑,加快打造绿色循环低碳交通运输体系。

根据试点的总体思路与目标,紧紧围绕试点的重点领域和主要任务,在分析论证节能减排与绿色循环低碳发展潜力、技术经济性等的基础上,遴选出一批拟纳入试点的具体实施项目。这些项目具体包括:

开展11类试点项目和1类示范企业专项行动。11类试点项目包括108个具体支撑项目:9个绿色循环低碳交通运输政策创新项目、17个绿色循环低碳交通运输能力建设项目、13个科技与信息化主题性项目、6个绿色循环低碳交通城市区域性试点项目、10个绿色循环低碳公路主题性项目、5个绿色循环低碳航道主题性项目、6个绿色循环低碳港口主题性项目、11个绿色低碳公交与营运车辆及组织主题性项目、1个绿色低碳船舶主题性项目、15个绿色循环低碳场站主题性项目、15个绿色低碳物流主题性项目。1个示范企业绿色循环低碳专项行动,主要组织不同类型典型示范企业开展绿色循环低碳交通运输专项行动,打造20个低碳示范企业。

重点支撑项目总投资约为2499.11亿元,其中节能减排相关投资额503.21亿元;节能量289.34万吨标准煤、替代燃料量为146.77万吨标准油、减少CO_2排放790.93万吨。

此外,需要说明的是,本方案在全省交通运输行业范围内以区域性、主题性试点项目为重点,通过树立典型、以点带面,全面推动全省交通运输行业绿色循环低碳发展。试点项目重点从经济社会效益以及项目节能减排效果示范性等方面来考虑,项目覆盖全省13个设区市和3个省管县。除了本方案选定的6个城市作为区域性试点城市全方位、系统性地开展绿色循环低碳交通城市建设之外,还要协同推进其他城市的绿色循环低碳建设。对于非试点7个市和3个省管县,要在省交通运输主管部门的统筹指导下,在认真组织开展本市域范围内相关主题性试点项目的基础上,积极学习借鉴本方案中确定为绿色循环低碳交通运输区域性试点城市的相关推进措施与成功经验,重点围绕城市公交、营运客车等主题,推进本市绿色循环低碳交通运输体系建设发展。开展的具体措施包括:加大市财政的支持力度,设立专门的节能减排政府性引导和补偿资金,积极争取中央及省级交通运输专项资金支持;利用好税收、土地、投融资等激励政策;实行重点交通用能单位监管制度,加大绿色循环低碳监督检查力度;注重加强宣传、教育、培训等。见下图。

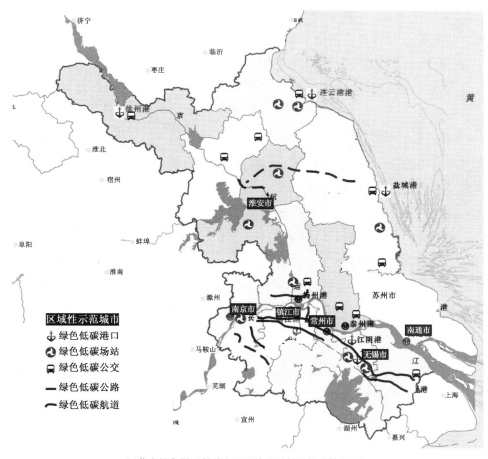

江苏省绿色循环低碳交通运输发展标准规范体系框架

(二)绿色循环低碳交通运输城市区域性项目实施方案概述

1. 蚌埠市绿色循环低碳交通运输城市区域性项目

蚌埠市地处东部沿海省市经济向中部、西部地区发展的过渡地带,具有连接南北、承接东西的区位优势,位于全国综合交通"五纵五横"之一的京沪运输大通道上,是华东地区重要的综合交通枢纽。总面积5952平方公里,市区面积613平方公里;总人口368万人,市区人口93万人。蚌埠市是安徽省重要的综合性工业基地,皖北地区商贸中心与加工制造业中心,也是国务院批准的促进中部崛起、享受比照东北老工业基地政策的城市之一。2013年,蚌埠市完成生产总值1007.9亿元,比上年增长11.1%,全市人均生产总值31482元,比上年增长11.0%。2012年2月,蚌埠市被交通运输部列为低碳交通运输体系建设第二批16个试点城市之一。

(1) 指导思想

深入贯彻落实党的十八大和十八届三中全会精神,按照建设"五位一体"总布局的要求,以科学发展观为指导,以国家加快实施中部崛起战略、中原经济区战略、安徽省参与泛长三角区域分工合作、建设合芜蚌自主创新综合配套改革试验区和淮河生态文化经济走廊为重要契机,以加快转变交通运输发展方式为主线;实施"公交优秀"战略和"水运振兴"战略,加快推进交通运输结构的战略性调整;实施"气化交通"战略,构建绿色装备体系,加快推进交通运输用能结构的低碳化、清洁化;实施"智能交通"战略,切实履行交通运输行业信息化省市共建战略合作框架协议,保持综合交通体系信息化、智能化全省领先;以交通运输节能减排战略规划体系、统计监测考核体系、政策保障体系建设为重点,着力提升绿色循环低碳交通监管能力;以试点项目为主要载体,开展"四个行动",加快建成绿色循环低碳交通运输体系,推动交通运输科学发展,努力打造全国中部地区中型城市中的绿色循环低碳交通运输示范城市。

(2) 发展目标

到2016年,蚌埠市交通运输绿色循环低碳发展成效更为明显,交通运输行业能源和资源利用效率明显提高,碳排放强度和污染物排放明显降低,控制温室气体排放取得明显成效,适应气候变化能力明显增强,生态保护和环境污染控制取得明显进展,交通基础设施绿色循环低碳建设与运营水平明显提升,绿色循环低碳交通运输装备应用比例明显上升,高效集约的交通运输组织模式实施范围明显扩大,交通运输科技创新驱动能力明显增强,智能交通发展水平明显提升,绿色循环低碳交通运输管理能力明显提高,初步建立绿色循环低碳交通运输体系,使蚌埠市绿色循环低碳交通发展水平在全国中部地区中型城市中居于领先地位。

(3) 主要任务

① 绿色循环低碳交通基础设施建设。

a. 强化综合交通运输网络体系。

一是加快构建"五射一纵"综合交通通道,加快建设蚌凤宁、蚌五淮、蚌固徐、蚌怀亳、蚌淮合通道五条呈星形放射线的主要通道以及徐明滁纵向主通道。二是加快综合交通运输枢纽建设。重点推进火车站综合客运枢纽、蚌埠西部物流中心、蚌埠东部综合物流园和蚌埠南部三星仓储物流园等建设工程,促进客运"零距离换乘"和货运"无缝衔接",为车辆高效、顺畅行驶创造良好条件。

b. 建设绿色循环低碳公路交通基础设施。

一是优化公路网络。加快高速公路、国省干线、农村公路网建设,强化连接线、断头路等薄弱环节,形成高速公路"三纵两横一环"、普通干线公路"四纵五横四射四支"、农村公路网"八纵六横七射"格局,发挥公路网络效益,提高路网通行能力,降低能耗。二是加强公路养护。强化公路路面养护,建立超限超载治理工作长效机制。三是优化公路枢纽场站。充分发挥蚌埠综合客运站功能,建成客运北站、淮河路公路客运站、汽车客运南站三个国家级公路客运站,建成怀远、固镇、五河三个县级客运中心站,形成"四主三辅"的公路客运站布局,进一步巩固和提升蚌埠国家公路运输枢纽地位。四是强化绿色设计与施工。调整优化公路施工机械装备结构,加快淘汰老旧公路施工养护机械等,提高公路建设用能设备的整体技术效率。在路桥、隧道、场站、服务区、养护中心以及相关配套房屋建筑工程实施绿色设计,推广节能装置,严格执行节能标准规范和施工验收规程。五是推广绿色照明和可再生能源应用。重点依托蚌埠市城市出口公路路灯安装工程、蚌埠市中环线路灯安装工程,大力推广LED灯,减少照明能耗。积极探索太阳能、风能等可再生能源在公路交通基础设施中的应用。六是加强公路绿化建设。加强公路生态防护、植被恢复和路侧绿化建设,增强碳汇能力。

c. 建设绿色循环低碳水路交通基础设施。

一是优化内河航道网布局。提升淮河干流、浍河、涡河等航道的等级,推进怀洪新河复航,加快构建内河航道"一干四支"的骨架体系。二是加快推进重点航道整治工程。对接江苏淮安盐河航道入海整治工程,实施淮河入海工程。三是提高港口吞吐能力。坚持标准化、集约化、规模化、专业化的发展方向,加大港口建设投资,加快码头建设,提升港口吞吐能力,为大宗货物运输向水路运输转移创造良好的基础设施条件。四是推进低碳港区建设。完善港口集疏运设施,提高集疏运效率;加快新码头建设,将新建码头全面打造成低碳码头;积极推进老码头改造,促进老码头向低碳转型。五是强化水运绿色施工。倡导绿色港口设计理念,强化内河港口工程节能评估与审查,积极开展低碳化改造。

d. 建设绿色循环低碳城市交通基础设施。

一是优化城市交通网络。依托高速外环、城市中环(快速次外环)、城市内环"三环"快速通道,连接城市三环线的七大快速路出口,大力实施城市道路"三环"、"七辐射"建设工程,形成蚌埠市区"三环七射"的城市道路网布局,提升城市交通通行能力和效率。二是加快公交场站建设。优化公交场站布局,加大公交站点覆盖密度。三是加强公交专用道建设。科学规划城市公交专用道,在城市主干道逐步设置"四横两纵"的公交专用道,保障公交车优先通行权。四是加强自行车设施建设。积极推进自行车停车设施建设,合理施划自行车专用道,保障自行车路权。

② 节能环保交通运输装备应用。

a. 推广节能环保型公路交通运输装备。

一是加强天然气等清洁能源和新能源车辆推广应用。重点引导货运企业改装和新购LNG车辆,大力发展混合动力、纯电动等车型。更新或新增中短途道路客运车辆一律采用天然气等清洁能源车。二是优化车辆运力结构。加快淘汰老旧营运车辆,班线客运、旅游客运鼓励发展低能耗、低排放的大中型高档客车,大力发展适合蚌埠市农村客运的安全、实用、经济型客车,引导货运车辆向重型化、厢式化、专业化方向发展,鼓励发展中高档、节能、环保型等新型城市公共交通车辆。三是严把营运车辆准入关。严格实行营运车辆燃料消耗量准入制度,不符合标准的车型不得投入营运,确保新增进入道路运输市场的车辆100%达到燃油消耗限值标准。四是全面实施沥青拌和站"油改气"。新增沥青拌和站一律采用天然气等清洁能源。五是强化车辆检测和维护。严格在用车辆尾气检测,加强机动车尾气检测机构建设,重点推进蚌埠市交通科技园机动车尾气环保检测项目实施。加强营运车辆定期维修保养,改善营运车辆技术状况。

b. 推广节能环保型水路交通运输装备。

一是推进天然气船舶应用。推进运输船舶和挖泥船"油改气",鼓励购置天然气动力船舶,优化船舶用能结构。二是优化船舶运力结构。加快淘汰挂桨机船等能耗高、污染大的老旧船舶与落后船型,在淘汰后实施强制拆解,并坚决取缔"三无"船舶。三是强化船舶检测和维护。按照交通运输部统一部署,推进实施营运船舶燃料消耗量准入制度,严把营运船舶能耗准入关。四是提高港口装卸装备能效水平。力求选择技术先进、安全性高、能耗低和高效率的节能环保型设备。

c. 推广节能环保型城市客运装备。

一是优化运力结构,积极推进天然气车辆应用。加快提升公交运力,大力发展大容量的城市公共交通工具。二是加快再制造轮胎推广应用。依托先进的轮胎再制造技术,在公交集团推广应用再制造轮胎的基础上,逐步向全市推广应用再制造轮胎。

③集约高效交通运输组织模式推广。

a. 优化公路交通运输组织。

一是优化公路客运组织。加强客运运力调控,提高道路客运企业规模化、集约化水平,推广滚动发班等先进客运组织模式,提高客运实载率。二是优化公路货运组织。充分运用现代交通管理技术,积极推进甩挂运输等先进运输组织方式应用,提高道路货物运输业的组织化程度,促进运输网络化发展,有效整合社会零散运力,实现整体货运发展的集约化、高效化、有序化,提高货运实载率。三是推广车辆节能驾驶。强化道路运输企业节能驾驶的培训力度,宣传节能低碳的驾驶操作技术,全面提升汽车驾驶员的节能低碳意识与素质。四是推广绿色维修。在全市汽车维修行业全面应用节约能源的维修技术、使用更清洁能源的维修技术、减少维修过程中污染物排放的技术和节约维修资源的技术,实现绿色维修。五是提升交通基础设施运营效率。加强交通基础设施运营管理,保持交通基础设施正常良好的使用状态,充分发挥设施应有功能。

b. 优化水路交通运输组织。

一是强化河海联运体系。推进干支直达和河海直达运输,充分发挥河海联运的节能优势。二是优化港口生产组织管理。加强港口生产调度、设备管理和生产工艺流程管理,使机械设备合理负载,实现系统经济运行。三是优化水路货运组织。鼓励货主更多选择水路运输,推进大宗货物运输向水运转移,提高水路货运在综合运输中的比重。四是推进船舶节能驾驶。加强船员节能教育培训,提高船员队伍节能素质。

c. 优化城市客运组织。

一是推广"苗苗服务规范体系"。加强城市公交精细化管理,完善城市公交服务体系,提升城市公交服务品质,增强城市公交吸引力,引导私人交通转向公共交通,降低全社会的能源消耗水平。二是优化公交线网。调整优化市区、郊区和县城公交线网,提高公交线网覆盖密度,便于民众选择公交出行。三是规范出租车、汽车租赁业发展。鼓励出租汽车企业兼并组合,扩大经营规模。

④绿色循环低碳交通科技创新与信息化建设。

一是大力推进交通运输节能减排技术研发与产品推广。大力推进绿色循环低碳交通重大关键技术、先进适用技术与产品的研发与推广,积极采用新技术、新材料、新装备、新工艺。二是大力推广替代能源和可再生能源应用。积极推进车船用替代能源和可再生能源的应用。三是加快现代信息技术应用。依托蚌埠市"智慧城市"建设,做好全市交通运输信息化和智能化顶层设计,加大交通运输信息资源整合力度,打造全市综合交通运输信息平台。四是推广公共物流信息平台。加大物流公共信息平台研发和推广力度,整合物流市场供需、货源、运力等信息并向社会提供,引导传统货运产业向现代物流转型,促进货运实载率和节能减排水平的提高。五是推广城市客运智能化管理。大力推广城市公交智能调度,市区公交线路运营全部实施智能化管理。全面推行出租汽车智能调度,探索"电召"模式,减少空驶率。六是推广公众交通出行服务系统。整合交通出行信息资源,建立公众出行信息服务平台,采用多种方式发布交通信息,积极引导公众高效、便捷、舒适出行,引导交通参与者转变出行方式和消费观念,缩短出行人员在途距离和时间。七是完善交通运输节能减排技术服务体系。加快交通节能减排产品和技术推广服务体系建设,发展交通节能减排服务产业,培育发展交通节能减排技术服务市场。

⑤绿色循环低碳交通运输能力建设。

一是建立绿色循环低碳交通战略规划体系。完善蚌埠市综合交通运输战略规划体系,引导全市交通运输结构优化调整。二是建立节能减排统计监测考核体系。以"安徽省交通运输能耗监测调查系统"为基础,研发蚌埠市交通运输能耗统计监测平台,进一步组织实施百家单位统计监测考核试点,加快建立蚌埠市交通运输节能减排统计监测考核体系。三是健全绿色循环低碳组织保障体系。建立健全蚌埠市交通运输行业节能减排监督管理体制,设置节能减排专职监管机构与岗位,加强节能减排监管队伍建设。四是加强绿色循环低碳交通人才队伍建设。加快制定低碳交通技术人才培养计划,加大人才培养力度。五是完善绿色循环低碳政策保障体系。加大财政资金对交通运输节能减排项目的投入力度,引导社会资金向交通运输节能减排项目聚集。

(4)重点支撑项目

结合蚌埠市实际情况,遵循试点项目遴选原则,以总体提升蚌埠市绿色循环低碳交通运输发展能力为目标,通过经济技术论证,遴选出一批拟在2014—2016年重点实施的试点项目。试点项目分为六大类,分别是绿色循环低碳公路与场站建设工程、节能环保交通运输装备推广应用工程、绿色低碳城市公共交通建设工程、集约高效运输组织模式推广工程、智能交通建设工程和绿色循环低碳交通能力建设工程,共计42个项目。其中,绿色循环低碳公路与场站建设工程包括:长淮卫淮河大桥及接线工程节能照明技术应用项目、蚌埠市国道104五河淮河特大桥及接线工程项目、S307一级公路改建工程、蚌埠市东出口(胜利东路)公路改造工程、中环线工程(部分路段)、G206南段一级公路建设工程、道路绿化及碳汇项目、华禹物流园区项目和蚌埠市出租汽车综合服务区项目。绿色循环低碳交通运输装备推广应用工程包括:公交集团等单位LNG车辆推广及加气站建设项目、汽运集团LNG车辆应用项目、五河县天然气车辆在道路运输中的应用项目、怀远县运管所CNG车辆应用项目、天然气教学车辆(CNG)项目、沥青拌和站油改气推广项目、淮河干线蚌埠港营运船舶天然气改造及配套油气混合加气站项目、挖泥船"油改气"项目、再制造轮胎推广应用项目和大间隔换油里程机油推广应用项目。绿色循环低碳城市公共交通工程包括:蚌埠市城市公交天然气车辆推广项目、五河县公交天然气车辆推广项目、蚌埠市城市公交线网优化项目、蚌埠市公交场站及配套设施建设项目、五河县公交场站及配套设施建设项目、淮上大道公交电子导乘牌建设项目、公共自行车服务系统建设项目、公众出行信息服务系统项目–WIFI项目和"苗苗服务规范体系"推广项目。优化运输组织工程包括：河海联运项目、公交集团绿色维修项目、汽运集团汽车修理厂绿色维修项目、蚌埠市"绿色维修"推广应用和蚌埠市模拟驾驶仪应用项目。智能交通工程包括：汽运集团营运车辆智能化运营管理系统项目、五河县双墩物流园区物流信息平台项目、蚌埠市机动车维修救援网络升级改造、蚌埠市道路运输行业能耗监测统计信息系统建设和淮河水运物流信息平台项目。绿色循环低碳交通能力提升工程包括：交通运输节能减排统计监测考核体系建设项目、蚌埠市绿色循环低碳交通运输发展制度体系框架研究项目、蚌埠市绿色循环低碳交通运输发展战略与规划项目和绿色循环交通运输城市低碳服务能力提升项目。

2. 邯郸市绿色循环低碳交通运输城市区域性项目

邯郸市位于河北省南部，西依太行山脉，东接华北平原，处在晋冀鲁豫四省交界中心地带。总面积1.2万平方公里，总人口963.5万人，城镇化率45%。2012年，全市生产总值3024.3亿元，跻身于"3000亿元俱乐部"。邯郸市是首都经济圈的重要组成城市之一，也是中原经济区北翼经济增长极。作为华北地区重要的交通枢纽，交通便利，纵穿中国南北的京广铁路、京港澳高速公路、大广高速公路、106国道、107国道与横贯祖国大陆东西的长治—邯郸—济南—青岛铁路、青兰高速公路和309国道交汇于邯郸，境内形成了"五纵五横"的干线公路网络。邯郸市是交通运输部179个国家公路运输枢纽城市之一。在四省交界区域中，只有邯郸具备铁路交叉、国道交汇、高速纵横过境和航空港四位一体的立体交通条件。

（1）指导思想

以科学发展观为指导，以生态文明为引领，以"绿色交通"为使命，以"节约资源、提高能效、控制排放、保护环境"为目标，结合建设宜居宜业宜游富强邯郸美丽邯郸的战略目标，通过构建现代化综合交通运输体系，提高交通运输组织集约高效化程度，打造外通内联的城市交通网络，提升城市公共交通服务能力，完善城市慢行交通系统，推广清洁能源和节能装备，推进交通运输科技进步，强化行业能耗监测能力和管理水平，打造以"清"车"熟"路、融"慧"贯"通"为特征的绿色循环低碳交通运输体系。"清"车：交通运输装备清洁低碳发展是首要任务；"熟"路：综合交通运输网络体系完善是核心基础；融"慧"：交通运输智能化信息化引领是关键要素；贯"通"：交通运输服务畅通便捷高效是根本需求。

（2）发展目标

系统推进邯郸市绿色循环低碳交通运输体系建设，绿色低碳交通基础设施网络建设完善，绿色低碳交通运输装备广泛应用，绿色低碳交通出行方式比例提升，交通运输组织效率显著提高，绿色低碳物流组织初步形成，绿色低碳智能交通系统创新发展，交通系统能耗监测管理系统建立应用，绿色低碳交通发展理念深入人心。交通运输能耗和排放强度明显下降，促进交通系统与生态环境的和谐发展，具体包括：

①综合交通运输体系进一步完善。邯郸综合客运枢纽、机场三期工程、鸡泽物流园区等重点交通基础设施工程建设完成，综合交通运输体系基本建立，"内畅外联"交通网络形成。

②交通运输结构优化。运输组织集约化程度提高，冀南公铁联运、甩挂运输等低碳物流组织模式初步形成。

③落实城市公交优先战略,改善城市交通出行结构,城乡客运一体化基本实现,建设公共自行车服务系统,推进城市慢行系统。

④交通系统智能化、信息化水平进一步提高,为公众提供绿色低碳出行信息。

⑤推进行业能耗排放统计、监测、考核体系能力建设工作,低碳交通科技创新能力提升。

⑥清洁能源和新能源运输装备应用规模扩大,配套基础设施建设完善。

⑦绿色循环低碳交通发展管理机制和政策法规逐步完善。

(3) 主要任务

①建设绿色循环低碳交通基础设施。

一是完善绿色低碳规划与设计。以城市总体规划、城市交通总体规划引导城市绿色低碳交通体系建设方向,减少交通出行需求和出行距离,从源头降低交通能耗和排放。二是推广应用节能工艺和设备。在高速公路沿线服务设施区域、交通服务建筑等有条件的地方推广应用地源热泵技术;在市政道路、公路、交通公共场所、交通办公场所推广应用LED节能灯具、风光互补照明灯具;在交通基础设施建设、更新过程中积极推广使用节能减排新技术、新工艺,优先选用符合节能环保要求的养护技术方案,大力推广沥青路面冷再生维修技术应用,降低养护能源消耗和环境污染;鼓励工业废渣、粉煤灰等材料循环利用于路基路面中。三是提高沥青生产清洁化水平。对沥青拌和设备进行节能改造,如对其排风机进行工频改变频,减少耗电量。推广应用沥青拌和燃油系统油改气技术和沥青生产锅炉煤、油改气技术。减少沥青生产过程能源消耗和碳排放,提高其清洁化水平。四是增加绿化景观碳汇林面积。结合其路网结构特点,打造东部平原"二纵二横"各具特色的公路绿化新格局,形成绿色廊道闭合圈,实现绿色低碳公路。

②推广绿色循环低碳交通运输装备。

一是提高车辆环保排放标准。严格新车环保准入门槛、全面落实机动车环保定期检测与维护制度,强化机动车环保标志管理,加强机动车排气污染监督管理。二是营造促进清洁能源和新能源车辆发展环境。落实鼓励新能源汽车应用和产业发展的政策措施,加强充电、充气、维修维护等配套体系建设。三是推广应用清洁能源和新能源车辆。大力发展绿色公共交通,加大新能源汽车投放力度。四是推广应用绿色维修和绿色驾培技术。推广使用绿色汽车维修技术,在驾校推广使用机动车驾驶培训模拟装置进行教学,替换部分机动车驾驶员培训学时,实现低碳运行。

③发展绿色循环低碳交通出行系统。

一是落实公交优先战略。推进畅通邯郸建设工作,构建以公交枢纽为节点、以大运量公交为骨架、以常规公交为主体、以出租车等为补充的多层次公共交通系统,完善公交设施,提高公交专用道覆盖率。二是打造城市慢行系统。尽快在邯郸市内建立公共自行车租赁系统,建立健全城市慢行交通体系。三是建设轨道交通出行系统。邯郸计划采用地面和高架相结合的方法建设自邯郸高客铁发往武安市区的轨道交通线路。

④优化绿色循环低碳运输组织模式。

发展多式联运运输模式。区域性试点期间,邯郸市拟在青岛港、天津港、黄骅港与邯郸间的货运线路逐步采用铁路与公路的联合运输方式,减少公路运输运距,实现低碳运输。

⑤积极构建智能交通管理信息系统。

一是完善交通运输信息系统。区域联网售票信息服务系统和客运枢纽信息服务系统已取得初步成效;公交车、出租车智能调度及货运车辆智能监控系统等项目正在有序推进;未来还要继续做好公路、运管、机场等各个领域的信息系统建设。二是建立交通管理信息系统。邯郸交通将结合行业发展需要,加强高速ETC车道不停车收费信息系统建设,进一步拓展智能交通的服务领域。三是创建交通能耗统计信息系统。制定邯郸交通运输行业能耗及排放统计标准方法,完善交通运输行业能耗及排放统计报表制度,建立交通运输行业能耗及排放检测平台。

⑥加强绿色循环低碳交通能力建设。

一是全面升级交通运输能源管理体系。开发邯郸市交通运输行业能耗及排放统计标准方法,推出交通运输行业能耗及排放统计报表制度,建立交通运输行业能耗及排放监测平台和交通能耗统计信息管理平台。二是加强绿色交通发展能力建设。加快交通运输行业节能减排监管能力的提升;积极开发适用于推进交通运输行业节能减排的市场机制,充分发挥市场导向功能。开展基础性工作,组织对邯郸市公路网交通碳排放分析及评价体系、沥青混合料温拌技术集成、邯郸市交通运输行业温室气体排放清单编制、邯郸市绿色交通战略规划等内容进行研究。

(4)重点支撑项目

邯郸市纳入试点方案的实施项目共计47个,项目类别具体包括低碳交通基础设施类、低碳交通运输装备类、公众低碳出行系统类、交通运输组织优化类、交通信息化智能化类。其中,低碳交通基础设施类项目包括:邯大高速公路LED灯应用项目、公交候车廊太阳能光伏供电及LED光源改造项目、青兰全线外场监控系统太阳能光伏技术应用项目、邯大高速公路沿线服务设施地源热泵系统应用项目、邯郸公交旅游综合楼节能技术应用项目、邯郸绿色循环低碳客运枢纽项目、公交总公司绿色循环低碳场站项目、鸡泽绿色物流园区项目、沥青拌和站工频改变频技术应用项目、沥青路面冷再生技术应用项目、路基路面工程中应用工业废渣粉煤灰项目、沥青拌和一体化全自动导热油炉油改气项目、恒质筑路沥青生产锅炉煤、油改气项目、洺李线沥青拌和站油改气项目、邯大高速沥青拌和站油改气项目、温拌沥青混合料技术应用项目、邯郸普通干线公路绿色廊道建设项目和广府旅游专线花海绿廊建设项目。低碳交通运输装备类项目包括:万合汽贸LNG货运车辆推广应用、万合物流LNG货运车辆推广应用、光太公司LNG工程运输车辆推广应用、公交总公司LNG公交车辆推广应用、公交旅游公司天然气公交车辆推广应用、河北路能物流LNG货运车辆推广应用、神龙物流农产品LNG冷藏车推广应用、明道物流LNG货运汽车推广应用、鸡泽园区LNG货运汽车推广应用、红太阳运销公司LNG货运车辆推广应用、世元汽车运销有限公司LNG货运车辆推广应用、长通汽车运输公司LNG货运车辆推广应用、CNG营运出租车推广应用、万合客运CNG客运车辆推广应用、纯电动公交车推广应用、机动车驾驶培训模拟装置应用项目、盛华汽贸绿色汽车维修技术应用项目和万合汽贸绿色汽车维修技术应用项目。绿色低碳交通出行系统类项目为:邯郸市公共自行车服务系统。交通运输组织优化类项目为:冀南公铁港公铁联运项目。交通信息化智能化项目包括:公路客货运车辆能耗统计监测管理信息系统、万合集团区域联网售票信息服务系统、邯郸市客运枢纽信息服务系统、天然气车辆北斗智能监控信息系统、神龙物流北斗定位智能信息系统、多功能电子站牌项目、邯大高速 ETC 专用车道不停车收费信息系统、青兰高速 ETC 车道不停车收费信息系统和出租车综合服务智能信息系统。从项目所属类别可知,邯郸近三年的绿色循环低碳交通项目主要集中在基础设施和运输装备两方面。

3. 济源市绿色循环低碳交通运输城市区域性项目

济源地处豫西北、晋东南的交汇处,北依太行,与山西省晋城市毗邻;南临黄河,与洛阳市隔河相望;西踞王屋,与山西省运城市接壤;东临华北平原,与焦作市相连,自古有"豫西北门户"之称,是沟通晋豫两省、连接华北平原和中西部地区的枢纽。在全国经济布局中具有东引西进、南下北上的有利条件,有着十分重要的战略地位和良好的区位优势。济源市总面积1931平方公里,全市常住人口70.5万,全年国内生产总值460.1亿元,人均 GDP 达到64899元,在河南居于首位。济源市于2012年成功申报为全国第二批低碳交通运输体系建设试点城市。

(1) 指导思想

深入贯彻落实党的十八大和十八届三中全会精神,按照建设"五位一体"总体布局的要求,以科学发展观为指导,以建设国家可持续发展实验区、建设中原经济区新兴中心城市、实施绿色循环低碳交通运输城市试点为契机,以节约资源、提高能效、控制排放、保护环境为目标,以提高能源利用效率和降低二氧化碳排放强度为核心,以交通运输结构调整、技术创新和管理创新为抓手,从交通基础设施建设、交通运输装备、运输组织、交通科技与智能交通、交通管理能力等方面,加快建成绿色循环低碳交通运输体系,为生态济源、智慧济源、美丽济源、宜居济源建设提供有力支撑,努力将济源打造成为全国中小城市中绿色循环低碳交通运输发展的示范城市。

(2) 发展目标

到2016年,基本建成符合交通运输部要求的绿色循环低碳交通运输体系,顺利通过交通运输部组织的验收。全面运用"设施减碳、装备减碳、组织减碳、技术减碳、管理减碳"五大策略,初步构建低能耗、低污染、低排放和高效能、高效率、高效益的绿色循环低碳交通运输体系,即绿色循环低碳型交通基础设施网络初步建成,节能环保交通运输装备广泛应用,绿色循环低碳的集约高效运输组织方式有效推广,以智能化信息化为特征的交通运输体系高效运转,绿色循环低碳交通决策管理水平有效提升,基本实现济源市交通发展方式的"五个转变",促进交通运输与生态环境协调发展,努力打造全国中小城市绿色循环低碳交通示范城市。

(3) 主要任务

① 大力推进绿色循环低碳交通基础设施建设。

a. 加快推进综合运输网络体系建设。

一是优化运输网络布局。加快铁路网络建设,形成由焦柳通道、侯月通道、济运通道组成的"大字形"铁路运输网络,覆盖济源所有乡镇。继续推进公路网络建设,加快济源至阳城、济源至洛阳高速公路建设;加快国省干线公路的延伸扩容,重点做好道路提升改造,不断提高公路的网络化水平、优化路网布局,形成由"两纵一横"高速公路网、"四纵三横"国省干线网和重要县道组成的区域骨架公路网。二是优化客货站场布局,注重不同运输方式衔接。"十二五"期间,济源市规划形成3个市级客运枢纽,2个片区级客运枢纽,3个旅游客运枢纽"一主两辅、两副三补充"的综合客运枢纽场站体系和1个物流园区,4个货运场站"一区四站"的货运物流场站体系,重点加快推进济源市客运南站和济源南部综合物流园区建设。三是实施公交优先战略,大力推进公共交通体系建设。进一步加密公交线网,提升线网覆盖率;适量调整优化现有路网,提升线路的有效利用率;发展以步行交通和自行车交通为主的慢行交通体系,结合新建或改建城市道路加快自行车道、人行道等慢行道建设;继续推进"公共自行车租赁"工程,解决公交出行最后一公里问题,倡导低碳型交通消费模式和绿色交通出行方式。

b. 加强交通基础设施绿色循环低碳建设理念、技术的推广应用。

大力倡导绿色低碳规划设计理念,引导交通规划与土地利用互动发展,城市土地开发与交通设施网络布局相互协调,从源头上实现交通减量,碳排放减少。集约使用建设资源,大力推广应用新设备、新材料、新技术、新工艺,在公路新建、改扩建及大修工程中,推广应用厂拌乳化沥青冷再生技术、路基及路面再生施工技术、温拌沥青技术、耐久性路面建设技术等节能减排技术,加大天然气沥青拌和站推广应用。继续推进农村公路绿色循环安保工程,充分利用塑料桶等废旧材料替代原有浆砌防护设施,促进废旧资源循环利用。

c. 继续推进碳汇林建设。

一是公路碳汇林工程。继续依托市政府今冬明春"3+1"工作,大力实施碳汇林建设,继续对国省干线公路两侧40~50米、农村公路两侧10~20米、城市环路两侧60~100米范围进行高标准绿化。二是铁路轻轨线碳汇林工程。沿焦柳铁路、531专用线、济钢专用线两侧建设50~100米宽的防护林带,在侯月铁路与焦柳铁路交汇处的三角地带,建设100米防护林带;在城际轻轨两侧规划30~50米的防护绿化带。

d. 大力推广应用节能照明技术。

大力推进LED灯节能照明技术推广应用,依托济源大道及高新区道路LED灯照明工程项目,省道S243公路隧道及道路LED灯照明改建工程项目、玉川四号线隧道、黄河东路、黄河西路道路照明系统节能优化工程、济阳高速公路隧道、济源南部综合物流园区等项目,在河南省乃至全国打造低能耗、长寿命道路节能照明先进试点。

②推广应用节能环保交通运输装备。

a. 大力调整优化运力结构。

加快淘汰高能耗、低效率的老旧车辆;发展适合高等级公路的大吨位多轴重型车辆和短途运输的轻型低耗货车,积极推进厢式、冷藏、散装、液罐等专用车型的推广应用。大力发展低能耗、低排放的大中型高档客车和适合农村客运的安全、实用、经济、低能耗型客车。制定相关支持政策,引导、鼓励消费者购买和使用低能耗、低污染、小排量、新能源、新动力汽车。加快淘汰能耗高、污染大的老旧船舶与落后船型,全面推进内河航运船型标准化。

b. 积极推广应用新能源、清洁能源车辆。

推广新能源客运车辆,推广新能源货运车辆,推进新能源教练车更新。同时,加快推进新能源、清洁能源车辆配套设施建设。

c. 推广应用绿色维修设备及工艺。

加强对维修企业监督检查。督促维修企业严格按照维护保养标准规范作业,确保营运车辆二级维护竣工后尾气排放达标;建立以二级维护作业质量为标准的考核机制。推广使用绿色机电维修技术,鼓励使用洗车水循环利用设施设备。加强废轮胎、废机油及废配件等废物的循环利用。

d. 严格执行营运车辆燃料消耗限值及机动车排放标准。

严格营运车辆燃料消耗限值准入管理。严格实行营运车辆燃料消耗量准入制度,对企业新增、报废更新的车辆严格按照燃料消耗量限制标准进行核查,从源头上严把业务办理的审核关,不符合标准的车型不得投入营运,确保新进入道路运输市场的车辆100%达到燃油消耗限值标准。

e. 加强新能源车辆运行管理。

建立完善新能源车辆技术、维修、检测等标准规范;建设新能源汽车维修、保养、安全性能检测基地;开展新能源汽车应用从业人员技术培训;开展新能源车辆运行效果的跟踪评估,保障新能源车辆安全、有序、高效运行。

③优化集约高效交通运输组织模式。

一是优化运输结构,推进结构性节能减排。打造公铁联运、公水联运、铁水联运的低碳运输服务体系,促进货物运输的"无缝衔接"和旅客运输的"零距离换乘",提高运输组合效率。二是加快推进现代物流业发展。构筑以现代仓储物流业基地为依托、以货运市场为支撑、以第三方物流为主体的现代物流产业体系。建设城乡低碳物流共同配送网络。积极发展集约高效的物流运输组织模式,充分运用现代交通管理技术,加强货运组织和运力调配,有效整合社会零散运力,实现货运发展的网络化、集约化、有序化和高效化。三是建设智能物流公共信息服务平台。建设功能齐备、信息共享、互联互通,涵盖多种运输方式、各类物流主体以及政府监管与服务机构的智能物流公共信息服务平台。四是积极推进甩挂运输试点。完善促进甩挂运输发展的相关政策,选择有条件的企业或项目组织开展并逐步扩大甩挂运输试点工作,探索高效节能的货运组织模式,提高货运车辆的实载率和里程利用率。五是优化客运组织管理模式,提高旅客运输效率。加强公路客运运力调控,严格执行实载率低于70%的客运线路不得新增运力的政策,鼓励出租汽车企业通过兼并重组,提高规范化、规模化经营水平,提升服务质量。推广应用绿色低碳驾驶技术。

④加强智能交通与信息化建设。

开展济源市交通信息资源整合与服务工程,主要建设交通运输行政办公平台、货运监管协同治超系统、班线客运信息安全监管系统、城市公交动态信息服务系统、交通运输综合执法系统、公路运输运行监测预警与决策分析系统、济源市交通运输服务网七大部分。

⑤加强绿色循环低碳交通运输能力建设。

一是建立健全绿色循环低碳交通运输战略规划体系。完善济源市绿色循环低碳交通运输体系建设中长期发展战略与规划。二是建立完善绿色循环低碳交通运输政策标准体系。建立完善交通运输行业节能减排标准规范体系,全面提升交通运输行业节能减排管理的规范化和标准化水平。三是绿色循环低碳交通监管组织体系。逐步形成权责明确、协调顺畅、运行高效、保障有力的绿色循环低碳交通运输监管网络。四是研究建立绿色循环低碳交通运输统计监测考核体系。完善公路运输、城市客运等节能减排统计指标体系、方法体系和采集体系,强化各项指标的统计调查、分析、预测和发布工作。建立济源市交通运输行业节能减排评价和考核体系,定期开展评估工作。五是探索建立交通运输节能减排市场机制。积极推广合同能源管理,培育节能减排技术服务市场,积极探索开展碳排放权交易试点工作,引导交通运输企业参与国内碳排放交易,通过市场机制的建立,推动交通运输向低碳转型。六是建设绿色循环低碳交通展示平台。广泛宣传绿色循环低碳理念和节能减排新材料、新设备、新技术、新工艺,全面普及相关科普知识,充分发挥区域性试点的示范、引领、交流和学习作用,扩大试点效应。七是加强绿色循环低碳交通基础性政策性研究。加大交通运输节能减排研究投入,大幅提高交通运输节能减排研发在科研投入中的比例,合理安排交通运输科技计划中节能减排研究项目和经费。

(4)重点支撑项目

在研究济源市绿色循环低碳交通运输发展重点领域及主要任务的基础上,遵循试点项目遴选原则,通过技术经济论证选取纳入的,分为绿色循环低碳交通基础设施建设工程、绿色循环低碳公共交通示范工程、节能环保运输装备推广工程、集约高效交通运输组织模式示范工程、智能交通与信息化建设工程、绿色循环低碳交通综合示范区建设工程、绿色循环低碳交通能力建设工程 7 大类重点支撑项目,共包括 31 个子项目。其中,绿色循环低碳交通基础设施建设工程包括:济阳高速公路绿色循环低碳公路主题性建设项目(济源境内)、S243 绿色循环低碳公路主题性建设项目、温拌沥青路面建设项目、乳化沥青厂拌冷再生技术应用项目、路面基层就地冷再生技术应用项目、农村公路绿色循环安保项目、拌和站应用天然气替代燃油项目、绿色照明技术应用项目和济源市公路通道碳汇林建设项目。绿色循环低碳公共交通示范工程包括:公共自行车建设项目、慢行车道、公交专用道建设项目和南站综合客运枢纽碳汇林建设项目。节能环保运输装备推广工程包括:LNG 客运车辆推广应用示范项目、双燃料出租车应用示范项目、LNG 货车应用示范项目、CNG 教练车更新示范项目、L-CNG 加气站建设项目、汽车驾驶模拟器项目和汽车绿色维修技术推广应用项目。集约高效交通运输组织模式示范工程包括:水陆联运低碳码头建设项目、济源市南部低碳综合物流园区建设项目和智能物流公共信息服务平台建设项目。智能交通与信息化建设工程包括:济源市交通信息资源整合与服务工程、济源市出租车智能电召系统、驾校智能管理系统项目和济源市视频监控平台和数据中心项目。绿色循环低碳交通综合示范区建设工程包括:济源市济东新区、三湖新区、北岸新区低碳交通示范区建设项目。绿色循环低碳交通能力建设工程包括:济源市绿色循环低碳交通运输城市发展战略项目、济源市绿色循环低碳交通运输城市政策标准体系建设项目、济源市交通运输能源与碳排放统计、监测体系建设项目和济源市绿色循环低碳交通展示平台建设项目。

4. 鞍山市绿色循环低碳交通运输城市区域性项目

鞍山市,简称鞍,是辽宁省第三大城市,地处环渤海经济区腹地,是辽宁中部城市群与辽东半岛开放区的重要连接带,沈阳经济区副中心城市之一。鞍山是中国的特大城市之一,具有地方立法权;亦是中国境内重要的钢铁工业基地,有"钢都"之称;中国综合实力 30 强城市、中国优秀旅游城市、国家森林城市、国家卫生城市。鞍山现辖 4 个市辖区、1 个县级市、1 个县和 1 个自治县,市区总面积9252 平方千米,截至 2013 年 12 月,鞍山市区总人口 349.7 万人。2013 年全年实现地区生产总值(GDP)2623.3 亿元,城镇居民人均可支配收入 27097 元。一直以来,鞍山市将节能降耗作为转变经济增长方式的一个重要内容。"十一五"期间,全市万元GDP能耗累计下降23.8%,下降幅度居全省第一位。

(1) 指导思想

深入贯彻党的十八大和十八届三中全会精神,以科学发展观为指导,切实落实建设"五个鞍山"(实力鞍山、诚信鞍山、素质鞍山、幸福鞍山、美丽鞍山)决策部署,实施"青山、碧水、蓝天、净土"四大工程建设,以构建"四个交通"为目标,以加快转变交通发展方式为主线,以节约资源、提高能效、控制排放和保护环境为核心,调整交通运输结构,以"气化交通"为突破点,推广清洁能源使用;以技术创新和制度创新为动力,加快建立和完善有利于绿色循环低碳交通运输发展的体制机制,逐步形成以绿色低碳为特征的交通运输产业结构、发展方式和出行模式,构建具有鞍山老工业基地特色的绿色循环低碳交通运输体系,为辽宁乃至全国的绿色交通发展提供借鉴和示范。

(2) 发展目标

到2016年,绿色循环低碳理念与意识深入人心,绿色循环低碳设施及网络逐步完善,综合交通骨干网络基本形成,运输枢纽能力全面提升;绿色循环低碳装备广泛应用、结构更加优化,"气化鞍山"基本形成;绿色循环低碳出行系统更加便捷、结构更加合理,城市"公交优先"目标基本实现;智能交通水平明显提升,交通运输体系运转效率提升;绿色循环低碳交通体制机制更加健全、政策支持体系和技术支撑体系基本建立;绿色低碳交通运输体系建设能力逐步提升,行业绿色低碳监管体系基本建立;交通行业能源利用效率明显提高,碳排放强度和污染物排放明显降低,绿色循环低碳交通运输体系初步形成,为"五个鞍山"建设提供坚实有力的支撑保障。

(3) 重点任务

①绿色循环低碳综合运输体系建设。

一是加快构建综合交通运输体。构建一体化交通网络,协调交通体系与空间、产业发展,构建功能完善、高效、集约的综合交通体系。即与对外交通相衔接,与城市空间结构和用地布局相协调,层次分明、功能合理、高效便捷的现代化综合交通运输体系。

二是加大综合运输枢纽建设,促进各种运输方式有效衔接。加强综合交通枢纽及其集疏运配套设施建设,实现客运"零距离换乘"和货运"无缝衔接"。在区域交通格局中提升鞍山枢纽地位,多向连通。打造鞍海铁路枢纽,统筹考虑客货运输组织;多点布局市域公路枢纽,适应板块化格局;统筹考虑纵向通道与横向通道的转换节点。打造对外客运枢纽,建设鞍山西站客运枢纽,启用灵山客运站。

三是加强规划和制度建设,提升综合运输服务能力。制定城市交通七位一体综合规划。完成城市公共交通、城市客运交通、城市环路交通、园区定制交通和城市轨道交通以及城市自行车辅助交通,特别是城市公交线网优化实施方案等七位一体的综合规划实施方案。鞍辽海交通一体化规划,分层次构建网络化交通格局,促进鞍辽海地区的协同发展;构建多方式交通网络,利用复合交通走廊支撑区域综合发展,完善公路和城市道路网络。

②绿色循环低碳交通基础设施建设。

一是加快基础设施网络建设。对接区域交通网络,完善公路网络,完善市域交通网络,构建旅游通道,实现交通设施与景区、景区间的快速可达。二是加强节能环保技术应用。提升绿色循环低碳理念,将节约能源资源要求贯彻到交通基础设施规划、设计、施工、运营、养护和管理全过程。在交通基础设施建设和养护中,大力推广应用节能型建筑养护装备、材料及施工工艺工法。推行绿色照明工程。继续推广应用新工艺新技术新材料,在公路建设及大修工程中,推广应用冷热再生、温拌沥青、橡胶沥青、环氧沥青混凝土等新技术新材料。加大拌和站的改造,全力打造节能减排"绿色拌和站"。三是加强资源循环利用。大力推广应用节水节材建设和运营工艺,大力开展废旧材料的再生和综合利用,提高资源再利用水平。积极推进粉煤灰、煤矸石、建筑垃圾、生产生活污水等在交通基础设施建设运营中的无害化处理和综合利用。四是加强生态环境保护。加强机动车油品管理,开展清洁能源替代燃油示范工程,遏制机动车尾气污染增加趋势,逐步加强交通运输业氮氧化物污染防治,加强交通基础设施建设、养护和运营过程中的污染物处理。加强交通基建施工现场和公交场站的噪声防治,推广应用降噪路面、吸声涂料、隔音屏(罩)、住宅隔音窗改造等降噪技术和措施。

③节能环保交通运输装备应用。

一是实施"气化交通"大力推广应用节能与清洁能源汽车。实施机动车气化工程,大力推广新能源汽车。积极协调液化石油气、压缩天然气、液化天然气、生物柴油以及纯电动、混合动力等代用燃料和清洁汽车的推广应用。二是全面推进气源建设。编制实施鞍山市天然气发展实施利用总体规划,加快全市天然气管网建设,增强供气能力和安全保障。做好"西气东输"天然气、大连液化天然气项目建设和利用工作。加强加气、供电等配套设施建设。三是加强交通运输装备排放控制。加快淘汰老旧、高耗能、高排放汽车,严格执行道路运输车辆燃料消耗量限值标准,实施淘汰"黄标车"、创建"环保绿标路(区)"、提高油品质量和油改气等尾气治理措施。严格落实交通运输装备废气净化、噪声消减、污水处理、垃圾回收等装置的安装要求,有效控制排放和污染。四是推广应用绿色驾驶与绿色维修设备及工艺。推进模拟驾驶和施工、装卸机械设备模拟操作装置应用,积极推广应用绿色维修设备及工艺。

④集约高效交通运输组织体系建设。

一是优化交通运输结构。提高铁路在综合运输中的承运比重,优先发展公共交通,大幅提高公共交通出行分担比例。二是完善市域多层次城乡客运网络体系。优化客运组织,采取两级网络,包括城区枢纽与重点镇之间、重点镇与乡村之间。推进客运企业之间运输组织平台建设,引导客运企业实施规模化、集约化经营,加强运输线路、班次、舱位等资源共享,推进接驳运输、滚动发班等先进客运组织方式。三是加快发展绿色货运和现代物流。加快发展专业化运输和第三方物流,积极引导货物运输向网络化、规模化、集约化和高效化发展,优化货运组织,提高货运实载率。

⑤城市公共交通体系建设。

一是完善公交枢纽及线路。鞍山市公交网络建设将围绕市区空间发展和客流走廊特征,建立以大运量公交为骨干、常规化公交为主体的多层次高效率的城市公共交通体系,结合停车场、枢纽站规划,形成以城际轨道、BRT快速公交、常规公交相结合的公交网络。二是优化城市公共交通线路和站点设置。优化城市公共交通线路和站点设置,科学组织调度,逐步提高站点覆盖率、车辆准点率和乘客换乘效率,改善公共交通通达性和便捷性,提升公交服务质量和满意度,增强公交吸引力。三是发展城市轨道交通,根据《鞍山城市发展战略规划》及《鞍山轨道交通网规划》,鞍山市将规划建设1条轨道快线(城际轨道)和3条轨道交通线路。四是加快发展城市慢行系统。加强城市步行和自行车交通系统建设,根据鞍山拥有丰富的风景名胜和历史文化资源,且出行距离相对较短的特点,构建绿色慢行廊道系统,提升景观性、舒适性;强化慢行路权,保障慢行空间,适应鞍山老龄化趋势。五是构建"一三五"交通出行模式。引导公众绿色出行,优化交通出行结构,以步行、自行车和公交出行为主体,构建"一三五"交通出行模式。即1公里以内步行、3公里以内骑自行车、5公里以内乘坐公交,少开汽车。六是发展便民社区公交。优化交通小区线网,提高社区和厂区交通可达性。七是推进出租车低碳发展。按照城市总体发展要求,合理确定出租车数量规模,全面规划和配套建设加油站、加气站、充电站等设施,科学设置出租车停靠点,促进出租车行业规范有序发展。八是加强停车管理。配建停车为主,路外公共停车为辅,路内临时停车位为补充。加强新建道路及公交走廊的港湾式停靠站和候车亭建设。在城市交通主干道上建设新型候车亭。

⑥交通运输科技创新与信息化发展。

一是加强绿色循环低碳交通运输科研基础能力建设。加强交通运输绿色循环低碳实验室、技术研发中心、技术服务中心等技术创新和服务体系建设。强化绿色循环低碳交通人才队伍建设,打造一支数量充足、结构合理、素质优良的绿色循环低碳交通运输专业人才队伍。二是加强绿色循环低碳交通运输技术研发。加快推进基于物联网的智能交通关键技术研发及应用、交通运输污染事故应急反应与污染控制的关键技术研究及示范等重大科技专项攻关,实现重大技术突破。三是加大绿色循环低碳交通运输技术和产品推广应用。大力推广节能低碳工艺技术,加紧研究制定绿色循环低碳交通运输技术政策。及时发布绿色循环低碳交通运输技术、产品、工艺科技成果推广目录,积极推进科技成果市场化、产业化。四是发展智能交通。推动建立各种运输方式之间的信息采集、交换和共享机制,探索建立综合运输公共信息平台。

⑦绿色循环低碳交通运输管理能力建设。

一是完善绿色循环低碳交通运输战略规划。按照国家和省低碳试点的工作要求,组织编制鞍山市及重点行业低碳发展规划,细化目标任务,为建设低碳城市,完成温室气体控制目标,实现低碳发展、绿色发展奠定基础。二是完善绿色循环低碳交通运输政策标准。研究出台建设绿色循环低碳交通运输体系的相关指导意见和具体实施方案,提高绿色循环低碳交通运输管理的规范化、标准化、制度化水平。三是建立绿色循环低碳交通运输统计监测考核体系。研究制定规范并符合鞍山实际的温室气体排放统计体系、低碳发展管理体系。完善交通运输能耗统计监测报表制度,稳步推进能耗在线监测机制及数据库平台建设,加强交通环境统计平台和监测网络建设。四是探索推进排污权和碳排放权交易试点。积极探索参与碳排放交易机制,开展碳排放交易试点,建立自愿减排机制,推进碳排放权交易市场建设。五是建立绿色循环低碳发展的绩效评估考核机制。按照鞍山市低碳发展绩效评估考核体系对责任落实、措施落实、工作落实的总体要求,逐步建立和完善绿色循环低碳发展的绩效评估考核机制,落实各区县交通部门低碳发展的目标责任。六是完善落实财政与税收激励政策。发挥财政资金的引导和杠杆作用,加大对节能减排的资金投入。七是加强人才引进和培养。加快建立以企业为主体、产学研紧密合作的有效机制,促进高层次人才培养与产学研合作互动融合。

支持高等院校、科研机构设立与低碳发展相关联的新学科和新专业,强化创新意识和能力培养,使其成为南昌市低碳技术人才培养中心。八是开展绿色循环低碳交通运输示范建设。低碳交通县示范:建设绿色循环低碳交通运输示范县,将低碳发展纳入区域发展规划,制定低碳发展规划,明确低碳经济发展路径,作为鞍山县域经济低碳发展试点的先行先试启动区。低碳物流园区示范:建设以低碳、清洁、循环为特征的低碳产业物流示范园区。低碳示范交通企业:选择重点交通运输企业进行低碳生态技术应用与改造,开展能源、废物循环利用和节能降耗行动,创建一批绿色循环低碳交通运输企业。低碳便民社区公交示范:按照绿色、便捷、节能、低碳的要求,在各区选1~2个社区开展低碳示范绿色循环低碳交通运输社区试点。

(4) 重点支撑项目

针对鞍山市建设绿色循环低碳交通运输城市不同重点任务,根据考核评价指标结果,分类别遴选出实施项目。实施项目分7大重点领域,共102个子项目。

①综合交通运输体系建设项目:本领域项目共分为3大专项,总计4个项目。具体包括:综合客运枢纽建设项目、综合货运枢纽建设项目和综合交通运输体系专项规划研究项目。

②绿色循环低碳基础设施建设项目:本类项目分10大类别,共计30个子项目。具体包括:路网络优化建设项目、加气站建设项目、绿色照明应用项目、地源热泵/水源热泵应用项目、冷再生路面循环利用项目、温拌沥青混凝土应用项目、沥青拌和站改造项目、公路绿化养护项目、太阳能集热项目和低碳物流厂区建设项目

③绿色循环低碳运输装备应用项目:本类项目重点建设7大类别,共计42个项目。具体包括:客运天然气车辆应用项目、货运天然气车辆应用项目、天然气公交车应用项目、清洁能源出租车辆应用项目、电动出租车应用项目、绿色维修推进项目、绿色驾陪推广项目。

④节能高效交通运输组织优化项目:凯奇华现代物流中心甩挂运输项目、鞍钢汽运甩挂运输项目、岫岩物流园甩挂运输项目、恒速物流中心甩挂运输项目和台安县交通物流中心甩挂运输项目。

⑤绿色循环低碳公共交通建设项目:本类项目中共计7个子项目。具体包括:鞍山市公交线路整合优化项目,鞍山市定制公交线路建设项目,鞍山市公交微循环系统建设项目,公交配套加气站建设项目,鞍山市公交驾驶员节能管理项目,鞍山城市公共交通发展规划研究,城市公共自行车网络系统建设项目。

⑥绿色循环低碳交通运输科技与信息化项目:包括城市交通智能化综合信息管理系统、客运智能指挥调度管理系统、公共物流信息系统建设项目和交通数据检测采集区建设项目。

⑦绿色循环低碳交通运输能力建设项目:包括交通运输能耗统计、监测与考核能力研究项目、鞍山市绿色循环低碳交通运输发展制度体系框架研究项目、鞍山市绿色循环低碳交通运输发展战略与规划项目和绿色循环交通运输城市低碳服务能力提升项目。

5. 南平市绿色循环低碳交通运输城市区域性项目

南平市位于福建省北部、闽江源头、武夷山脉东南麓,西与江西省接壤,北与浙江省毗邻,是福建省重要生态屏障、闽江重要的水资源保护地,是世界自然与文化遗产武夷山所在地,是福建老工业基地,生态环境和节能减排任务繁重。其绿色循环低碳交通运输体系的建设与发展,对整个区域生态

文明建设、绿色低碳经济发展发挥着至关重要的作用。南平市的优势在于生态、责任在于生态、出路在于生态，是首批国家智慧城市试点和福建省唯一以设区市为单位的生态示范区，在探索节能减排方面被国家部委寄予厚望。2011年，南平市被国家环保部评为"国家级生态示范区"；2012年，被国家发展改革委确定为第二批"全国低碳试点城市"；2013年，被财政部列为第二批"全国节能减排财政政策综合示范城市"，节能减排工作开展条件丰富、基础扎实、外部环境良好。

(1) 指导思想

深入贯彻落实党的十八大和十八届三中全会精神，坚持以科学发展观为指导，全面落实市委市政府建设"生态立市"战略，将生态文明建设融入交通运输发展的各方面和全过程，以改革创新为根本动力，以提高全市交通运输行业能源利用效率、降低二氧化碳和污染物排放强度为核心，以节约资源、提高能效、控制排放、保护环境为目标，以加快推进绿色循环低碳交通基础设施建设、节能环保运输装备应用、集约高效运输组织体系建设、科技创新与信息化建设、行业监管能力提升为主要任务，以示范工程、重点项目和专项行动为主要推进方式，加快率先建成以综合交通为基础、公交出行为主导、慢行交通为亮点、清洁运输为特色、智慧交通为引领、精细管理为保障的绿色循环交通运输示范城市，为把南平市建成产业和城市科学共融、经济和生态和谐共生、创业和居住幸福共享的现代化山水园林城市打下坚实的基础。

(2) 发展目标

到2016年，初步建成符合部省要求的绿色循环低碳交通运输体系，顺利通过部省共同组织的验收。全面完成绿色循环低碳区域性试点的各项目标任务、示范工程和重点项目，形成一批在全国达到领先水平、具有典型示范意义的绿色循环低碳交通示范区域、示范工程、示范项目和示范企业等。稳步推进绿色循环低碳试点、示范及推广，实现交通运输绿色发展、循环发展和低碳发展，为南平现代山水园林城市、低碳生态城市建设打下坚实基础，为福建省乃至全国绿色循环低碳交通城市创建提供示范样版。

(3) 主要任务

①绿色循环低碳基础设施建设。

a. 加快建设契合综合交通运输发展的综合交通运输网络。

一是全部建成列入国高网和海西网规划的十余条高速公路。形成南平市域范围内到达市中心城市的2小时交通圈，各县(市、区)行政区所在地在15分钟内上高速，乡镇行政区所在地1小时内上高速，形成闽北高速公路网络。二是全面完成现有国省道改造任务。及时开展全市公路网规划调整修编，完善路网布局，着力改善县城以上节点的过境交通繁忙路段通行能力，强化普通公路和高速公路的衔接联络，加快建成重要枢纽疏解线，城际快速通道，省级重点发展区域对外联络线以及重点旅游景区对外交通干线。三是加快综合运输枢纽建设。建成武夷新区交通运输枢纽站等一批现代化综合交通运输枢纽站场，规划建设闽北物流中心园区等一批物流枢纽。四是积极实施闽江内核航道工程。积极配合实施航道整治和水位抬高工程，全面恢复闽江航道正常通航。五是按照高标准、大容量、大通道的现代化铁路要求，围绕"构筑高速铁路、加强出省通道、贯通区域线路、完善海西路网"的目标，加快实施国家中长期规划和海西网规划的铁路建设和改造项目。六是坚持公交优先发展。争取建设公交都市，推进以公共交通为导向的城市土地开发模式，加快城市公交专用道、快速公交系统（BRT）等大容量公共交通基础设施建设。

b.加强交通基础设施建设过程中的能源节约利用。

在交通基础设施建设中，大力推广应用节能型建筑养护装备、材料及施工工艺工法。在公路基础设施建设项目中，根据公路网建设规划，结合南平市近期实施的国省道改扩建工程，逐步开展温拌沥青等绿色低碳铺路新技术、废旧路面材料再生利用技术，鼓励使用改性沥青等绿色低碳新材料。继续推进路灯改造项目，同时在新建项目中就开始推荐使用节能路灯，推广智能通风照明控制技术，加强推行"绿色照明工程"建设。在交通运输基础设施积极推广使用地源热泵技术、海水源热泵技术、太阳能、风能等清洁能源。

c.加强交通建设生态环境保护。

坚持"保护优先、自然恢复为主"的方针，加强交通建设生态环境保护工作。严格执行规划环境影响评价制度、建设项目环境影响评价制度、生产建设项目水土保持方案编制制度。严格落实环境保护、水土保持措施，避免大开大挖，加强植被保护和恢复、表土收集和利用、取弃土场等临时用地生态恢复。

d.加强交通基础设施污染防治。

坚持"预防为主、综合治理"的方针，加强交通基础设施污染防治。严格执行环境保护"三同时"制度，确保交通环保设施的有效运行。加强公路服务区和收费站等基础设施污水收集和处理系统建设与运行监管。推广应用降噪路面、吸声涂料、隔声屏（罩）、住宅隔声窗改造等降噪技术和措施。

e.加强资源的循环利用。

遵循"减量化、再利用、资源化"原则，积极探索废弃物利用。推行标准化设计、标准化施工，提高资源再利用水平。大力开展路面材料、废旧材料的再生、循环和综合利用。加强交通运输生产经营过程的生产、生活污水循环利用。

f.加快新能源与清洁能源配套基础设施建设。

为满足新能源公交车、出租车、教练车等车辆的充气需要，按照统一规划，分步实施的原则，大力推进新能源汽车配套基础设施建设。

②绿色循环低碳装备推广应用。

一是大力调整优化车辆运力结构。加快发展适合高等级公路的大吨位多轴重型车辆、汽车列车以及短途集散用的轻型低耗货车，引导货运车辆向重型化、厢式化、专业化、序列化方向发展。鼓励发展低能耗、低排放的大中型高档客车，大力发展适合农村客运的安全、实用、经济型客车。二是严把车辆准入条件，加快淘汰老旧车辆。严格实行营运车辆燃料消耗量准入制度，对企业新增、报废更新的车辆严格按照燃料消耗量限制标准进行核查，从源头上严把业务办理的审核关，不符合标准的车型不得投入营运，确保新增进入道路运输市场的车辆100%达到燃油消耗限值标准。三是加强机动车排污监督管理。切实落实燃料消耗量达标车型核查制度，严格执行道路运输车辆燃料消耗量限值标准和准入制度。四是调整优化交通施工机械装备结构。加快淘汰高能耗、高排放、老旧工程机械等，提高交通建设用能设备的整体技术效率。五是加快推广使用新能源与清洁能源汽车。大力推广车船驾驶培训模拟装置。研究制定汽车驾驶员培训模拟器配置和教学管理相关规定,明确驾培机构的模拟器配置和教学使用等要求,加强模拟器的应用,并出台相关政策保证模拟器的更新。六是大力推广绿色维修技术。建立机动车绿色维修服务系统。鼓励在洗车环节的废水循环再利用,节约水资源。

③交通运输组织体系建设。

一是加快形成便捷、通畅、高效、安全的综合运输体系。综合运输体系的建设,充分发挥各种运输方式的优势,加强相互衔接和协调发展,大力发展多式联运等运输方式,优先发展公共交通,建立以"城市公共交通+自行车/步行"为主体,出租汽车、小汽车为补充的绿色出行系统。二是优化客运组织模式,提高旅客运输效率。加强公路客运运力调控,严格执行实载率低于70%的客运线路不得新增运力的政策。推广滚动发班等先进客运组织模式,提高客运实载率。加快推进城乡客运一体化,积极引导城市公交向城市周边延伸覆盖。进一步提升出租车、汽车租赁业的规范化与集约化水平。三是完善物流组织协调模式,加快发展绿色物流。积极引进国内外知名物流企业进入,培育一批现代物流优势企业。加快构建社会化、专业化的现代物流服务体系。鼓励整合资源,促进互联互通,搭建物流公共信息平台。四是加快推进实施道路甩挂运输试点。在全市范围内进一步扩大甩挂运输试点企业范围,初步形成一定规模的甩挂运输组织网络。五是优化城市交通组织管理,切实落实公交优先发展战略。大力发展快速公交、轨道交通等大容量公交方式,增加公共交通和非机动交通的利用,减少对小汽车的依赖。六是加强引导公众绿色低碳出行,逐步培养低碳交通理念。加强市民乘坐公交的优惠力度,鼓励发展共乘交通,扶持和鼓励提供班车、校车服务。研究实施城市出租汽车合乘政策,推广出租汽车电召。大力推广城市公共自行车,减少公众机动化出行。七是大力推广绿色驾驶,提高运输从业人员的节能低碳意识与驾驶操作技能。组织开展车船驾驶员绿色驾驶技能培训与竞赛,推广节油经验,不断提高驾驶员队伍的节能低碳意识与驾驶操作技能。八是加大交通需求管理。通过设施供给、经济杠杆、行政管理和宣传倡导等综合手段,引导机动车合理使用,加强城市小汽车出行与停车管理,促进城市交通方式结构优化。

④智能交通运输体系构建。

一是加快全市车辆智能化运营管理系统建设。实施新一代智能交通建设,整合公路客货运、公交、出租等企业和交警等各部门,海陆空铁等各方面交通信息,形成一个资源共享平台。二是加快交通运输公众信息服务平台建设。加大交通运输信息资源整合力度,进一步建设网络化交通运输公众信息服务平台。三是推进城市客运智能化。积极研发和推广智能交通综合调度系统,建立智能公交的综合调度平台,实现智能化道路和车辆运营管理、数字化管理,提升城市公交的现代化管理水平,以提高城市公交的服务能力和运行水平。四是推进出租汽车行业电话召车服务。加强电话召车服务在出租汽车行业中的应用推广,积极探索出租汽车合乘模式,减少车辆空驶,提高出租汽车实载率。五是智能化场站和电子票务建设。加快建设智能化场站,建成站务调运系统、报班系统、站务结算系统、运政监督系统。六是建设南平市物流信息化共享平台。加快建设物流公共信息平台,充分利用物联网等技术手段,结合智能交通系统建设,改造提升公共物流信息平台,强化信息资源整合与共享,促进物流资源优化配置,提升物流服务整体水平。

⑤绿色循环低碳交通监管能力体系建设。

一是制定和完善激励政策,健全节能减排保障机制。加大交通节能减排投资,设立资金奖励节能减排效果好的科技创新成果,探索建立科技风险投资模式,推动节能减排科技成果向现实生产力转化。二是完善交通运输能耗统计、监测与考核体系。组织编制公路运输、水路运输和城市交通能耗统计、监测方案,建立能耗统计、监测体系。三是引导企业使用市场机制进行节能减排。进一步完善节能减排投融资体制,发挥好财政资金的引导和拉动作用,带动企业加大节能减排资金投入。建立自愿减排机制,鼓励企业参与碳排放交易。四是加强宣传交流,营造道路运输节能减排良好氛围。充分利用舆论的导向与监督作用,通过广播、电视、报刊、网站等多种形式,加强对交通运输节能减排重要意义的宣传,在全行业形成节约资源、保护环境的良好氛围。五是加强行业低碳管理、技术人才队伍的培养。建设一支政治强、业务精、作风正、纪律严的高素质交通运输节能减排人才队伍。

⑥绿色低碳交通运输示范新区建设主要示范任务。

a. 绿色循环低碳交通运输体系引导新区建设。

一是组建新区货运集散通道。以城区内铁路、各高速公路及国道为区域货流通道,依托交通性主干路网,组织连接铁路、物流园区及重要工业集中区的货流集散通道。二是开展新区主干路网络化建设。新城呈组团式布局,城市主干路部分连接武夷新区各组团,为贯穿城区的交通服务,实现城市内部各组团中心的交通联系,同时与交通性干路对接,部分则服务于各组团。三是构建次干路网格系统。对于其他主干路、次干路系统,总体采用"方格网状"的布局形式,以满足各发展片区(组团)用地布局的"骨架"要求。四是构建短距离运输支路系统。支路是道路系统的重要组成部分,主要承担短距离交通,支路应避免长距离的机动车交通穿越,但要方便公交车驶入,合理分布公交线路和站点,缩短乘客步行到公交站点的距离。五是建设综合型物流仓储园区。依托机场、铁路、高速公路等交通基础设施条件,发挥区位优势,建设三大物流园,分别为:芹口航空—公路物流园区、将口铁路商贸物流区和山尾铁路物流园区。积极推动武夷山无水港建设。六是提前做好停车发展规划。停车场规划应按照以人为本的原则均衡布局,服务半径适当,提高泊车的便利性。停车场规模合理,以便交通集散。停车方式地面与地下相结合,以立体化集约停车为发展方向。货运停车场规划结合物流园区、铁路货场及集中工业区的布局,控制内部货车专用停车场地。

b. 落实公交优先发展战略。

一是提高公交出行分担率和运营效率。在试点期间,对新区公共交通系统进行升级,进一步提高公共交通运输结构比例,形成以大运量快速公交系统为骨干,常规公交为主体,中型客车、出租车等多方式协调互补的公共交通运输体系。二是加快规划建设布局合理的公交枢纽场站。规划共布局14个公交枢纽站,包括武夷山高铁北站、崇安、武夷山铁路站、机场、三菇旅游度假区、仙店、城村、兴田、将口、新岭、南林、建阳铁路、建阳东、建阳西等。三是稳步推进新区出租车行业发展。规划在主要交通枢纽、商业区、超市及娱乐场所周围布设出租车停候站,每处面积在500平方米以上,服务半径1公里左右。在商业建筑、超市、交通枢纽处设置出租车上下客区和专用通道。在市中心干路上设置定点上下客点,严禁随意上下客。四是逐步推进轨道交通建设。结合峰福铁路将来使用情况,利用铁路通道,在城市内和景区建设轻轨等轨道交通通道,为远景城市轨道交通发展打好基础。

c. 推进慢性系统建设。

以滨水绿带为慢性系统主体,包括崇阳溪、后崇溪、澄浒溪、谭溪、南林水系滨水绿带,形成鱼刺状主骨架,结合现状山体、小水体、城市绿道步道,将慢性系统向城市内部延伸,串联行政中心、商业中心、文体中心、旅游服务中心、车站广场、公园学校、文化遗址等人流集中区域,并向周边自然山地空间拓展,将"山、水、城、人"有机衔接,和谐共融。

(4) 重点支撑项目

在研究南平市绿色循环低碳交通运输发展重点领域及主要任务的基础上,遵循试点项目遴选原则,通过技术经济论证选取纳入。区域性试点建设初步设计为13类综合性项目、66个具体实施项目。

一是道路路网优化项目。包括高速公路道路路网优化项目和南平普通公路路网优化项目。

二是绿色循环低碳综合运输枢纽建设项目。包括闽北物流中心改造项目、南平公交中心城市交通枢纽总站项目、南平客运中心枢纽、安济枢纽绿色交通项目。

三是天然气加注设施建设项目。包括闽北物流中心加气(油)站项目、中石油南平分公司建设LNG加气站项目、南平公共交通有限公司建设LNG加气站项目、顺昌县水南LNG/L-CNG加气站工程项目和浦城县东方加气站建设及LNG公交车推广项目。

四是绿色道路建设。包括三维挂网植被防护项目和生态示范路建设项目。

五是节能照明推广应用。包括福建南平高速公路隧道LED灯应用项目、政和城区LED路灯改造项目和物流园区LED节能照明技术应用项目。

六是绿色循环低碳航道建设。包括崇阳溪绿色旅游航道项目、GPS全球卫星定位监控管理系统应用项目和太阳能航标灯推广项目。

七是武夷新区绿色循环低碳交通运输示范项目。包括武夷新区公交总站、南平崇阳溪慢道工程、武夷新区将口综合客运枢纽项目和武夷新区轨道交通一期工程。

八是车辆智能化管理与公众出行信息服务系统建设。包括南平市交通运输综合指挥中心建设项目、德峰物流车辆调度管理系统项目、武夷山市出租车电召智能系统建设项目、浦城县城市公共交通车辆智能化运营管理系统和公众出行信息服务系统建设。

九是物流公共信息服务平台建设项目。包括浦城县物流车辆智能化管理系统项目、福建八方物流邵武物流公共信息平台和顺昌物流信息平台建设项目。

十是LNG车辆推广应用。包括新能源汽车、CNG出租车推广应用项目、LNG公交车推广应用项目、LNG客车推广应用、CNG卡车推广应用项目。

十一是节能驾驶培训项目。包括建瓯锦源教练车"驾驶模拟器"技术推广应用工程、建瓯市康平驾驶员培训有限公司驾驶模拟器、顺昌县教练车"驾驶模拟器"技术推广应用工程、武夷天孚教练车"驾驶模拟器"技术推广应用工程和武夷天孚教练车"油改电"低碳节能工程。

十二是绿色维修项目。包括新能源车引进与配套设施项目、顺昌县顺光汽车城绿色气车维修、绿色汽车维修技术应用工程、南平公交循环洗车设备建设项目。

十三是绿色循环低碳交通能力体系建设项目。包括绿色循环低碳交通运输城市发展战略规划项目、交通运输能耗和碳排放统计、监测与考核体系建设项目、绿色循环低碳交通运输政策创新项目和交通运输节能减排市场机制实施方案研究项目。

6. 烟台市绿色循环低碳交通运输城市区域性项目

烟台地处山东半岛东部，东连威海，西接潍坊，西南与青岛毗邻，北濒渤海、黄海，与辽东半岛对峙，与大连隔海相望，共同形成拱卫北京海上门户。全市土地面积13745.95平方公里，其中市区面积2722.3平方公里，人口702万，少数民族47个，海岸线长909公里，濒临渤海、黄海，有岛屿63个，是山东省第3大城市，中国首批14个沿海开放城市之一，中国经济实力20强城市，海陆空交通枢纽，也是一个国际性海港及风景旅游城市。2013年本市国内生产总值5613.87亿元，列全国第21，位居山东省内第2位，仅次于青岛，烟台经济实力居全国地级市前5位。

（1）指导思想

深入贯彻落实党的十八大精神，按照烟台市建设现代化、国际性港口城市的目标要求，以科学发展为主题，以转方式、调结构为主线，以提高烟台市交通综合服务水平为着力点，以改革创新为动力，以节约资源、提高能效、控制排放、保护环境为目标，加快推进烟台市绿色低碳交通基础设施建设、节能环保运输装备应用、集约高效运输组织体系建设、科技创新与信息化建设和提升行业监管能力；以试点示范和专项行动为主要推进方式，将生态文明建设融入烟台市交通运输发展的各方面和全过程，着力实施"畅通大通道、疏通内循环、培育大物流、完善大服务"四大战略，大力发展烟台市现代交通运输业，加快推进烟台市绿色循环低碳交通运输体系建设，努力实现烟台市交通运输业快速、协调、高效、安全和绿色发展。

（2）发展目标

到2016年，烟台市交通基础设施结构进一步优化，集约化水平明显提高，绿色低碳设计、施工、运营水平明显提高，对土地、能源、材料、水等资源节约循环利用水平明显提高，生态环境影响明显降低；综合交通骨干网络基本形成，交通通道保障有力、枢纽能力全面提升，现代养护体系初步形成；现代交通运输业发展水平显著提升，货运组织化程度和运输效率明显提高，交通物流服务质量明显提高，城乡客运一体化基本实现；烟台港建设成为环渤海地区内贸集装箱及大宗散货中转枢纽，东北亚客货滚装运输中心和海上旅游集散中心，对接东北亚、辐射中西部、服务环渤海的物流中心和临港产业聚集中心，力争成为东北亚国际强港及具有较强竞争力的航运大市；城市"公交优先"战略进一步落实；运输装备大型化、专业化和标准化水平明显提高，现代化程度进一步提高；施工机械、施工船舶和港口装卸设备等结构进一步调整优化；节能环保型运输车辆、船舶、装备、设备得到广泛应用，LNG、电力等清洁能源、新能源应用比例明显提高，太阳能、风能等可再生能源在有条件的领域和区域逐步得到推广，交通运输能源消费结构更加合理，运输装备水平显著提升；资源节约型、环境友好型行业建设取得明显进展，为加快推进烟台市绿色循环低碳交通运输体系建设提供坚实有力的支撑保障。

（3）重点任务

①绿色循环低碳交通基础设施建设。

a.优化交通网络，构建区域大通道。

加快烟台通向国际、省际交通大动脉建设。一是加快推进中韩铁路轮渡项目。二是加快推进青烟威荣城际铁路建设，贯通连接胶东半岛城市群的高速客运通道。三是推进高速公路南北大通道建设。开展文登至莱阳、蓬莱至栖霞、龙口至青岛高速公路招商与建设。四是加快渤海海峡跨海通道研究和论证推进工作。

b. 综合交通运输枢纽建设。

客货运场站建设。以整合场站资源、调整场站布局及分工为重点，对现有场站进行整合及改扩建，提高软硬件水平，使其充分发挥中心城市枢纽场站的作用。"十二五"期间，新建客、货运站18个，重点建设烟台开发区汽车站、芝罘汽车站、大季家汽车站、烟台高新区汽车站、桃村客运中心、龙口汽车总站，对烟台汽车总站、牟平汽车站进行扩建改造等。

管道运输建设。重点建设烟台港西港区至淄博输油管道项目。

c. 统筹城乡交通一体化建设。

加大城市交通干线和镇村公路建设力度，促进以快线为骨架、普线为基础、支线为补充的公路网络全面形成。稳步推进农村公路"网络化"工程建设，提高农村公路网络化程度和通畅水平。积极配合有关部门，统筹公路、铁路与城市轨道交通规划的衔接。坚持公共交通向农村倾斜，公交线路向农村延伸，具备条件的镇村客运班车实现公交化运营。

d. 积极构建慢行交通系统。

烟台市积极打造慢行交通，把步行、自行车、公交车等慢速出行方式作为城市交通的主体，引导居民采用"步行+公交"、"自行车+公交"的出行方式，以缓解交通拥堵现状，减少汽车尾气排放，营造舒适、安全、便捷、清洁、宁静的城市环境。

②节能环保交通运输装备应用。

一是推广使用清洁能源与新能源车辆。全行业将进一步促进天然气、混合动力、纯电动等清洁能源与新能源车辆的推广应用。提高清洁燃料在公路客货运及城市公交燃料消耗中的比重，大力提倡使用清洁能源客车、货车、公交车和出租车。二是积极推进LNG加气站建设。争取积极在具备条件的地段、高速公路服务区进行LNG加气站建设；加快出租汽车服务区、加气站的规划建设。三是调整运输车辆结构。引导和鼓励营运车辆向专业化、标准化、清洁化方向发展，加快企业集约化经营，鼓励和发展集装箱、厢式、冷藏、城市配送、甩挂运输等专用运输车辆，对甩挂运输车辆购置更新给予政策扶持。四是提高绿色维修与设备低碳化水平。加快先进车用设备、绿色维修与检测设备和技术、等低碳设备的推广应用。五是提高绿色驾培技术。积极推进教练车能源改造，积极推广低碳、环保理念，积极引导加快教练车由使用单一能源向清洁能源、混合能源的转变，探索驾驶员培训新模式、新技术，在不影响车辆运行及安全的前提下，加快教练车技术改造，在实现教练车使用混合能源的基础上，逐步推广使用电动车。

③绿色循环低碳公交建设。

一是落实公交优先发展战略。制定《烟台市公共交通专项规划》，发挥规划引导作用，规划中确定停车场、保养场、首末站、调度中心、换乘枢纽站农村客运站以及天然气加气站等设施，确保建设用地；完善财政保障体系，加强与市财政局沟通，实现市区公交财政补贴一体化，实现统一补贴项目，统一补贴标准,统一考核尺度,统一部门发放;完善路权保障体系,加快公交专用道建设,力争使公交专用道连线成网,加强对非法占用公交专用道车辆的查处,确保公交车辆优先通行。二是优化公交线网布局。合理布设公交线网,进一步提高线网覆盖率和线网密度,降低线路非直线系数,提高公交运行效率,增强城市公交出行吸引力,结合城市发展和市民出行的变化,不断优化市区公交线网布局,按照公交服务城乡均等化原则,积极稳妥推进短途客运公交化改造,实现公共服务向农村覆盖、基础设施向农村延伸。三是加快公交场站枢纽建设。试点期间,加强居民区等的公交场站和配套设施建设,加强城市交通换乘枢纽配套公交场站建设。四是公交品牌化发展战略。以17路品牌创建为重点,进一步细化品牌线路创建方案,完善日常服务、管理和考核机制,加大平牌策划包装力度,经常性开展公益活动,不断提升车辆档次和服务水平,培育出一批国内、省内、市内服务质量好,社会美誉度高的品牌公交线路。五是公交信息化推进战略。建立公交智能化集中监管平台,以科技创新实现公交管理科学化,降低企业运营成本,提升经济效益,行业管理部门要以数据为核心,统一数据标准,搭建综合信息平台,实现公交信息资源的整合共享和运行状况的实时监控,提高公交车调度效率和公交班次正常率。

④绿色循环低碳港航建设。

一是开展绿色港航行动计划。全面开展老旧码头结构加固改造,鼓励港口企业开展装卸工艺升级改造,提高老旧码头的岸线利用效率。推广应用港口机械节能技术和操作方法,将港口打造成为交通运输行业绿色低碳发展的窗口。继续加强标准船型研发、现有船型比选以及落后船型、老旧船舶的淘汰等工作。二是推广应用绿色循环低碳港航技术。研究推广疏浚土有益利用、到港船舶接用岸电、电能回馈、储能回用、变频调速、自动化系统控制等技术,积极开发利用清洁、可再生能源;开展港口粉尘、污水、噪声等污染治理和环境改善的关键技术和设备研究,做好防风抑尘网、高压静电除尘、智能洒水喷淋系统等已取得良好应用效果的技术推广应用工作。三是健全港航节能减排政策制度体系建设。加强资源节约型和环境友好型港口相关的政策和制度体系建设,继续完善港口固定资产投资项目节能评估制度、规划和建设项目环境影响评价制度。四是加强港口统计监测网络平台建设。加快完善港口资源节约、环境保护统计指标体系,健全统计与分析制度,强化各项指标的调查统计、分析、预测和发布工作。五是积极发展绿色轮渡与甩挂运输,加快推进多式联运。利用好烟台水路客滚运输的优势,大力发展绿色轮渡,大力推进渤海湾烟大航线陆海甩挂运输和中韩陆海甩挂运输,完善海铁联运、海路联运、多式联运等运输方式的设施建设,发展铁路与甩挂专用轮渡码头,进一步加大海铁联运、多式联运的发展步伐。六是强化管理节能。高度重视对设备的维护保养,延长设备使用寿命,保持主机、副机、锅炉等机器设备工况良好,发挥设备最佳运行效率;提高操船技术;各船舶在满足乘船客户需要的前提下,采取经济航速航行,采用60%~85%的主机负荷;建立成本节约奖惩机制,强化各艘渡船人员节能降耗、低碳减排的责任意识。

⑤绿色循环低碳物流体系建设。

一是拓展物流服务网络。发挥区位优势,积极融入环渤海和东北亚一体化发展,完善集公路、铁路、海运、航空于一体的全方位交通物流网络。积极服务新农村建设,大力发展农村物流,加快构建纵向延伸、横向覆盖的市、镇、村三级物流网络,促进城乡经济统筹发展。二是建设物流园区。基于区位、交通优势和经济发展优势,烟台将发展成为面向内陆腹地、东北三省和东北亚的重要物流枢纽城市;建成面向国际物流的桥头堡城市,全面与国际现代物流接轨,建成国家物流重要节点枢纽城市。三是建设烟台市物流信息化共享平台。加快烟台市物流公共信息平台建设和推广,整合物流市场供需、货源、运力等信息并进行共享,引导传统货运产业向现代物流转型,促进货运实载率和节能减排水平的提高。四是优化货物运输组织,大力发展甩挂运输。瞄准国际先进物流组织和运作方式,大力推进渤海湾烟大航线陆海甩挂运输和中韩陆海甩挂运输,打造烟台低碳物流品牌。

⑥交通拥堵与污染管理。

一是引导车辆使用。加大交通需求管理实施力度,通过设施供给、经济杠杆、行政管理和宣传倡导等综合手段,引导机动车合理使用,促进城市交通方式结构优化,维持道路交通状况在可接受的水平,制定前瞻性、系统性交通发展政策,缓解交通拥堵,减少交通能耗和污染。二是加强机动车排污监督管理。切实落实燃料消耗量达标车型核查制度,严格执行道路运输车辆燃料消耗量限值标准和准入制度,加快淘汰老旧公交车,淘汰2005年前注册运营的黄标车,鼓励使用节能环保型交通工具。

⑦智能交通建设。

一是加快全市车辆智能化运营管理系统建设。尽快实现烟台市区与周边区县智能化运营管理系统的网络化连接,公路客货运、公交、出租等企业信息管理系统与运管部门实现信息共享。二是交通信号控制和交通诱导系统建设。建设智能交通信号控制系统,不断科学优化信号配时方案。通过在管控平台发布实时诱导信息,为路网上的出行者提供及时丰富的交通信息(包括路况信息、拥堵信息、停车场信息),使市民出行更加理性和便捷,达到路网畅通、高效运行的目的。三是加快低碳交通公众出行信息服务平台建设。加大交通运输信息资源整合力度,进一步建设网络化低碳交通公众出行信息服务平台。四是加快港口信息化、智能化建设。建立港口开放式信息网络平台,研究推广港口能源管理信息系统、集装箱码头集卡全场智能调控系统和智能化数字港口管理技术等,充分利用港口电子数据交换(EDI)技术,整合港口生产管理信息系统,加快推进港口物流信息服务平台和交通电子口岸建设。

⑧绿色循环低碳交通能力建设。

一是健全绿色循环低碳交通战略规划体系。加紧完善全市绿色循环低碳交通战略规划体系,建立健全规划定期评估考核、通报和及时制修订机制,加强对规划执行情况的督促和检查。二是完善绿色循环低碳交通法规制度标准体系。进一步完善落实公交优先发展战略、机动车污染防治等低碳交通相关配套法规规章、标准和制度体系。进一步完善低碳交通监测、统计考核等方面的规章、制度、标准,形成一系列措施配套、操作可行的低碳交通制度体系。规范新技术、新产品的节能减排效果测试评价流程,制定新技术选型标准;编制营运车船合理用能指南;研究制定营运船舶、港口装卸机械、交通施工机械等燃料消耗和碳排放限值标准,完善公路桥梁与港口航道工程节能设计、绿色施工等技术规范,全面提升交通运输行业节能减排管理的法制化、规范化和标准化水平。三是完善交通运输能耗统计、监测与考核体系。建立健全与交通运输行业节能减排评价考核工作相适应的节能减排监测体系。四是建立节能减排绩效评价及考核制度。制定烟台市统一的节能减排绩效评价及考核制度,明确绩效考核的概念、实施范围、步骤、主体、操作规程、指标体系、监督制衡以及结果运用等内容,使低碳绩效评估能够在统一的制度约束下,规范、协调、有序地进行。五是加强碳减排市场机制建设。逐步培育交通运输行业节能减排服务机构,创新合同能源管理模式,扩大合同能源管理规模,解决企业节能减排前期投入不足问题,推进企业节能减排增效。探索建设碳排放交易系统,研究制定排放权有偿使用和交易试点的指导意见,开展碳排放交易试点,建立自愿减排机制,推进碳排放权交易市场建设,鼓励企业参与碳排放交易。六是加大宣传力度、强化绿色循环低碳行业建设意识。继续组织开展绿色循环低碳行业建设宣传活动,加大力度宣传建设绿色循环低碳运输行业的重要性和紧迫性,提高民众的意识,建立绿色循环低碳行业建设意识。

(4)重点支撑项目

纳入区域性的项目具体分为6大领域,80个项目。具体领域,包括绿色循环低碳交通运输基础设施建设类项目:烟台栖霞市公交场站应用项目、烟台栖霞市公共交通有限公司LNG加气站建设项目、龙口市恒泰运输有限公司地源热泵系统应用项目、恒通物流股份有限公司地源热泵系统应用项目和龙口市沼气提纯天然气工程应用项目。节能环保运输装备应用类项目:天然气在道路货运中的应用、天然气车在道路客运中的应用、绿色汽车维修技术的节能环保应用、绿色驾培技术应用和节能技术改造项目。绿色循环低碳公交推广应用项目:烟台市公交集团有限公司天然气车在城市公交中的推广应用项目、烟台经济技术开发区公共交通公司、蓬莱城市公交有限公司、烟台交运集团栖霞运输有限公司LNG公交车应用项目、招远市公交有限公司天然气公交车在城市公交中的应用、海阳市公共交通公司天然气公交车应用项目、莱阳市瑞源城乡公交有限公司LNG客车在道路运输中的应用项目、莱阳市公共交通有限公司液化天然气(LNG)在城市公交车辆中的应用和蓬莱智能公交管理系统应用。绿色循环低碳港区建设类项目:烟台港低碳港区建设项目、龙口港低碳港区建设项目和绿色循环低碳航运项目。绿色循环低碳物流建设类项目:恒通物流股份有限公司物流信息化系统应用项目和渤海轮渡跨海甩挂及货滚运输项目。智能交通建设类项目:车辆GPS智能信息化管理系统应用项目和交通智能化综合服务平台建设项目。

7. 天津市绿色循环低碳交通运输城市区域性项目

天津市是我国四大直辖市之一,是我国北方最大的沿海开放城市,位于环渤海经济圈的中心位置,区位条件十分优越。在行政划分上,天津现辖13个区、3个县,总面积11917平方公里,常住人口1413万人;在经济建设方面,2013年GDP总量1.43万亿元,人均GDP率先突破10万元大关,连续2年居全国之首。在保持经济快速增长的同时,天津市高度重视绿色循环低碳工作,先后被确定为"国家环保模范城市"、"全国循环经济示范试点城市"、"国家低碳城市试点"、"节能与新能源汽车示范推广试点城市"、"碳排放权交易试点"等绿色循环低碳试点示范城市。

(1)指导思想

深入贯彻落实党的十八大精神和习近平总书记在天津考察时提出的重要要求,按照建设"五位一体"总体布局的要求,以科学发展观为指导,以生态文明为引领,以节约资源、提高能效、控制排放、保护环境为目标,结合天津建设"国际港口城市、北方经济中心和生态城市"的发展定位和"共筑生态城市、建设美丽天津"的发展目标,通过构建京津冀协同发展的一体化综合交通运输体系,提升交通运输系统运行效率、优化交通运输能源消费结构、加快低碳技术研发与应用、倡导公众低碳出行、强化交通运输节能减排监管为重点,按照政府引导、市场主导、公众参与和试点推进、示范引领、以点促面的原则,加快构建以"智慧交通、公交优先、一流强港"为特征的天津绿色循环低碳交通运输体系,努力把天津建设成为人与自然和谐相处、经济与社会协调可持续发展的美丽家园。

①智慧交通。围绕京津冀协同发展的一体化综合交通运输体系建设的要求,以智慧路网为基础、以智慧运输装备为载体、以智慧出行和智慧物流为重点、以智慧交通管理为手段,加快推进天津智慧交通发展,全面建设服务优质、运行高效、绿色低碳的交通运输服务体系。

②公交优先。围绕"美丽天津"建设,以"国内一流、美丽公交"为目标,通过推进公交提速、路权优先、线网整合、枢纽支撑、智能公交、绿色公交、特色公交、品质公交、安全保障、活力发展10个方面,全力推进公交优先战略。

③一流强港。打造世界一流强港,构建以"三三四五六"(即三项基本原则、三步实施阶段、建设四大示范工程、确保五项措施、完成六项任务)为核心的管理模式,强化绿色低碳顶层设计,优化港口功能布局、优化产业结构、优化生产方式、优化资源配置,加大绿色低碳技术研发与推广,实现规划设计、施工建设、运营生产全过程的节能与环境监管,努力建设成为布局合理、集约高效、绿色环保、港城和谐的绿色循环低碳港口。

(2)发展目标

到2016年,天津交通基础设施和公共交通体系更加完善,京津冀交通一体化建设快速推进,装备结构更加优化,智慧交通水平进一步提升,交通行业能源和资源利用效率明显提高,初步形成与美丽天津和京津冀交通一体化建设要求相适应的交通运输体系。

(3)主要任务

①提升绿色循环低碳意识和理念。

一是强化交通运输节能技术培训。培育绿色低碳的企业文化,传播绿色低碳发展理念和知识,使绿色低碳发展成为全港员工的自觉行动。二是大力推广交通运输节能减排示范项目中的节能操作法,鼓励交通运输企业通过多种方式鼓励员工提升节能操作技能,总结经验,形成效果好、可推广的节能操作法;制定节能减排操作标准,通过技术培训进行宣贯,提高全员节能减排意识和操作技能。三是大力开展节能宣传活动。交通运输主管部门和企事业单位要将节能减排宣传纳入重大主题宣传活动,每年制定交通运输节能减排宣传方案,广泛、深入、持久地开展交通运输节能减排宣传,利用报刊、网站等媒体,采用各种不同方式,宣传交通运输节能减排的重要意义,宣传国家、交通运输行业、天津市节能减排方针、政策、法律及法规,同时要充分发挥舆论引导和监督作用。

②建设绿色循环低碳交通基础设施。

一是加快推动港口发展。进一步完善港口基础设施,加快建设一批高等级的专业性和综合性码头。二是加快推动空港发展。滨海国际机场二期航站楼和地下交通中心投入使用,推进京津城际机场引入线建设,促进多种运输方式与机场有效衔接。培育航线航班特别是直达航线航班,推进航空物流园区项目建设,支持机场在周边地区建设"城市候机楼"和开辟旅游包机服务。三是提升铁路运输能力。加快推进集疏港铁路进港三线、新港北铁路集装箱中心站、津保铁路及大北环、西南环线扩能改造工程、南港铁路等项目建设。京津城际延长线实现公交化运营。做好重点物资和重大节日铁路运输组织保障工作。四是推进现代物流发展。落实《交通运输推进物流健康发展的指导意见》，加快物流园区示范项目建设，完成甩挂运输试点总结与推广，开展长途客运接驳运输试点工作，做好城市快运车辆推广应用工作，加快推进联运网络化建设，推动京津两市道路运输协同发展。

③推广应用低碳型运输装备。

一是加快老旧高耗能运输装备淘汰。严格实施道路运输燃料消耗限制标准和准入制度，强化对道路运输车辆燃料消耗的监控。二是推广节能与清洁能源运输装备。提高燃气汽车应用比例，以出租车更新换代为主推进 CNG 汽车应用；加大公交、长途客运、物流运输、港口作业等领域 LNG 运输装备应用力度，探索 LNG 在船舶领域的应用，不断提高清洁能源使用比例；加快加气站建设，形成以中心城区和滨海新区为核心，区县政府所在地为支点，主要干道、高速、环线为链条，延伸到重点区域的加气网络体系。三是推广低碳型船舶。对船龄偏大、机械设备状况不良的船舶，加大技术改造的投入和工作力度，实施必要的设备改造和更新，保持船舶发动机功率稳定发挥，努力降低船舶能源消耗。重点优化船舶运行参数，减小船舶阻力；推广应用优化电子喷油控制装置、新型燃油添加剂、燃油均质器等先进适用节能减排技术和产品，降低船舶航行运营能耗和排放水平。四是推广低碳型运输船舶及拖轮，综合应用船舶节能新技术，采用新技术、新材料、新工艺，采用节能型柴油机，提高燃油效率。加快调整船舶用能结构，开发利用新能源船舶，推广使用岸电，有序推进 LNG 船舶建造使用。

④优化运输组织方式。

一是优化运输结构。提高铁路、水路在综合运输中的承运比重，降低运输能耗强度。积极促进铁路、公路、水路、民航和城市交通等不同交通方式之间的高效组织和顺畅衔接，加快形成便捷、安全、经济、高效的综合运输体系。二是推广集约、高效的运输组织模式。加快道路运输组织结构调整，推进客运集约化、公司化改造，整合运输资源，培育一批网络辐射广、企业实力强、质量信誉优的运输市场主体。三是推广甩挂运输。充分总结甩挂运输试点经验，鼓励更多企业参与甩挂运输试点工程，提高道路运输车辆的实载率和里程利用率，减少空驶、减少无效运输或低效运输，充分发挥该模式在提高运输效率、降低物流成本、促进节能减排等方面的优势。进一步发挥鲁辽津冀蒙吉黑7省（区、市）联合成立的环渤海湾甩挂运输联盟在提高环渤海地区的物流效率和运输便利化的优势，充分发挥渤海湾"黄金水道"作用，研究解决甩挂运输的制度性、标准性及信息化等难题。四是优化水路运输组织结构。发展大宗散货专业化运输、多式联运等现代运输组织方式，全面提升船舶营运组织效率和节能减排水平；充分运用信息化、网络化技术，通过调整主机工况和细致的分析航线、气象的方法使得船舶运行使用经济航速和经济航线。五是大力发展现代物流。充分发挥天津国际贸易与航运服务中心的作用，促进现代物流业发展，打造国际物流产业集群。重点发展集装箱物流、大宗散货物流、其他专业化物流等板块，最终形成以集装箱物流为主，以大宗散货物流、其他专业化物流为重要组成部分的物流产业集群。六是大力推进铁水联运。在天津港至宁夏惠农陆路口岸集装箱铁水联运示范项目成功运营基础上，进一步推进铁水联运，大力推进铁路装卸线向码头延伸，推进"港站一体化"，促进铁路货运站场与港区无缝衔接，进一步优化铁水联运运输组织。七是推进港口生产高效组织。加强港口生产组织、协调，通过计算机辅助管理，优化各作业工序的衔接，减少设备空转时间,提高作业效率,降低能源消耗;优化运输工具和货物的组织调度,提高货物集疏运效率。

⑤建设智能交通。

一是完善物流信息化建设。以建设北方国际物流中心为目标,整合海港、空港、铁路、公路等物流信息资源,搭建物流信息公共服务平台,提供物流供需信息、交易报价、签约信息、诚信管理、支付结算等服务,降低物流成本,实现从货物通关、仓储、运输到配送环节的全流程智能化服务与信息跟踪,形成多式联运的智能化物流网络体系。二是完善城市交通管理信息化建设。开展公共交通行驶信息引导系统、电子站牌等试点应用。推动城市智能交通综合信息平台建设,整合交通信息资源,完善信息发布系统,实时向公众发布有关道路状况、交通事件、行程时间、乘车方式、出行费用等信息,实现城市交通管理与服务的智能化。三是开展智能港口试点。以 RFID、传感器、遥感、GIS 及 GPS等技术为支撑,整合集成港口基础地理信息系统、设施管理数据库系统、应急指挥系统、调度指挥系统和港口信息服务系统,构建天津港数据资源中心和云计算平台,建设电子监管通道、智能卡口、智能仓储、智能堆场、GPS 船舶定位系统,实现港口生产操作、仓储管理、物流跟踪、海关监管的智能化。四是完善能耗及污染物排放监测管理系统建设。以港口企业为重点,推广能耗自动采集和动态分析系统,实现对大型装卸设备、港作车船、照明系统等重点设备的能源消耗实时监测和数据处理。完善污染源自动监控系统,实现对污染源排放的动态实时监测,做到及时发现、及时处理。搭建节能减排管理服务平台,整合能耗监测信息与污染源自动监控信息,为节能减排提供决策支持和技术指导,促进主要耗能设备和工艺流程、排污治理设施的智能化改造,提高节能减排的控制和管理水平。五是完善公共交通信息化建设。进一步推广交通监测、调度管理信息系统,对公共汽车实现运行线路实时监控、运行作业临时调整、车内状态监控等功能,对公共交通重点场站进行实时监控和运力调派,以实现公交车辆合理调度运行、减少车辆对道路资源的占用。

⑥提高决策管理能力。

一是加强节能减排技术研发。加大对节能减排技术研究的资金投入,大力支持节能减排技术研发、规划政策研究和标准规范制定。二是形成节能减排示范推广机制。逐步建立起"政府指导与自主推广相结合、机制建立与专项活动相结合、区域推广与建立示范相结合、技术筛选与效果评价相结合、技术引进与研发创新相结合"的推广工作机制和技术应用保障机制,形成适合交通运输行业的节能减排技术、产品推广应用体系。三是实施节能减排市场机制试点工程。充分利用天津市设有排污权交易所的优势,组织交通运输企业参与排污权交易,每年选择 10 家交通运输企业开展专项试点工程。以绿色照明、港口设备节能改造为重点领域,积极推广合同能源管理,加强培养节能环保第三方服务机构,加快培育节能环保技术服务市场。通过签订节能自愿协议等方式,鼓励交通运输企业参与自愿减排、自愿循环。四是健全监管考核体系。不断完善节能减排制度体系,建立健全节能减排监管、统计和评估体系,督促重点用能单位编制能耗统计监测方案,建立严格的问责制度和奖惩制度。强化监督考核。逐步建立全市交通运输行业节能减排监督管理机制,形成权责明确、高效顺畅的交通运输节能减排监督管理网络,着力提升节能减排监管能力。积极配合交通运输部和市统计局做好交通运输能源消耗统计及相关指标发布工作,并在统计数据的基础上,完善交通运输节能减排监测考核体系建设,根据各部门职责分工分解、落实节能减排各项工作任务和目标,扎实推进行业节

(4) 重点支撑项目

　　项目遴选是绿色循环低碳交通运输城市区域性项目的关键性基础工作之一，既要符合天津市经济社会发展的实际，又要具有一定的示范、带动作用，同时能有与部省节能减排、绿色循环低碳交通等规划及《天津市"十二五"节能减排综合性工作实施方案》、《美丽天津建设纲要》等具有良好的协调一致性。天津市纳入试点方案的实施项目共7大类，共计51个。其中，绿色低碳基础设施类项目包括：唐津高速公路扩建工程、船舶靠港使用岸电示范工程、绿色照明工程、地源热泵系统推广工程、太阳能技术推广工程、清洁能源发电系统的应用和水煤浆锅炉改天然气项目。低碳运输装备类项目包括：双动力轮胎式起重机在港区的应用、绿色维修项目、滨海新区公共自行车租赁系统和节能型轮胎推广应用项目。低碳装备与工艺改造类项目包括：翻车机系统创新应用项目、散矿作业工艺流程配套属具及设备更新改造项目、船舶发动机燃油经济性提升项目、连续输送设备接卸KM70火车节能工艺改造项目、耙吸挖泥船疏浚仿真培训系统应用项目、变频技术在轨道场站空调系统的应用项目、能量回馈技术在港口的应用项目。智能交通类项目包括：天津公交信息化运营管理平台项目，天津市客运管理信息系统子系统项目，滨海公交集团公交智能调度系统项目，工程船舶远程监控系统项目，振华物流综合物流电子商务平台项目、天津市交通运输信息指挥中心项目，智能化堆、取料技术应用项目，港口机械设备实时监控及能源分析系统项目，轨道桥远程自动化系统改造项目，无人化智能闸口建设项目，环球滚装智能化管理数据存储系统项目，码头智能综合系统改造项目，港口生产信息化管理系统项目，件杂货码头无线手持设备应用项目，东疆港区现代化综合查验场地信息化建设项目。天然气车辆专项类项目：LNG道路货运车辆、LNG道路客运车辆、LNG公交车辆、LNG港作车辆、CNG出租车和CNG混合动力车辆。绿色循环生态工程包括：东疆港给水排水提升工程项目、天津港南疆雨污水综合利用工程、港区绿化工程、大气污染治理工程和水处理厂改造升级项目。能力建设项目包括：交通运输能耗统计、监测与考核能力研究项目、天津市绿色低碳交通运输体系建设中长期规划研究和天津绿色低碳交通运输体系试点城市建设评估研究。

三、主题性项目成果

（一）绿色低碳公路主题性试点方案概述

1. 江西省昌樟高速公路改扩建工程绿色循环低碳公路主题性项目实施方案

　　南昌至樟树高速公路（以下简称"昌樟高速公路"）是国家高速公路网（7918网）中上海至昆明国家高速公路的有机组成部分，已纳入《国家公路网规划（2013—2030）》，是江西省"三纵四横"公路网主骨架的重要路段，是连接环鄱阳湖城市群、武汉城市圈、长株潭城市群、皖江城市带等中部主要经济圈的交通大动脉，也是江西连接周边省份、加强对外联系，对接长珠闽、建设融入全球化的跨省高效公路运输大通道的咽喉要道，在路网中具有十分显要的地位。

　　(1) 总体思路

　　为深入贯彻落实党的十八大提出的"大力推进生态文明建设"的精神，项目以交通运输部提出的"绿色交通"为目标,以交通运输部《绿色循环低碳公路考核评价指标体系(试行)》为指导,依托昌樟高速公路改扩建工程,树立全寿命周期成本理念,将绿色循环低碳要求贯彻到昌樟高速公路改扩建规划、设计、施工、运营、养护和管理的各方面和全过程,通过工程设计优化、技术推广应用、管理机制创新,实现公路绿色循环低碳发展。

①指导思想。

在项目实施中,将围绕绿色环保、资源循环及节能低碳三方面开展工程试点:

a. 遵循"不破坏就是最大保护"的原则,开展路域植物保护与恢复工作,充分利用清表过程的熟土作为绿化种植土,对于不影响改扩建工程施工的植被尽量原地保留,占用施工场地树木遵循就近原则移栽至互通区匝道环内或附近场区内,确保绿色资源的再利用。为保护沿线水环境,将钻渣暂时堆放在对水环境无影响的适宜地段,并对钻渣进行必要的处理后用于筑路或填埋取土场。

b. 在资源循环利用方面,为减少旧料堆积对土地的占用,增加材料的二次回收利用,采用厂拌冷再生技术、旧桥梁板拆除再利用技术以及交通设施的再利用技术,实现工程材料的循环利用,节约能源和资源,降低材料使用量;将原有隔离栅移至路侧护栏处,防止行人上路,保证高速公路封闭性,实现资源再利用。在昌樟高速改扩建工程中,提出施工便道永临结合实施方案,通过合理的交通组织措施,不额外征占土地。

c. 作为全国高速公路枢纽型通道和生态旅游路,昌樟高速交通量大,采用"路网诱导分流、路段分段分幅并行施工,基本保持双向四车道保通"的交通组织优化方案,是国内首条真正实现了施工期间四车道保通的高速公路改扩建公路;设置ETC不停车收费、公众服务及低碳指示系统,保障公路通行顺畅;改扩建工程加强对低成本、低污染新能源技术的应用,采用太阳能并网技术和节能供配电技术,在节能供配电系统中并入太阳能发电设施,发电设备为即发即用非储能方式,减少蓄电池更换带来的额外维护费用和次生环境问题;在服务区及停车区建设电动汽车充电站,推动电动车的广泛应用;同时项目综合应用低成本新能源、节能照明、自然光光导照明、电动充电桩等新技术,打造绿色低碳服务区。

②基本原则。

a. 控制资源占用:结合已有工程基础,充分利用改造过程中固体废弃物;合理平衡项目资源,控制对土地资源的占用。

b. 节约能源,减少排放:充分选用成熟的低碳新技术、新工艺、新装备,提高太阳能等可再生能源的使用率,减少建设期及运营期能源的消耗,降低污染物和二氧化碳排放。

c. 降低对生态环境的影响:在现在生态环境基础上,选用对周围生态环境影响较小的技术方案及工艺,通过适宜的绿化措施,改善现有生态环境。

d. 树立全寿命周期路面理念:通过路面新技术、新材料的应用,提高路面的耐久性,延长路面使用寿命,降低路面养护成本,改善车辆行驶路况,减少道路使用者车辆运行过程中的能源消耗和二氧化碳排放。

e. 建立科学的运营管理机制:通过全线运营管理系统的引进,引导公众低碳出行,合理配置资源,做到科学养护,提高管理效率,减少运营能耗。

③实施框架。

本示范工程从高速公路工程全寿命周期的规划、设计、建设、施工、养护、运营与管理角度出发,内容分为4大部分:绿色循环低碳设计;特色性管理和技术应用;绿色低碳技术应用;保障性措施。集成应用34项节能减排新材料、新技术、新工艺,全过程、全方位、全领域建设绿色低碳昌樟高速公路。

(2)建设目标

①总体目标。

项目以大交通流量的昌樟高速公路改扩建工程为依托,围绕昌樟高速"创新设计、绿色施工、低碳运营、循环发展"的工程定位,以"三低三高"(低能耗、低排放、低污染、高效能、高效率、高效益)为出发点,以"锻炼一支队伍、积累一些经验、编制一批规范"为目的,从全寿命周期的角度贯彻绿色循环低碳理念,结合工程实际,开展科技创新及成果推广应用,形成系列地方标准、工法和相关技术、材料、设备的管理方法制度,提高资源的使用效率和新能源的利用效率,降低能源消耗,降低污染物和二氧化碳的排放,有效改善路域环境,提升工程建设项目的科技含量和技术水平,力争成为全国交通运输行业绿色循环低碳高速公路改扩建工程的典范。

②具体目标。

依托昌樟高速公路改扩建工程,针对绿色循环低碳公路规划、设计、建设、施工、养护、运营与管理等要求,在路基路面工程、桥梁工程、交安设施、房建工程、施工过程、环境保护、运营管理、能耗监测、用户服务、养护工区配置和养护策略等方面,集成建设绿色循环低碳昌樟改扩建高速公路主题性项目。

(3)主要实施工程

本方案从节能减排、资源节约与循环利用、绿色环保、绿色循环低碳管理创新等重点领域,提出了34项绿色循环低碳公路建设主题性试点项目。具体包括:绿色低碳技术应用工程25项,分别为耐久性路面结构、温拌沥青混合料技术、高性能混凝土、耐久性路面铺筑技术、旧沥青路面冷再生利用技术、稳定型橡胶沥青路面铺筑技术、交通设施的再利用技术、太用能并网发电技术、太阳能热水器、节能照明应用技术、高速公路供配电节能技术、能耗统计监测管理信息系统、公众服务及低碳运营指示系统应用、车辆超限超载不停车预检系统、隧道通风智能控制系统应用、ETC不停车收费系统、施工期集中供电技术、公路沿线设施绿色建筑建设、生态型污水处理及回用技术、沥青拌和楼"油改气"技术、旋挖钻孔技术应用工程、旧桥梁板拆除再利用、旧桥维修加固技术、高液限土的改良利用技术、高速公路信息管理系统;特色性内容5项,分别为施工过程交通组织优化、路域碳汇林营造、施工便道永临结合利用、绿色低碳服务区、电动汽车充电站;保障性措施4项,分别为节能减排组织机构及工作机制建设、节能减排统计监测体系建设、节能减排目标责任评价考核制度、节能减排宣传培训。

2. 港珠澳大桥主体工程岛隧工程绿色循环低碳公路主题性项目实施方案

港珠澳大桥是在"一国两制"条件下粤港澳三地首次合作共建的超大型基础设施项目,大桥东接香港特别行政区,西接广东省(珠海市)和澳门特别行政区,是国家高速公路网规划中珠江三角洲地区环线的重要组成部分和跨越伶仃洋海域、连接珠江东西岸的关键性工程。项目建成后,将从根本上改变珠江西岸地区与香港之间的客货运输以水运为主和陆路绕行的状况,从而完善国家和粤港澳三地的综合运输体系和高速公路网络,密切珠江西岸地区与香港地区的经济社会联系,改善珠江西岸地区的投资环境,加快产业结构调整和布局优化,拓展经济发展空间,提升珠江三角洲地区的综合竞争力,保持港澳地区的持续繁荣和稳定,促进珠江两岸经济社会协调发展。

(1) 总体思路

①指导思想。

深入贯彻落实党的十八大精神,按照建设"五位一体"总体布局的要求,以科学发展观为指导,将生态文明、绿色循环低碳理念贯穿于港珠澳大桥岛隧工程建设的各方面和全过程,紧密结合工程实际,以节约和循环利用资源、提高能效、控制排放、保护环境为目标,在工程的设计、建设、运营管理整个生命周期内,通过贯彻绿色设计理念、采用先进工艺工法、应用生态保护措施、开展工厂化施工、进行施工机械(船舶)低碳技术改造,着力提高设备、材料等资源利用效率,努力降低二氧化碳和污染物排放量,最大限度降低对生态环境的影响,全面提高工程可持续发展能力,实现绿色发展、循环发展和低碳发展,先行先试,努力将港珠澳大桥岛隧工程打造成为全国绿色循环低碳示范工程。

②建设思路。

建设生态文明是关系人民福祉、民族未来的长远大计,我国不少地方在发展过程中消耗了大量的资源、能源和土地空间,在今后的发展中,要坚决将生态文明建设摆在突出位置,必须坚决实行绿色发展、循环发展和低碳发展的方针战略。交通运输部印发了《加快推进绿色循环低碳交通运输发展指导意见》,提出了将"生态文明建设融入交通运输发展的各方面和全过程"的新理念,以"加快推进绿色循环低碳交通基础设施建设、节能环保运输装备应用、集约高效运输组织体系建设、科技创新与信息化建设、行业监管能力提升"为主要任务,以"试点示范和专项行动"为主要推进方式,实现交通运输绿色发展、循环发展、低碳发展,到2020年,基本建成绿色循环低碳交通运输体系。

港珠澳大桥岛隧工程以"绿色、循环、低碳"为核心理念,在项目的全寿命周期中将遵循以下原则:

因地制宜,突出特色。结合工程项目实际情况和自在特点,充分发挥项目优势,突出贯彻绿色设计理念、采用先进工艺工法、应用生态保护措施、开展工厂化施工、进行施工机械(船舶)低碳技术改造,遴选出适合港珠澳大桥岛隧工程实际的特色试点工程,努力打造绿色循环低碳亮点突出的示范工程。

全面推进,重点突出。坚持全寿命周期、全要素考虑,将绿色循环低碳发展理念贯穿于工程设计、施工、运营管理全过程;在此基础上,结合工程各阶段的特点和实际,总结凝练出一批重点实施工程,切实增强绿色循环低碳公路试点工作实效和示范效应,充分发挥引导和带动作用。

科技支撑,政策保障。充分发挥科技进步在绿色循环低碳公路建设发展中的基础性和先导性作用,推广使用新技术、新设备,促进理念、政策、体制机制和技术的全面创新,为全面推进绿色循环低碳公路建设提供科技支撑和政策保障。

(2) 建设目标

本实施方案以港珠澳大桥岛隧工程为依托,对工程中涉及的相关节能减排、低碳环保技术及措

施进行应用研究,旨在通过相关技术、措施的推广和应用,预期达到以下目标:

a. 基于港珠澳大桥岛隧工程,从规划设计、建设施工、运营管理,全寿命周期内应用低碳新技术、新工艺,落实绿色循环低碳公路建设理念,全过程、全方位地打造港珠澳大桥岛隧工程绿色循环低碳技术品牌。

b. 基于港珠澳大桥岛隧工程,结合工程实际情况及相关技术特性,拟提出港珠澳大桥岛隧工程绿色循环低碳公路建设节能减排总体目标。

(3) 主要实施工程

本方案从节能减排、资源节约与循环利用、绿色环保、绿色循环低碳管理创新等重点领域,提出了27项绿色循环低碳公路建设主题性试点项目。具体包括:先进工艺工法、生态保护措施的应用项目8项,分别为快速成岛技术、挤密砂桩(SCP)技术、沉管半刚性新型结构、节能型振动锤组在钢圆筒振沉中的应用、白海豚生态保护、发电设备选型、施工噪声控制、动态环境监测;工厂化施工技术4项,分别为沉管预制工厂建设、沉管工厂法预制和养护技术、钢筋精细化加工技术、扁担梁胎架底座拆除技术;施工机械及运输装备(含船舶)低碳技术改造7项,分别为平台式整平船的使用、沉管安装船的使用、大型抓斗式挖泥船节能技术改造、清淤船节能技术改造、抛石夯平船节能技术改造、沉管隧道体内精调新工艺、沉管浮运技术;现场办公生活低碳技术应用3项,分别为中水回收系统应用、污水和垃圾集中处理、空气源热泵集中供热系统;能力建设项目2项,分别为现场管理调度信息化系统、节能减排管理体系建设;低碳运营管理及绿色生态环保工程3项,分别为耐久性路面结构使用、东西人工岛绿色建筑建设、用户出行节能。

3. 贵州道安高速公路绿色循环低碳公路主题性项目实施方案

道安高速公路是贵州省实施的《贵州省高速公路网规划》("678网")中的第三纵北段;同时也是《国家公路网规划(2013—2030年)》调整方案中G69(银川—百色)所经路段。

项目建设可以完善贵州省高速公路路网,贯通与重庆对接的第二通道,同时也是贵州乃至西部省份南下北部湾以及联系东盟自由贸易圈的又一条重要的出海、出边快捷通道;通过交通发展推动新一轮"西部大开发",对促进黔北经济区建设,推动工业强省战略,以及加快沿线城镇化建设、促进沿线地区资源集约开发有重要的意义。同时沿线社会人文环境独特,自然风光优美,公众对环境保护要求高,具有打造成为低碳示范公路的现实需求与基础。

(1) 总体思路

①战略定位。

针对贵州省高速公路建设中节能减排与绿色环保方面存在的典型问题,充分推广利用交通行业已有的先进技术,以及贵州省低碳公路建设的实践经验,以绿色低碳为理念,全过程采用绿色低碳技术,全寿命实现绿色低碳效益,全方位进行绿色低碳管理,全面展示绿色低碳成果,建成一条安全、绿色、能源节约、环境友好的高速公路,并总结形成道安高速的绿色循环低碳建设体系。

贵州省交通运输厅将道安高速公路作为落实《贵州省绿色交通建设行动方案(2014—2017年)》生态文明行动先行示范项目,并作为本次试点项目申报,旨在将道安高速打造成"贵之道,节至安"的试点示范公路。

贵之道：重视道理，遵循道法，形成通道。节至安：节约有道，节能可度，节制为安。

节约途径成道法。通过试点项目探索能源节约、资源循环、绿色环保目标实现的有效途径，技术成果及时总结，形成技术标准规范，作为复制推广的依据。节能成效可度量。通过试点项目的实施提供节能效益、生态环保效益计算的原则，形成监测方法，可以作为考核试点项目建设成效的依据。

保障制度能落实。试点项目有效的组织领导、工作机制、技术支撑、资金保证、监管考核等制度强调落地为安，通过试点项目的实施形成有效的节能减排管理模式，可供类似项目参考借鉴。

通过以上定位，理顺节约通道，将道安高速公路建设成为一条不仅在贵州省、在中交集团系统，而且在全国均可复制推广的低碳节约、绿色环保的试点示范公路。

②建设思路。

a. 体现节能效益优先，高标准推进高效型项目。

高速公路建设过程的节能设计成效直接关系到公路建设收益，并对未来公路运营投资产生较大的影响。在项目建设阶段，诸如施工期集中供电、施工机械的低碳技术改造（如拌和楼油改气）等都已被证明可大大地降低燃油消耗量，降低排放；而在运营阶段，隧道节能、ETC系统可对高速公路运营能耗产生较大影响。这些项目的实施可起到良好的节能减排与经济效益的统一，基于此，项目在总体决策时，将这些指标不惜花费较大精力与资本进行统筹规划，秉着高标准、严要求的原则进行统一设计。

b. 体现企业社会责任，将绿色环保理念贯穿始终。

节能环保脱离以企业为主体难以取得实质性成效，道安高速公路项目由中交路桥、中交四航局、中交二公院共同投资建设，三家股东均是交通行业内具有重大影响的企业，拥有国内第一批公路工程施工总承包特级、公路行业设计甲级资质等多项过硬资质，并拥有一批国内外领先具有自主知识产权的核心技术，在国内首创公路项目BOT+EPC经营模式，非常强调树立企业节能环保的社会责任形象。因此，尽管有些项目并不能带来显著的经济效益，但仍然义不容辞地决定开展绿色环保项目实施，将绿色低碳理念贯穿公路规划设计、建造运营的全过程，打造企业的品牌。针对项目喀斯特地貌、生态环境较为脆弱等特点，因地制宜地综合开展隧道弃渣利用、加强施工期对地下水资源保护、加强表土收集并实现取弃渣场的有效复垦及生态修复工作等，树立贵州省高速公路建设的品牌。

c. 实事求是地开展项目。

在部颁《绿色循环低碳公路考核评价指标体系（试行）》中，由于是针对全国高速公路建设的指导性文件，部分指标的确定需要根据各地环境特征具体分析。比如，从能源利用上看，贵州省煤炭和水能资源非常丰富，但太阳能、风能等可再生能源非常有限。贵州年日照时数仅1297.7小时，年太阳辐射总量仅3350~4200兆焦/平方米，是我国太阳能辐射值最低的五类地区（仅贵州和四川），不具备太阳能发电的客观条件；有效风能密度在50瓦/平方米以下，开发利用难度大，因此项目所在区域不具备大规模太阳能、风能等可再生能源利用的客观条件。秉着实事求是的原则，仅对施工作业营地、服务区、收费站、管理所等生活热水供应，考虑利用太阳能。

d. 深度挖掘项目节能减排与绿色环保特色与潜力。

将绿色低碳理念贯穿于规划、设计、施工、运营、养护等整个生命周期内，深入分析项目工程特点,充分挖掘节能减排、资源循环利用及绿色环保三方面内容,开展绿色循环低碳公路试点。

(2) 建设目标

依托道安高速公路,通过所筛选的项目的实施,施工阶段节能目标达到20.58万吨标煤,替代标油量达到18.68万吨,减少CO_2排放20.62万吨,节约占地770亩,节约钢材1.53万吨;建成后运营阶段将形成每年1.95万吨标煤的节能能力,每年减少CO_2排放2.19万吨,节约新水27.9万吨,向水体减排COD223.8吨。全面完成《绿色循环低碳公路考核评价指标体系(试行)》相关考核内容。

(3) 主要实施工程

本方案从节能减排、资源节约与循环利用、绿色环保、绿色循环低碳管理创新等重点领域,提出了27项绿色循环低碳公路建设主题性试点项目。具体包括:绿色循环低碳建设技术应用13项,分别为耐久性路面结构、温拌沥青技术、高性能混凝土、可循环材料使用、可再生能源应用、公路节能照明技术使用、公众服务及低碳运营指示系统、车辆超限超载不停车预检管理系统建设、隧道通风智能控制系统、ETC不停车收费车道建设、施工期集中供电措施应用、公路沿线设施绿色建筑建设、施工机械低碳技术改造;绿色循环低碳建设特色技术应用8项,分别为隧道玻纤锚杆应用、采用机制砂、供配电节能技术、表土资源保护与土地复垦利用、水资源综合保护与循环利用、路域碳汇生态建设、施工监测与信息化管理系统、运营能耗统计监测管理信息系统;绿色循环低碳建设保障措施6项,分别为节能减排组织机构及工作机制建设、节能减排统计监测体系建设、节能减排目标责任评价考核制度、节能减排宣传培训、开展道安高速公路标准化施工、其他保障措施。

4. 鹤大高速吉林境(小沟岭至抚松段、靖宇至通化段)绿色循环低碳公路主题性项目实施方案

鹤岗至大连高速公路(G11,以下简称鹤大高速公路)为《国家高速公路网规划》、《东北区域骨架网》中的纵一线,是《振兴东北老工业基地公路水路交通发展规划纲要》中的"五纵、八横、两环、十联"区域骨架公路网中"纵一"线的重要组成部分,同时也是《吉林省高速公路网规划》中的"五纵、五横、三环、四联络"中的第一纵的重要组成部分。鹤大高速公路起于黑龙江省的鹤岗市,止于辽宁省的大连市,规划全长约1390公里,纵贯黑龙江、吉林、辽宁三省,主要承担区域间、省际间以及大中城市间的中长距离运输,是区域内外联系的主动脉。它的建设将开辟黑龙江和吉林两省进关达海的一条南北快速通道,也是东部边疆地区国防建设的重要通道。

(1) 总体思路

①建设思路。

针对鹤大高速公路地处季节性冰冻地区、位于长白山腹地、地产材料丰富、沿线环境敏感、旅游资源丰富等特点,树立全寿命周期成本理念,与项目建设运营相关的设计、施工、监理、管理、科研等全体成员参与,将绿色循环低碳要求贯彻到鹤大高速公路设计、施工、运营、养护和管理的全方位全过程,通过工程设计优化、专项技术推广应用、施工运营管理创新等举措,实现试点项目"抗冻耐久、低碳节能、资源节约、循环利用、环境友好、景观优美"的建设目标。围绕节能减排、资源利用、绿色环保等几个方面,本试点项目将突出如下特色:

a. 针对地处季冻区的特点,实施耐久性路面、耐久性桥涵、隧道保温防冻、服务区建筑保温等专

项工程,体现全寿命周期成本的理念,突出抗冻耐久的项目特色。

b.针对山区高速公路的特点,统筹考虑施工期和运营期电力供应的需要,提前布设电网;采用分布式智慧供电方式,降低电耗;全线30公里隧道全部采用LED照明和通风智能控制,减少运营能耗。体现节能减排的理念,突出山区公路的项目特色。

c.针对地产材料丰富的特点,在高性能混凝土中添加粉煤灰和火山灰,路面采用硅藻土进行改性,利用铁矿尾矿填筑路基,利用隧道弃渣生产生态砌块等,体现因地制宜资源节约的理念,突出就地取材的项目特色。

d.针对沿线环境敏感、旅游资源丰富的特点,实施全线路域范围内植被保护与恢复、湿地保护与补偿、服务区污水处理与回用、野生动物通道等专项工程,对全线路侧、中分带、服务区、互通区、隧道口等实施景观工程,努力打造旅游观光廊道,体现生态文明保护优先、景观保护服务旅游的理念,突出绿色环保的项目特色。

e.开展科技攻关和管理创新,试点探索能耗监测统计、绿色循环低碳考评奖惩等制度,研究建立绿色循环低碳的行业或地方标准规范,突出体制机制的项目特色。

②实施框架。

按照公路建设全寿命周期,综合考虑项目在勘察设计、施工建设、运营管理、养护等不同阶段所采用的新理念、新技术、新材料和新工艺,方案涉及节能减排、资源利用、绿色环保三大领域。

(2)建设目标

鹤大高速吉林小沟岭至抚松段、靖宇至通化段绿色循环低碳主题性试点项目以"抗冻耐久、低碳节能、资源节约、循环利用、环境友好、景观优美"为总目标,实现如下目标:

a.建立全过程能耗监测统计系统,通过开展一系列的绿色循环低碳培训交流与宣传教育,明显增强公路建设者与使用者的绿色循环低碳意识。

b.设计阶段全面融入节能减排、资源节约与环境友好的理念;施工阶段全线实施标准化施工,大规模采用节能环保的施工技术与设备,替代标准油4万吨以上,节约标准煤3万吨以上,极大提高资源循环利用率,有效保护沿线动植物资源,各类污染物100%达标排放;运营阶段通过采用新能源应用、绿色建筑和智能交通等节能技术,达到每年节能1万吨标煤以上,通过应用抗冻耐久技术减少2/3以上的养护工作量,有效保护周边水环境、湿地资源及野生动物,保证公路安全畅通运营。

c.开展施工、运营管理创新探索,形成节能减排专项资金管理、能耗监测统计制度、施工节能奖惩及问责制度、科技创新与宣传培训等绿色循环低碳配套政策措施,保障试点项目顺利实施。

(3)主要实施工程

本方案从节能减排、资源节约与循环利用、绿色环保、绿色循环低碳管理创新等重点领域,提出了33项绿色循环低碳公路建设主题性试点项目。具体包括:绿色循环低碳专项工程13项,分别为耐久性路面、隧道温拌阻燃沥青、高性能混凝土、可循环材料使用、可再生能源利用、公路节能照明、公众服务及低碳运营指示系统、车辆超限超载不停车预检系统、隧道通风智能控制系统、不停车收费系统、施工期集中供电、公路沿线设施绿色建筑、施工机械低碳技术改造;绿色循环低碳特色工程14项,分别为耐久性桥涵、隧道保温防冻、分布式智慧供电系统、施工能耗统计管理系统、运营能耗监测统计系统、硅藻土利用、服务区污水处理回用、湿地保护与补偿、野生动物保护、环保型融雪剂、桥面径流净化与应急、植被保护与恢复、景观利用与营造、旅游服务与低碳展示；保障措施6项，分别为组织机构及工作机制、能耗统计监测体系、目标责任评价考核制度、宣传培训制度、资金保障、施工管理制度。

5. 青海花久高速公路绿色循环低碳公路主题性项目实施方案

花久高速公路是国家高速公路网主线 G6 的联络线 G0615 德令哈至马尔康公路的重要组成部分，是新疆经青海省通往四川省的国家西部区域经济大通道（库尔勒—成都），也是交通运输部深入实施西部大开发交通运输工作会议上确定的"八纵八横"骨架公路八纵之一，新青川大通道的加快建设将形成西部地区各大经济区之间、相邻省会城市之间的省际公路网络，强化西部地区对外联系通道等具有重要的意义。

（1）建设目标

以绿色循环低碳为理念，全过程采用绿色循环低碳技术，全寿命实现绿色循环低碳效益，全方位进行绿色循环低碳管理，全面展示绿色循环低碳成果，建成一条安全、绿色、环境友好、景色优美的绿色循环低碳公路。（体系性）

体现雪域高原绿色循环低碳公路特色，深入实践西部地区绿色交通对综合交通、平安交通、智慧交通的引领，为青海乃至西部地区在资金有限，高寒、高海拔等特殊工程环境下建设绿色交通提供经验。（特色性）

通过花久绿色循环低碳高速公路建设，在公路建设中总结出可操作性强、便捷有效的绿色循环低碳管理体系、能耗监测统计考核体系、节能减排技术使用及效果评价体系等一整套可复制的操作模式，如《青藏高原草场地区施工规范》、《冻土地区路基设计、施工指南》、《冻土地区隧道设计、施工指南》、《高高海拔、高寒地区温拌沥青使用标准》以指导将来的公路建设，实现公路建设绿色循环低碳节能减排体系化和规模化，为全面建设绿色循环低碳交通运输体系打好基础、争创示范。（示范性）

（2）主要实施工程

本方案从节能减排、资源节约与循环利用、绿色环保、绿色循环低碳管理创新等重点领域，提出了33项绿色循环低碳公路建设主题性试点项目。具体包括：绿色循环低碳建设与施工15项，分别为新型公路冻土路基综合处治技术、寒区隧道防冻保温技术应用、严寒地区桥梁耐久性设计及措施、高原多年冻土地区引气水泥混凝土路面项目、高寒高海拔地区耐久性路面、高原寒区区温拌沥青路面技术、施工区集中供电措施、隧道弃渣利用、草皮移植与腐殖土利用、公路生态建设和修复工程、高原地区施工机械节能措施、施工标准化、拌和站综合节能、沿线施工运营中的节能、建设期能源统计监测及管理系统；绿色循环低碳运营与养护10项，分别为隧道运营节能通风工程、节能照明工程、公路附属设施运营水资源循环利用、ETC不停车收费车道建设、车辆超限超载不停车预检管理系统建设、公路低碳运营指示系统项目、藏文化特色绿色环保旅游服务区建设、沿线附属设施清洁能源综合利用、高原地区服务区太阳能并网发电系统、公路营运生态环境保护工程；绿色循环低碳管理与考核6项，分别为实行建设期绿色节能监测责任管理、加强运营期能耗节约管理、建立花久公路绿色循环低碳考核指标体系、建立花久公路绿色循环低碳评价体系；绿色循环低碳理念与宣传展示2项，分别为总结花久公路绿色循环低碳理念、开展绿色循环低碳宣传与展示。

（二）绿色低碳港口主题性试点方案概述

1. 广州港建设绿色循环低碳港口主题性项目实施方案

广州港是华南地区最大的综合性主枢纽港，是《全国沿海港口布局规划》中珠三角港口群最为重要的港口，是广州建设广州国际航运中心和国际商贸中心、推进国家中心城市建设的具有世界先进水平的现代化综合大型物流服务枢纽。广州港集团是我国华南地区物流领域龙头企业。2013年港口吞吐量达4.55亿吨，集装箱吞吐量1531万TEU，全港货物吞吐量和集装箱量分别位居全国沿海港口第4位、世界第8位。创建绿色循环低碳港口是广州港一贯追求和不懈努力的方向，目前广州港正以建设绿色循环低碳港口为契机，由传统的集散中心向信息、物流、商贸、低碳环保为代表的第四代港口转型升级。

（1）指导思想

深入贯彻落实党的十八大、十八届三中全会精神，以科学发展观为指导，按照"五位一体"总体布局的要求，将生态文明建设融入港口发展的各方面和全过程，全面落实节约资源和保护环境基本国策，以加快转变港口发展方式为主线，以提高能源资源利用效率、控制和降低污染排放、保护和改善生态环境为核心，以绿色循环低碳港口基础设施建设、绿色循环低碳装卸生产装备应用及工艺改造、智慧港口信息化应用、清洁能源推广应用、绿色生态港口建设、绿色循环低碳管理能力建设等为重点任务，优化港口结构，强化创新驱动，提升管理能力，加强协调联动，通过制度建设、组织保障、配套奖励、评价考核、宣传引导等手段，实现港口绿色发展、循环发展和低碳发展，力争将广州港打造成为全国乃至全球绿色循环低碳示范港口。

（2）发展目标

综合考虑广州港发展特点和实际情况，结合《广州港集团绿色循环低碳港口发展规划（2013—2020年）》，提出广州港绿色循环低碳发展的目标是：

到2016年，全港绿色循环低碳发展理念明显提升，绿色循环低碳发展体制机制更加完善，绿色循环低碳管理能力和服务水平明显提升，创新驱动发展能力明显提高，能源资源利用效率明显提高，控制温室气体排放取得明显成效，生态保护得到全面落实，环境污染得到有效控制，基本建成符合国家要求的绿色循环低碳港口，为生态文明建设提供坚实有力的支撑保障。

——绿色循环低碳港口基础设施体系进一步完善。建成布局合理、功能完善、衔接畅通、安全高效、生态友好的现代港口设施网络体系，港口设施绿色设计、绿色施工和绿色维护水平明显提升，港口岸线和土地资源集约节约利用、材料节约循环利用水平明显提高，生态环境影响显著降低。

——绿色低碳装备设备体系进一步完善。港口装卸机械、生产设备装备的专业化和现代化水平明显提高，水平运输车辆，新能源、节能环保型运输装备得到广泛应用，电力、天然气等清洁能源消费比重明显上升，港口能源消费结构更加合理。

——集约高效港口生产运营组织体系进一步完善。港口流程工艺进一步优化，作业效率明显提高;港口生产营运组织和调度管理能力明显增强,港口企业组织结构和经营结构更趋合理,集约化、现代化水平明显提高,港口直取作业比例明显提高,水水中转、铁水联运、江海联运等先进运输组织方式应用广泛,在港口集疏运体系的比例明显提高;结构性节能减碳潜力得到充分挖掘,水运优势得到充分发挥。

——绿色循环低碳港口科技创新能力明显提升。绿色循环低碳港口科技创新体系基本健全,创新能力进一步增强,形成一批绿色循环低碳港口重大关键技术;绿色循环低碳港口的科学素养与技术能力明显提升,技术标准规范体系进一步完善,技术服务能力进一步提升;绿色循环低碳技术与产品推广应用水平进一步提高,智慧港口管理与服务体系基本建立,科技支撑保障作用明显增强。

——绿色循环低碳港口管理能力明显增强。全行业绿色循环低碳意识和素质明显提高;港口节能减排与绿色循环低碳发展统计监测考核体系基本建立,绿色循环低碳监管能力和支撑保障水平明显增强;港口运营组织管理水平进一步提高,节能减排管理体制机制基本建成;基本形成与社会主义市场经济体制相适应的节能减排战略规划体系、法规标准体系、政策支持体系、监管组织体系和统计监测考核体系,港口绿色循环低碳发展方式基本形成。初步建立与绿色港口建设相适应的人才工作管理体制和运行机制,形成一支总量适度、结构合理、素质优良的绿色循环低碳港口建设与管理人才队伍。

到2020年,广州港港口布局更加合理,港口装卸机械与生产设备大型化、专业化和现代化水平明显提高,清洁能源利用率有所提高,结构性节能减排取得明显成效;科技创新能力进一步增强,港口信息化水平大幅提升,港口流程工艺进一步优化,作业效率明显提高,技术性节能减排取得明显进展;绿色循环低碳发展理念明显提升,港口运营组织管理水平进一步提高,绿色循环低碳管理体制机制基本建成,基本形成与社会主义市场经济体制相适应的绿色循环低碳港口战略规划体系、法规标准体系、政策制度体系、监管组织体系和统计监测考核体系,港口绿色循环低碳生产发展方式已经形成。

（3）重点领域与主要任务

绿色循环低碳港口建设是一项复杂的系统工程,不仅要通过重点工程促进绿色循环低碳技术与工艺的推广应用,还要从港口布局和功能调整、生产组织优化、管理能力提升等方面加强能力建设,全方位打造绿色循环低碳港口。

2014—2016年期间,按照广州港绿色循环低碳港口建设的总体要求,以交通运输部《绿色循环低碳港口考核评价指标体系（试行）》为重要参考依据,结合广州港发展现状与特点,特别是立足广州港绿色循环低碳发展现状水平评价结论,紧紧围绕2016年度目标指标的实现,按照"提强补弱、突出特色"的指导方针,确定广州港建设绿色循环低碳港口的重点领域,着力突出广州港"美丽港口、清洁港口、生态港口、智慧港口、效能港口"的主要特征,以加强和完善绿色循环低碳港口基础设施为基础,以大力推进绿色低碳装卸生产装备应用和工艺改造、打造集约高效的生产运输组织体系为核心,以加快完善智慧港口服务与管理体系、提升绿色循环低碳港口管理能力为支撑,打造广州港"一个基础、两个核心、两个支撑"的绿色循环低碳港口框架体系。

(4) 项目概况

重点支撑项目选取的时限范围为可在2014—2016年间确保完成的。广州港集团分别从绿色循环低碳基础设施建设、绿色循环低碳装卸运输装备应用和工艺改造工程、智慧港口信息化应用工程、港口物流效率提升工程、清洁能源推广应用工程、绿色生态港口建设工程、绿色循环低碳管理能力建设工程7个方面实施节能减排重点工程,总投资估算139.62亿元,重点支撑项目37项,其中节能减排投资9.49亿元。项目建成后可形成年节能能力5368吨标准煤,替代燃料35945.6吨标准油,减少二氧化碳排放89487吨。

绿色循环低碳港口基础设施建设工程类共有6个项目,包括:船舶岸基供电项目、LNG车辆加气站建设项目、LNG动力船舶加气码头建设项目、码头绿色照明改造项目、新能源电动汽车充电站项目、新沙港区1号泊位后方地基改良及港池疏浚项目。

绿色循环低碳装卸生产装备应用及工艺改造工程类共有6个项目,包括:轨道集装箱门式起重机建设项目、集装箱码头RTG"油改电"及DC-ERTG建设项目、港口机械自动控制系统节能技术应用项目、集装箱自动双循环(立体装卸)工艺改造项目、新沙港区煤炭五期工艺优化应用项目、新港车站装卡系统工艺改造项目。

智慧港口信息化应用工程类共有7个项目,包括:基于物联网的散杂货码头综合物流管理平台建设项目、集装箱码头物联网技术信息化项目、滚装汽车码头物联网技术集成项目、综合物流智能管理平台项目、基于物联网的理货信息系统项目、集装箱营运车辆智能化运营管理系统应用项目、内河船舶信息化应用项目。

港口物流效率提升工程类共有5个项目,包括:南沙疏港铁路集疏运建设项目、内陆无水港建设项目、南沙钢铁物流园项目、海铁联运项目、江海联运、水水中转("穿梭巴士")项目。

清洁能源推广应用工程共有4个项目,包括:LNG动力船舶项目、集装箱码头LNG牵引车项目、LNG客车应用项目、双燃料动力游船应用项目。

绿色生态港口建设工程共有5个项目,包括:新沙码头挡风抑尘墙建设、南沙散货码头环保系统建设项目、港区绿化美化工程项目、港区中水回用与污水接收处理系统建设项目、疏浚土综合利用项目。

绿色循环低碳管理能力建设工程共5个项目,包括:企业节能环保战略规划与标准体系建设项目、港口装卸节能操作法推广项目、桥吊驾驶培训模拟装置应用项目、效能管理自主创新科技研发能力建设项目。

2. 大连港建设绿色循环低碳港口主题性项目实施方案

大连港地处东北亚经济圈中心,作为《全国沿海港口布局规划》的25个主要沿海港口之一,是东北地区及内蒙古东部走向世界最近的港口,是东北地区参与国际竞争的重要战略资源、振兴老工业基地的基础、发展外向型经济的窗口和枢纽;是大连市经济和城市可持续发展的重要依托;是我国沿海主枢纽港和主要集装箱干线港之一;是辽宁沿海的中心港口、东北地区战略物资超大型深水转运港和我国综合交通运输枢纽之一。随着大连东北亚国际航运中心发展和大连港"一核两翼"、"一岛两湾"港区布局建设,港口可持续发展的空间不断拓宽,竞争力进一步增强。为了在港口发展过程中贯彻绿色循环低碳理念,具体部署绿色循环低碳港口建设工作,为推进绿色循环低碳交通运输体系建设作出自己的贡献。

(1) 指导思想

根据《大连市综合交通发展"十二五"规划》和《大连市"十二五"现代物流业发展规划》对大连港集团发展提出的要求,以及《大连港集团"十二五"发展规划》中提出的"双五战略"、"十大工程"和建设"五型港口"(幸福型、创新型、高效型、生态型、智慧型)的战略发展思路,围绕交通运输部提出的依靠结构调整、技术创新和管理优化,实现高能效、低能耗、低污染和低碳排放的绿色循环低碳港口建设等有关要求,以科学发展观为指导,以建设绿色循环低碳港口为主线,提升节能减排意识和理念,全面推进节能减排、清洁生产、循环经济和污染源控制工作,优化港口布局和功能,提高能源利用效率,减少碳排放,加强生态环境建设与保护,改善港口环境质量,完善创新机制与管理体制,增强港口可持续发展能力,实现人与自然和谐、港口功能与环境协调、企业经营发展与环境保护协调发展的目标。

以把大连港建设成为东北亚国际航运中心的核心港为发展目标,2015年实现集团5亿吨吞吐量、集装箱1360万标箱。从优化调整港口布局和功能、提升绿色循环低碳意识和理念、应用绿色循环低碳港口装备及设施、优化生产模式及操作方法、环境保护五个方面的绿色循环低碳主要任务入手,加快推进24项重点支撑项目的实施,不断提高港口能源利用效率,提高新能源和可再生能源比重,降低二氧化碳排放强度,改善港口用能结构,构建以高效能、低能耗、低污染、低碳排放为基础的绿色循环低碳发展模式,加快港口发展转型升级。

(2) 总体目标

综合考虑大连港近年来的发展特点,能耗、排放现状和节能减排潜力,结合大连港集团"十二五"发展规划以及建设生态型绿色港口行动计划,提出大连港集团的绿色循环低碳港口总体发展目标是:到2020年,港口布局更加合理,基本建成"一核两翼"、"一岛两湾"港口格局的新框架,包括建成大窑湾国际主枢纽港,初步构建太平湾港城一体化框架,基本形成以临港产业为支撑的长兴岛临港工业区;港口能源消费结构更加优化,清洁能源利用率有所提高,结构性节能取得明显成效;科技创新能力进一步增强,港口信息化水平显著提高,技术性节能取得明显进展;港口运营组织管理水平整体有所提高,节能减排管理体制机制进一步完善,能源管理体系通过认证,形成长效机制,港口能源消耗统计、监测、考核体系完善可行,港口生产单位吞吐量综合能耗和CO_2排放明显下降,港口绿色循环低碳发展方式基本形成。

(3) 重点领域与主要任务

大连港集团将绿色循环低碳港口建设作为现代化港口的发展方向,以建设成为集国际中转、国际贸易、临港产业、数字化港口、港口城市功能为一体的第五代港口为定位,并注重在港口发展过程中秉承资源节约、低碳清洁和循环利用理念,推行绿色发展的经济运行方式,在取得港口最大经济效益的同时,满足良好生态环境的维持和改善,取得经济与环境的协调发展。港口规划将绿色循环低碳港口建设与城市的发展规划以及港口的总体规划紧密结合,综合分析大连港集团绿色循环低碳港口建设的现有基础和经济技术发展水平,提出大连港集团绿色循环低碳港口建设的六项主要任务。

全方位、多角度推进大连港的绿色循环低碳转型升级和科学发展。

任务一：优化调整港口布局和功能。推进核心港区建设，增强核心业务竞争力；加快物流体系建设，构建区域性物流网络体系和一体化港口综合物流产业链

任务二：提高绿色循环低碳意识和理念。制定战略规划和目标；持续开展宣传和教育活动；积极履行社会责任，树立企业形象。

任务三：应用绿色循环低碳港口装备及设施。绿色循环低碳型装备应用；绿色循环低碳型辅助生产设备设施应用。

任务四：优化生产模式和操作方法。提高信息化港口建设水平；优化工艺和生产组织管理。

任务五：加强节能减排能力建设。推进管理制度建设；强化科技创新体制，积极进行市场机制探索；完善能耗和污染物统计、监测体系。

任务六：加大污染物控制和环境治理，促进绿色发展。港口开发建设项目的环境保护；污染源治理与环境改善；提升应对环境污染风险能力；实施港区绿化生态建设；环境管理体系建设。

（4）项目概况

2014—2016年期间，大连港集团拟分别从绿色循环低碳基础设施建设、绿色循环低碳装卸运输装备应用及工艺改造、绿色循环低碳运输智能系统信息技术应用、清洁能源推广应用和环境保护五个方面实施重点支撑项目，共计有重点支撑项目24项，总投资估算149501.59万元，其中节能减排投资83157.73万元。形成节能能力17342.16吨标准煤，形成减排二氧化碳能力25996.43吨（含岸电减排二氧化碳3530.3吨），形成替代燃料能力6868.62吨标准油（含岸电替代1139.39吨标准油）。

3. 福州港建设绿色循环低碳港口主题性项目实施方案

福州港作为沿海重要大港，2013年，福州港完成货物吞吐量1.27亿吨，同比增长11.82%，其中集装箱吞吐量完成197.67万标箱，同比增长8.31%。同时，福州港不仅是中国东南沿海重要的贸易港口和海上丝绸之路的门户，还是对台经济贸易和人文交流的重要窗口，在经济、政治上都兼有关键意义，因此需在绿色循环低碳方面较其他港口更具典型性、紧迫性、必要性和可行性。福州港发展绿色循环低碳港口是对践行贯彻中央对福建"生态省"发展战略的体现，具有极其典型的示范性和代表性。

（1）指导思想

深入贯彻落实党的十八大精神，按照建设"五位一体"总体布局、建设美丽中国的要求，全面落实福建省实施建设生态省份建设的战略举措和交通运输部关于绿色循环低碳交通运输体系建设要求，以科学发展观为指导，以节约资源、提高能效、控制排放为目标，全面落实节约资源的基本国策，以建设绿色循环低碳港口发展长效机制为根本，以试点示范和专项行动为主要推进方式，加大清洁能源推广应用力度，积极研发和推广节能减排技术，加强节能低碳管理制度建设，实现港口绿色发展、循环发展、低碳发展。

（2）总体目标

到2020年，力争福州港低碳发展意识明显增强，体制机制更加完善，科技创新驱动能力明显提

高,管理水平和综合效率明显提升,在保障实现国家确定的单位 GDP 碳排放目标的前提下,福州港能源消耗结构更加优化,清洁能源利用率明显提高,科技创新能力明显增强,港口信息化监管水平明显提升,节能减排管理体制机制进一步完善,港口能源消耗统计、监测、考核体系基本建立,港口绿色循环低碳体系基本建成。通过"绿色循环低碳港口建设"项目实施,力争实现各项目标。

（3）重点领域与主要任务

围绕福州港建设绿色循环低碳港口的总体目标,进一步贯彻落实《福建省交通运输厅关于提升水路运输服务的实施意见》、《福建省港航管理局福建省地方海事局关于印发加快推进绿色循环低碳水路交通运输发展实施意见的通知》、《福建省港航管理局贯彻落实建设低碳交通运输体系实施方案》等提出的政策措施要求,结合福州港发展现状、特点和目标,依据现有客观基础和经济技术条件,分别在港口规划与建设、能源利用与结构、设备效率与水平、作业生产与管理、生态和谐发展五个方面提出主要的任务,全方位、多角度推进福州港的绿色循环低碳转型升级和科学发展。

以"绿色循环低碳港口基础设施建设、低碳装卸运输装备与工艺改造、绿色低碳港口信息化、绿色低碳港航环境保护"四大重点工程为基础,推进福州港绿色循环低碳的建设。

①任务一:以低碳理念加强港口规划与建设。发展规划体现绿色低碳理念;加强港口建设节能过程管理。

②任务二:以节能减排改善能源利用与结构。加强港口节能技术应用推广;积极创新港口能源管理手段。

③任务三:以改造创新提升设备效率与水平。

a. 积极推进港口运输设备改造。

b. 加强港口设备运行维护管理。

c. 加强港口作业工艺改进操作。

④任务四:以信息技术优化作业生产与管理。

a. 加快推进港口信息资源整合。

b. 促进前沿信息技术港口应用。

c. 提升港口作业管理监测能力。

⑤任务五:以环境保护促进港口和谐与生态。

a. 不断推进港口绿化降碳工程。

b. 加快推进港口生态修复工程。

（4）项目概况

以"绿色循环低碳港口基础设施建设、低碳装卸运输装备与工艺改造、绿色低碳港口信息化、绿色低碳港航环境保护"四大重点工程为基础,推进福州港绿色循环低碳的建设。

绿色低碳港口基础设施建设工程共有 3 个项目,包括:船舶靠港使用岸电工程、港口绿色照明工程、供配电设备升级改造工程。

低碳装卸运输装备与工艺改造工程共有 5 个项目,包括:RTG"油改电"推广工程、装卸工艺优化与改造工程、港口装卸机械及属具改造、变频技术在港口的应用、RTG 无油转场推广工程。

绿色低碳港口信息化工程共有2个项目,包括:港口能耗在线监测和能源动态管理网络系统推广工程、港口智能化运营管理系统应用。

绿色生态港口环境保护工程共有3个项目,包括:环境绿化工程、水污染治理工程、大气污染治理工程。

4. 日照港建设绿色循环低碳港口主题性项目实施方案

日照港地处山东半岛南翼,东临黄海,北与青岛港、南与连云港港毗邻,隔海与日本、韩国、朝鲜相望。日照港处在我国海上南北运输主通道的中部,地理位置优越。多年来,日照港在能源运输和城市发展方面发挥了重要作用,是我国综合运输体系的重要枢纽和沿海主要港口。日照港经济腹地纵深广阔,运输需求旺盛,集疏运高效便捷,四通八达的铁路、公路运输网络,把港口与华东、中原、西北广大地区联结在一起。海上航线可到达世界各港,已与世界上100多个国家和地区通航。

(1)指导思想

根据《日照市城市总体规划》和《日照市港航业"十二五"发展规划》对日照港发展提出的要求,以及《日照港"十二五"规划纲要》中提出的"调整结构,创新管理,勇跨三亿,铸造强港"的总体要求,"快速发展、高效发展、安全发展、生态发展、绿色发展"的发展方向,打造"创新学习型、质量效益型、诚信责任型、阳光和谐型"港口的战略目标,围绕交通运输部提出的依靠结构调整、技术创新和管理优化,实现高效能、低能耗、低污染和低碳排放的绿色循环低碳港口建设等有关要求,以科学发展观为指导,以建设绿色循环低碳港口为主线,提升节能减排意识和理念,全面推进节能减排、清洁生产、循环经济和污染源控制工作,优化港口布局和功能,提高能源利用效率,减少碳排放,加强生态环境建设与保护,改善港口环境质量,完善创新机制与管理机制,增强港口可持续发展能力,实现人与自然、港口功能与环境协调、企业经营发展与环境保护协调发展的目标。

以全力打造"规模之港、效率之港、智慧之港、文明之港、美丽之港"为发展目标,"十二五"末实现集团3.5亿吨吞吐量。从优化调整港口布局和功能、提升绿色循环低碳意识和理念,应用绿色循环低碳港口装备与设施、优化生产规模及操作方法、提升能力建设、环境保护等方面的绿色循环低碳主要任务入手,加快推进31项重点支撑项目的实施,不断提高港口能源利用效率,提高新能源与可再生能源比重,降低二氧化碳排放强度,改善港口用能结构,构建以高效能、低能耗、低污染、低排放为基础的绿色循环低碳发展模式,加快港口发展转型升级。

(2)总体目标

综合考虑日照港近年来的发展特点,能耗、排放现状和节能减排潜力,结合日照港"十二五"规划纲要以及"十二五"节能规划,提出日照港集团的绿色循环低碳港口总体发展目标是:港口布局更加合理,形成"东煤南移"、"南散北集"和铁路运输"南进南出"的基本格局,提升全国沿海铁矿石进口第一大港的地位,努力拉长集装箱运输短板,实现一体化发展,从源头上推动港口向绿色循环低碳方向转型升级;港口能源消费结构更加优化,清洁能源利用率有所提高,结构性节能取得明显成效;科技创新能力进一步增强,港口信息化水平显著提高,技术性节能取得明显进展;港口运营组织管理水平和工艺方式高效先进,节能减排管理体制机制进一步完善,能源管理体系运行良好,形成长效机制,港口能源消耗统计、监测、考核体系完善可行,港口生产单位吞吐量综合能耗和CO_2排放明显下降,港口绿色循环低碳发展方式基本形成。

(3)重点领域与主要任务

①任务一:建设布局合理、功能完善、专业化和高效率的港口体系。

a. 优化港区结构,调整港区功能。

b. 东煤南移,促进港城之间和港城内部协调发展。

c. 南散北集,适应腹地经济发展的需要。

d. 南进南出,适应铁路集疏运发展新形势、满足腹地煤炭运输发展要求。

e. 构筑"大宗干散货、原油、集装箱运输和现代物流"四大重点体系。

f. 强化基础设施规划建设的绿色循环低碳要求。

②任务二:促进运输装备与辅助设施的节能环保技术改造。

a. 优化运输装备与辅助设施结构。

b. 推广清洁能源装备与设施。

c. 加强运输装备能效检测和排放控制。

③任务三:加快集约高效生产组织模式建设。

a. 优化生产组织模式。

b. 实现路企直通,优化集疏运条件。

c. 提高装卸工艺水平,加强装卸工属具改造。

④任务四:大力实施"科技兴港"战略,建立科技创新体系。

a. 加强领导,落实责任,进一步完善科技创新工作机制。

b. 围绕发展、突出重点,全力做好科技创新工作。

⑤任务五:加快智能港口与信息化建设。

a. 建立能耗监控系统。

b. 完善物流公共信息服务平台。

c. 完善生产智能化调度系统。

d. 建设危化品应急救援指挥平台。

⑥任务六:进一步加强港区污染治理和应急处置能力。

a. 全面有效控制港口环境污染。

b. 提升环境污染事故应急处置能力。

⑦任务七:加快绿色循环低碳港口管理能力建设。

a. 完善绿色循环低碳港口规划实施体系。

b. 完善绿色循环低碳港口统计监测考核体系。

c. 推进绿色循环低碳港口市场机制运用。

d. 加强人才队伍建设。

根据建设绿色循环低碳交通运输体系的要求,结合日照港建设绿色循环低碳港口的主要任务和重点支撑项目,提出2014—2020年的重点工作及进度计划。

(4)项目概况

2014—2016年期间,日照港集团拟分别从绿色循环低碳基础设施建设、绿色循环低碳工艺改造、绿色循环低碳装卸运输装备应用、港口智能系统信息技术应用、清洁与可再生能源利用和环境保护6个方面实施重点支撑项目。共计有重点支撑项目32项,总投资估算264510.96万元,其中节能减排投资172265.27万元;形成节能能力35054.07吨标准煤,形成减排二氧化碳能力44005.16吨(含岸电减排4290.7吨),形成替代燃料能力13240.33吨标准油(含岸电替代1384.75吨标准油)。

绿色循环低碳基础设施建设共有6个项目,包括:船舶岸电技术应用、港区绿色照明工程、港区电力系统节能改造及更新应用、港区铁路电气化工程、余热回收供热工程、油气回收技术应用。

绿色循环低碳运输装备工艺改造共有5个项目,包括:矿石管状带式输送系统、散粮装卸工艺优化、散货水平运输工艺优化、煤炭装卸工艺改进、船船直取工艺改造。

绿色循环低碳运输装备应用共有5个项目,包括:皮带机逆序启动技术的推广应用、起重机械电能回馈技术应用、散杂货码头装卸机械工属具改造、大型起重机械电气室技术改造、储油罐新型保温涂料推广应用。

绿色循环低碳运输智能系统信息技术应用共有7个项目,包括:能耗监测系统、港区电力调度自动化系统、物流信息系统、港区生产管理系统、铁路运输调度指挥系统、作业车辆调度指挥系统、危化品应急救援指挥平台。

清洁与可再生能源利用共有4个项目,包括:水平运输车辆"油改气"推广应用、港区太阳能供热系统应用、空气源热泵供热系统应用、冻车解冻技术应用。

环境保护共有5个项目,包括:大气污染治理工程、水污染治理及中水回用工程、日照港溢油应急设备及器材配备、日照港绿化工程、日照港码头钢筋混凝土结构防腐工程。

四、能力建设项目成果

(一)高速公路运行能耗与排放监测核算方法及节能减排措施研究

1. 研究背景

针对我国高速公路的快速发展及交通运输业节能减排的需求,高速公路运行能耗与排放监测核算方法及节能减排措施研究课题主要是对高速公路实际运行过程中在公路运营、养护作业、车辆通行过程中的能源消耗强度、温室气体排放强度和大气污染物排放强度采取现场调研、实时数据监测等方法,获取实时数据及统计数据,通过调用不同车型车辆油耗数据库并加以相互关系推导建立温室气体排放模型、大气污染物排放模型和运行能耗强度模型;根据现场实际情况和课题的总体目标要求,提出实时数据监测和各种核算模型建立所采用的工作技术方案和组织实施方案,并根据测试结果结合当地环境条件,通过采用现代控制理论,提出高速公路节能减排优化运行控制策略和实现方法,形成包括公路运营、养护作业及车辆通行在内的节能减排分析优化建议,为高速公路低碳、绿色运行提供支持;通过实际测量和理论分析,丰富、修正、完善高速公路核算中常用的参数如车辆油耗因子、排放因子等,为高速公路管理和核算奠定基础。

2. 主要成果简介

课题研究建立的高速公路运行能耗与排放监测核算模型包括车辆通行、养护作业、运营管理三个方面的能耗与排放模型,其中车辆通行能耗与排放模型可根据动态称重系统或其他车辆数据采集系统获取的车辆基础数据(车重、车速、车型)进行其油耗和排放核算,以路段不同区间作为核算单元,进而得到全路段车辆通行油耗与排放数据。运营管理能耗与排放模型采用统计方法,将全路段总里程、隧道里程比、车道数、收费车道数、服务区与停车区数量、年平均日交通量和公路运行年数作为模型输入,根据这些参数信息进行核算运营管理能耗与排放。养护作业能耗与排放根据路段不同等级养护作业计划,分等级进行能耗与排放核算,综合考虑不同养护材料、地域环境等。

根据实际检测数据进行拟合的车辆能耗与排放模型,误差可大体控制在15%左右的范围,运营和养护作业能耗是根据实际路段的统计给出的,相对比较精确,可控制在10%左右。因为该系统是首次进行应用,其具体精度和适用性需要在示范过程中进行总结。

该系统建立的目标是具有广泛推广和应用价值,因此在选取参数过程中考虑了不同环境因素和道路坡度等差异性参数作为模型输入,车辆模型也是根据车辆动力平衡原理,从车辆自身功耗平衡角度考虑,因此具备不同区域广泛使用的条件,可在不同高速公路路段进行应用。

3. 成果应用情况及产生的效益

该项目在宁宣高速宁高段进行了示范应用,路段全长45公里,目前在试运行阶段,运行效果良好,核算的车辆油耗与排放和实际车辆重量、车速、车型吻合较好,为管理中心提供了该路段能耗与排放的参考,为下一步绿色低碳公路等级评定奠定了基础。

(二)国内外交通运输节能减排政策比较研究

1. 研究背景

气候变化是当今人类社会面临的严峻挑战,也是当前国际社会普遍关注的重大问题。交通行业作为社会公认的三大能耗和碳排放重要领域之一,在我国经济快速发展时期,总体能源需求和温室气体排放呈总体增长态势下,面临着越来越严峻的发展压力和挑战。

如何降低交通行业的能源消耗和碳排放,世界各国都在不断探索。我国于2003年开始重视交通节能减排工作,近10年来,在交通节能减排领域取得了重要突破和进展:一大批的节能减排相关的法律、规划、标准和规范出台,为规范开展节能减排工作给予了重要的指导;一大批节能减排技术和产品得到推广和应用,有效提升了交通运输生产效率和服务水平,增强了交通运输节能减排的技术基础和保障能力。同样,在国外世界各国也从不同层面对新能源开发利用、节能降耗型交通工具的推广、低碳交通乃至低碳经济的发展制定各类政策文件和行动方案,以在国内形成节能减排、低碳发展的文化。

为了能够有针对性地借鉴国内外发展经验,本研究通过分类梳理、比较国内外在交通运输领域节能减排的有关政策措施,提出可供我国交通运输节能减排借鉴的建议,为我国绿色低碳交通运输体系建设提供强有力的政策支撑,具有重要的理论意义和实践价值。

2. 主要成果简介

项目研究从国外、国内两个视角梳理英国、德国、美国、日本、巴西以及我国共6个国家在交通节能减排领域的发展历程和特点、主要的政策内容和效果,尤其是对政府标准监督、经济激励、市场机制三类政策举措进行详细的介绍。在此基础上,从宏观和具化两个层面开展比较,对政策要素、政策内容、政策效果三个方面进行深入比较,发现异同点。结合我国交通节能减排发展的成效及存在问题,提出了推进我国交通节能减排发展的政策框架,重点从政府和市场两个角度,提出我国交通节能减排政策的具体方向,包括提高政策法律效力、加强技术标准的制定、推进价格机制改革、创新新能源车辆使用、继续实行补贴政策、投资主体多元化、建立碳交易平台等。

项目研究借鉴了公共政策学对于公共政策的界定、分类,利用公共政策分析的主要方法,研究中对国内外的政策比较根据公共政策的政策要素、制定过程、政策效果等环节进行深入分析。研究以基础理论为支撑,辅以大量的国内外实践,研究结论基于充分的国内外比较基础之上,结论科学可信。

项目研究最终研究成果包括:

(1)《国内外交通运输节能减排政策比较研究》研究报告。

(2)《国内外交通运输节能减排政策梳理与评述》专题报告。

3. 成果应用情况及产生的效益

本项研究属于政策层面的研究,不直接产生经济效益,但是所研究的内容对于政府部门了解国外政策情况,掌握我国与国外发展之间的差距,学习借鉴国外的优秀做法,对于政府决策具有较好的参考价值,其所能产生的政策效益不可低估。

(三)绿色低碳公路运输场站的评价指标体系研究

1. 研究背景

交通运输行业是国民经济发展的基础性和服务性行业,同时也是主要的终端用能行业,在为我国国民经济发展提供有力保障的同时,也产生大量的能源消耗。据统计,2013年交通运输行业的能源消耗量占全社会能源消耗量的8%左右,且其消费的能源主要是汽油、柴油、煤炭和天然气等不可再生能源,是仅次于工业消耗的第二大能源消耗大户。因此,着力加强交通运输能源消耗的相关研究,建设绿色低碳交通运输运输体系,成为当前交通运输行业发展的重要问题。

交通运输行业相关管理部门一直致力于交通运输节能减排工作,并出台相关的节能减排政策和技术标准,努力降低交通运输行业的能源消耗,实现交通运输的绿色低碳发展。早在2010年,国家"十二五"规划中加快推进合同能源管理,抓好工业、交通运输、建筑等重点领域节能,合理控制能源消费总量,提高能源利用效率。2011年,交通运输部"十二五"发展规划中指出,交通运输行业要以节能减排为重点,建立以低碳为特征的交通发展模式,提高资源利用效率,构建绿色交通运输体系,走资源节约、环境友好的发展道路。2013年,交通运输部印发了《加快推进绿色循环低碳交通运输发展指导意见》,提出了"将生态文明建设融入交通运输发展的各方面和全过程"的新理念,以"加快推进绿色循环低碳交通基础设施建设、节能环保运输装备应用、集约高效运输组织体系建设、科技创新与信息化建设、行业监管能力提升"为主要任务,以"试点示范和专项行动"为主要推进方式,实现交通运输绿色发展、循环发展、低碳发展,到2020年,基本建成绿色循环低碳交通运输体系。2014年,交通运输部杨传堂部长在全国交通运输工作会议上,做了题为《深化改革务实创新加快推进"四个交通"发展》的工作报告,报告指出要全面深化改革,集中力量加快推进综合交通、智慧交通、绿色交通、平安交通的发展。

可见,绿色循环低碳的交通运输体系是当前我国交通运输行业的发展目标。在国家政策的大力支持和帮扶下,交通运输部依据《加快推进绿色循环低碳交通运输发展指导意见》等政策文件,先后制定绿色循环低碳交通运输省份、城市、公路、港口考核评价指标体系,在全国范围内推出绿色低碳省份、绿色低碳城市、绿色低碳公路、绿色低碳港口的评选,并在政策上给予绿色低碳省份、城市、公路、港口一定的支持和鼓励,极大推进了绿色循环低碳的交通运输体系发展。而公路运输场站作为推动交通运输发展的重要基础设施,其绿色循环低碳的发展,也是绿色循环低碳交通运输体系中重要的一环。

因此,项目以公路运输场站为研究对象,从节能减排、绿色循环低碳的角度出发,采用专家咨询和实地调研相结合的方法,建立公路运输场站绿色低碳评价指标体系,科学地对公路运输场站进行绿色低碳评价,对引导公路运输场站向绿色低碳方向发展,实现绿色循环低碳交通运输体系,促进资源节约型、环境友好型交通行业的建设具有重要意义。

2. 主要成果简介

项目研究目标是围绕公路运输场站设计、建设及运营等环节,重点研究绿色低碳公路运输场站评价的指标体系及评价方法,形成《绿色低碳公路运输场站评价指标体系表》和《绿色低碳公路运输场站评价操作手册》,为指导道路客运、货运场站提高能源利用效率和实现节能减排提供技术支撑,有效促进资源节约型、环境友好型交通行业的建设。

通过项目的研究,主要形成的研究成果如下:

(1)《绿色低碳公路运输场站评价指标体系》项目研究报告

此报告包括了我国公路运输场站的发展现状,国内外公路运输场站绿色低碳发展现状及场站绿色低碳节能技术应用情况,研究了公路运输场站绿色低碳影响因素,并对绿色低碳公路运输场站评价指标的设计、指标权重的确定以及指标评分标准的制定、指标评价的操作方法进行分析,为公路运输场站评价指标体系的形成提供技术支持。

(2)绿色低碳公路客运站评价指标体系表

绿色低碳公路客运站评价指标体系表包括强度性指标、体系性指标、保障性指标和特色性指标四大类以及各类指标的评价分值。评价指标体系侧重于客运站运营环节的绿色低碳评价,并涵盖了场站设计、规划及建设环节的绿色低碳评价,科学指导了客运站向绿色低碳发展,促进了行业节能减排、提高能源效率。

(3)绿色低碳公路货运站(场)评价指标体系表

绿色低碳货运站(场)评价指标体系包括强度性指标、体系性指标、保障性指标和特色性指标四大类以及各类指标的评价分值。评价指标体系侧重于货运站(场)运营环节的绿色低碳评价,并涵盖了场站设计、规划及建设环节的绿色低碳评价,科学指导了货运站(场)向绿色低碳发展,促进了行业节能减排、提高能源效率。

(4)《绿色低碳公路运输场站评价操作手册》

绿色低碳公路运输场站评价操作手册阐述了公路运输客、货运场站绿色低碳评价指标的定义、评分细则、评价依据,以及开展绿色低碳公路运输场站的工作程序。该操作手册能科学引导和规范绿色低碳公路运输场站的评价工作,使对公路运输场站的评价结果更加客观、公正,为公路运输场站评价工作提供技术依据和支持。《绿色低碳公路运输场站评价操作手册》和绿色低碳公路运输站(场)评价指标体系表适用于指导新建、改扩建的公路客运站或货运站(场)的绿色低碳评估,以及在用公路客运站或货运站(场)的绿色低碳评价。

3. 成果应用情况及产生的效益

项目为交通运输节能减排能力建设项目,项目研究提出了一套完善的绿色低碳公路运输场站的评价体系,包括绿色低碳公路运输场站评价指标、评价方法、评分标准以及评价工作的程序。该评价体系与绿色低碳省份、城市、港口、公路的评价体系保持一致,研究成果可转化为交通运输节能减排管理的行业政策,政策的实施将产生良好的社会效益。

项目制定的《绿色低碳客运站评价指标体系表》、《绿色低碳货运站(场)评价指标体系表》以及《绿色低碳公路运输场站评价操作手册》,针对客、货运场站的规划、设计、建设及运营环节建立了绿色低碳评价指标体系。该评价指标体系能科学地对客、货运场站进行绿色低碳评价,指导客、货运场站向绿色低碳方向发展,促进客、货运场站提高能源利用效率、实施节能减排,具有良好的社会效益。

(四)《交通运输行业节能减排技术、工艺和产品推荐目录编制(2013年度)》

1. 研究背景

交通运输作为国家终端能源消耗较大的行业之一,近年来十分重视交通运输节能减排工作的开展。到目前为止,交通运输节能减排工作已经初具成效,涌现出了一大批优秀的交通运输节能技术,覆盖范围广泛,节能效果明显,为交通行业节能减排工作的顺利开展奠定了坚实的基础。但由于目前交通运输节能技术的发展尚处于起步阶段,仍然存在着如缺乏节能技术评价机制、尚未建立较为成熟的交通运输节能技术推广机制等问题,造成了目前很多优秀的节能技术仅仅停留在理论上,无法通过实践转化为实际生产力,发挥其应有的作用。

项目旨在通过对交通运输行业节能减排技术、工艺和产品评价方法的研究,建立一套完善的节能技术评价方法,并利用该方法对当前较为成熟的节能技术进行评价,推选出适合于在"十二五"期间广泛推广的交通运输节能技术、工艺和产品。

2. 主要成果简介

(1) 交通运输节能技术评价方法

为建立一个有效、科学、合理的节能技术评价方法,项目组在确立指标体系构建基本原则的基础上,利用德尔菲法、层次分析法等进行了评价指标的选取及权重确定,建立了包含先进性、技术成熟度、节能量计算方法的科学性、节能减碳效果、绿色循环利用效果、经济效益、项目复制难易程度、适用范围、推广价值9项指标的评价指标体系,形成了交通运输节能技术评价打分表。

(2) 交通运输行业节能减排技术、工艺和产品推荐目录

根据研究建立的节能技术评价方法,项目组对当前交通运输行业的节能技术进行了打分评价,根据评价结果,结合对单项节能技术的深入调研分析,编制了《交通运输行业节能减排技术、工艺和产品推荐目录(2013年度)》,包含天然气车辆在道路运输中的应用,绿色轮胎应用,电涡流缓速器在城市公交车上的应用,船舶应用柴油-LNG双燃料电控喷射动力技术,定距桨船舶应用轴带无刷双馈交流发电系统技术,沥青拌和设备清洁能源利用,高速公路、隧道及港区LED节能照明,温拌沥青混合料及沥青再生技术,公路蓄能自发光,带式输送机智能减电机技术,集卡全场智能调度技术,数字航道系统应用12项节能技术,每项技术包括技术内容、技术原理、应用实例及效果评价、行业应用现状、适用条件分析、应用中存在的问题6个部分。

(3) 交通运输节能减排科技专项行动实施方案

通过对交通运输节能技术推广政策措施的研究总结,项目组编制了《交通运输节能减排科技专项行动实施方案》,用于指导交通运输节能技术的推广应用,主要包含指导思想、基本原则、主要目标、重点任务和保障措施等5个方面。

(4) 交通运输节能减排专项资金优先支持领域优化调整建议

通过对2011—2014年专项资金补贴项目及补贴领域数据的深入调研总结,利用SPSS对专项资金补贴数据进行了纵向和横向的比较分析,结合对比分析结果及项目的研究工作,提出了交通运输节能减排专项资金优先支持领域的优化调整建议。

项目属于政策措施研究性项目,其研究成果应用范围广、应用条件低、前景广阔,项目成果适用于公路水路交通运输全行业,在各级交通运输主管部门的支持下,项目研究提出的12项交通运输节能减排技术可以在各交通运输企业大规模推广应用,有效降低交通能耗,为建设绿色循环低碳交通运输体系打下坚实基础。

3. 成果应用情况及产生的效益

项目提出的交通运输节能技术评价方法已被交通运输部办公厅文件《交通运输部办公厅关于开展交通运输绿色循环低碳示范项目评选活动的通知》(厅政法字〔2013〕209)采纳,应用于首批绿色循环低碳示范项目评选过程中,并取得良好效果。项目研究成果《交通运输行业节能减排技术、工艺和产品推荐目录》(2013年度)已经通过中国节能协会交通运输节能专业委员会向会员单位及交通行业进行推广应用,得到了应用单位的一致好评。

课题难以具体量化体现项目成果的经济效益,但其社会效益却是显而易见的。交通运输节能技术评价机制的建立,可以使交通运输主管部门清晰地了解节能技术的水平,《交通运输行业节能减排

技术、工艺和产品推荐目录》的编制,进一步明确了在"十二五"期间适合交通运输行业推广应用的节能技术及其主要内容;《交通运输节能减排科技专项行动实施方案》的撰写,可以有效指导交通运输节能技术推广工作的开展;交通运输节能减排专项资金优先支持领域优化调整建议的提出,可以利用专项资金的资金引导作用,有效推进入选目录的节能技术的推广应用,保障项目研究能够落到实处。

(五)公路水路交通运输行业重点用能单位能源审计导则

1. 研究背景

节能减排和低碳发展已成为全球共同面临的重大挑战和课题,党的"十八大"报告明确提出大力推进生态文明建设,坚持节约资源和保护环境的基本国策,着力推进绿色发展、循环发展、低碳发展,大幅降低能源消耗强度,加强节能降耗,积极应对全球气候变化。

通过项目的研究,探索公路水路交通运输行业开展能源审计工作的技术方法,以重点用能单位为着力点,进一步研究交通运输企业能源消费特点、挖掘行业节能潜力,为行业节能主管部门创新能源管理手段、为交通运输企业提高能源管理水平提供技术支持。

针对交通运输行业开展能源审计的工作程序、审计内容、审计技术方法进行深入研究,编制公路水路交通运输企业能源审计模板,提出审计内容深度要求,形成相关规范草稿,促进交通运输行业能源审计工作规范化开展,强化对交通运输企业运行能耗的监管,切实提高节能减排工作水平,降低能源消耗强度。

2. 主要成果简介

在国家相关标准的基础上,首次根据公路水路交通运输企业能源消费特点,提出了适合行业企业参考的能源审计导则,有利于指导交通运输企业针对性开展能源管理对照分析与改进工作,促进行业能源管理水平进一步提升。

针对交通运输行业特点,研究明确了公路水路交通运输企业开展能源审计的工作程序、审计内容、审计技术方法等,编制了公路水路交通运输企业能源审计模板,提出了审计内容深度要求,形成相关规范草稿。

3. 成果应用情况及产生的效益

本成果能够有效指导公路水路交通运输企业通过开展能源审计不断完善企业能源管理制度建设、能源消费数据监测与统计、开展能源指标核算及节能奖惩、制订节能改造计划等。成果的应用将有利于企业提升自身节能减排管理能力,为政府相关节能减排政策的制定提供基础数据和行业能源消耗现状的依据。

通过项目的研究,探索公路水路交通运输行业开展能源审计工作的技术方法,以重点用能单位为着力点,进一步研究交通运输企业能源消费特点、挖掘行业节能潜力,为行业节能主管部门创新能源管理手段、为交通运输企业提高能源管理水平提供技术支持。

通过该项目的研究,推动行业能源审计工作常态化开展,促进相关政策措施的落实,提高企业节能管理水平,有权威统计,有效的能源管理能帮助企业节约5%~10%的能源,节能效益显著。

本导则经部分企业试用,结果显示,导则规定的内容全面、符合交通运输企业特点、可操作性强,适于指导交通运输企业开展能源审计。

(六)绿色循环低碳交通文化建设与传播研究

1. 研究背景

目前,我们面临的节能减排形势还很严峻,而当前主要还是以政府为主导,靠政府出台管制性、激励性政策,运用行政手段、经济手段、法律手段对参与交通的行为人和企业予以管理。经济手段、行政手段、法律手段对节能减排的引导作用毋庸置疑,并且这些手段在短期内的作用十分明显。但节能减排在某种程度上是为长远利益所付出的短期代价,在很多情况下会造成长远整体目标与短期个体目标的冲突,而个体往往不会顾及这种长远的整体利益。因此,持续提升节能减排的整体效果和综合效益,不能仅靠政府的补贴或管制。

为加快绿色交通发展,确保到2020年基本建成绿色循环低碳交通运输体系,迫切需要建立交通运输节能减排的长效机制,由政府主导转变为市场主导,从政府强制转变为企业自愿,从政府投入转变为全民参与。在这个过程中,迫切需要发挥文化的力量,通过凝练并传播绿色交通文化价值观念,在企业和社会公众中形成主动意识和自觉意识,加快形成新的生产方式和消费模式。

2. 主要成果简介

(1)绿色循环低碳交通文化的基础理论研究。结合文化、绿色文化、交通文化的内涵及主要特征,分析提出课题定义的绿色循环低碳交通文化的概念、范围,并结合交通运输行业发展的阶段性特征,研究提出绿色循环低碳交通文化的内涵及建设的一般方法。

(2)绿色循环低碳交通文化价值体系的构建。在绿色文化、交通文化的总体框架下,以交通运输行业发展的使命、愿景和核心价值观为导向,通过发掘、提炼、整合与创新,构建绿色交通文化在精神、制度和物质层面的价值体系。

(3)绿色低碳交通文化建设实践与传播方案研究。通过借鉴交通文化建设的基础理论和一般方法,在对典型城市、典型领域绿色循环低碳交通发展实践进行总结分析的基础上,形成绿色交通文化建设的实施方案,包括前期准备工作、构建价值体系、建立保障机制、践行价值理念、开展中期评估、滚动推进实施等环节。在此基础上形成面向行业、面向社会的绿色循环低碳交通文化传播的实施方案。

(4)绿色低碳交通文化建设绩效测评体系研究。通过借鉴文化建设绩效测评的实践经验,在开展典型调研、专家咨询的基础上,筛选绿色循环低碳交通文化建设测评的关键指标,从价值理念、制度设计、物质成果、组织管理、行为习惯、社会形象等方面,构建绿色交通文化建设测评指标体系。

3. 成果应用情况及产生的效益

项目属前瞻性研究,项目成果的应用主要在于梳理总结绿色交通文化的实践基础,探索研究绿色交通文化的内涵及建设传播的主要方法,引领未来绿色交通文化发展的趋势和方向。项目研究根据不同运输方式、不同地区、不同领域的绿色交通发展情况,挖掘绿色交通的亮点和成功经验,凝练绿色交通文化的基本构成和主要元素,研究提出了绿色交通文化的概念、内涵、范围和边界。同时,从文化的角度,开拓视野,跳出行业管理界限,从政策调整、舆论宣传、工作部署等方面提出相应措施建议,部分研究成果(如2014年节能宣传周和低碳日宣传方案等)已经得到了应用。

(七)交通运输行业重点用能单位能耗监测体系建设(二期)

1. 研究背景

项目在交通运输节能减排能力建设项目"交通运输能耗统计监测体系建设(一期)"(以下简称"一期项目")的基础上,着重开展以下5个方面的研究内容,包括:编制营运货车和内河船舶能耗在线监测实施方案、编制营运货车和内河船舶能耗在线监测技术规范、部级交通运输能耗在线监测系统平台开发、2013年能耗统计监测数据测算与分析和千家企业低碳交通运输专项行动能耗信息采集分析系统建设。

2. 主要成果简介

(1)营运货车和内河船舶能耗在线监测组织方案

研究提出了交通运输能耗统计监测组织方案征求意见稿,包括:工作目的、实施步骤和长效机制等。

(2)营运货车和内河船舶能耗在线监测技术要求

分析了国内能耗在线监测设备现状及技术标准,结合典型地区营运货车、内河船舶能耗统计监测试点工作经验,编制了营运货车和内河船舶在线监测技术要求,具体包括:终端技术要求、终端通信协议及数据格式、平台技术要求和平台数据交换技术要求。

(3)部级交通运输能耗统计监测系统开发

开发了部级交通运输能耗统计监测系统,该系统集车辆/船舶实时位置信息、油耗动态监测信息、载荷监测信息于一体,能够实现兼容常见终端设备,账号分配、权限管理灵活配置,数据、图像统计分析等功能。

(4)能耗统计监测数据测算与分析

开展了公路、水路、港口和社会车辆能耗及二氧化碳排放等数据测算工作,并向部提供了2013年、"十二五"前两年能耗及二氧化碳数据及文字资料,预测了2014年节能减排数据。

(5)千家企业低碳交通运输专项行动能耗信息采集分析系统建设

完成了"车、船、路、港"千家企业低碳交通运输专项行动能耗信息采集分析系统开发和部署工作。

3. 成果应用情况及产生的效益

公路货运和内河船舶是当前交通运输行业管理的薄弱环节,也是改进提升交通运输服务的难点。通过开展在线监测体系建设,自动获取运输装备行驶地理坐标、油耗量等信息,有重大的经济社会效益。

行业管理部门可以借助上述技术手段,实现超载治理、联网联控、油耗监测、运量统计一体化,有利于行业加强安全监管,消除安全隐患;严格超载治理,规范市场秩序;摸清能耗底数,加强节能管理;改进运输统计,提高规划水平。公路水路运输经营业户可以借助上述基础数据,获取位置信息,实施运营调度,开展节能管理,优化经营计划,有利于改进提升交通运输服务水平,建设绿色循环低碳交通运输企业,加快物流业发展,推动产业转型升级。货主和社会公众可通过在线监测,实时了解货物流量流向,享受到更安全、更生态、更畅达、更透明、更公平的交通运输服务。

(八)新时期加快推进绿色低碳交通运输发展战略研究

1. 研究背景

"十一五"以来,交通运输行业大力推进低碳交通运输体系建设,资源节约型、环境友好型行业建设取得了积极成效。党的十八大明确提出"五位一体"的总体布局,对新时期交通运输发展提出了更高要求。当前和今后一段时期,交通运输仍处于大建设大发展时期,加快推进绿色低碳交通运输发展,既是交通运输产业转型升级、发展现代交通运输业的内在要求,也是促进生态文明、建设美丽中国的紧迫任务。

2. 主要成果简介

项目研究成果包括研究报告、以《加快推进绿色循环低碳交通运输发展指导意见》为代表的政策性文件以及一系列"领导讲话"文件和解读性文章等。具体如下:

——加快推进绿色循环低碳交通运输发展指导意见。

——发展绿色交通,共建美丽中国。

——何建中副部长在绿色循环低碳交通运输体系建设试点示范推进会上的讲话。

——在绿色循环低碳交通运输体系建设试点示范推进会上的总结讲话。

——部省共同推进江苏省绿色低碳交通运输发展框架协议。

——《加快推进绿色循环低碳交通运输发展指导意见》解读。

——深入贯彻十八大精神,加快推进交通运输绿色循环低碳发展。

——绿色循环低碳交通运输发展状况调研报告。

——江苏省绿色低碳交通运输发展状况调研报告。

——绿色低碳交通运输发展展览展示。

3. 成果应用情况及产生的效益

(1)在项目研究成果的基础上,交通运输部形成了一系列政策文件,包括《加快推进绿色循环低碳交通运输发展指导意见》(交政法发〔2013〕323号)、杨传堂部长署名发表的《发展绿色交通 共建美丽中国》、何建中副部长在绿色循环低碳交通运输体系建设试点示范推进会上的讲话、部省共同推进江苏省绿色低碳交通运输发展框架协议等。这些政策文件,对于推动绿色循环低碳交通运输体系建设,促进现代交通运输业发展和生态文明建设将发挥十分重要的作用。

（2）江苏省作为全国首个与交通运输部签署《共同推进江苏省绿色循环低碳交通运输发展框架协议》的省份，对于在全国范围内推广"部省共建"绿色低碳交通运输发展机制提供重要参考借鉴，对更加科学合理发挥交通运输节能减排专项资金的引导作用和影响力，充分发挥部和省各自优势，健全绿色循环低碳试点示范体系起到有力促进作用。

（3）协助交通运输部举办了绿色低碳交通运输发展试点示范成果和目标展览展示，集中展示了江苏绿色交通省、杭州等17个绿色交通城市、成渝高速公路等12条绿色公路、天津港等8个绿色港口的试点建设成果，充分反映了近年来绿色低碳交通运输体系建设试点示范成果以及下一阶段加快推进绿色低碳交通运输发展的思路、目标和重点工作，提高了行业绿色循环低碳发展意识。

（九）《公路水路交通运输节能减排"十二五"规划》及相关政策的中期评估及节能减排绩效评价指标分析

1. 研究背景

"十二五"时期，是交通运输行业加快转变发展方式、推进现代交通运输业发展的关键时期。为深入贯彻落实科学发展观，全面贯彻落实资源节约和环境保护基本国策，提高能源利用效率，降低二氧化碳排放强度，2011年6月交通运输部编制印发了《公路水路交通运输节能减排"十二五"规划》（以下简称《规划》）。该《规划》是交通运输"十二五"规划体系的重要专项规划，规划阐明了"十二五"时期交通运输行业节能减排工作的指导思想和基本原则，明确了总体目标和主要指标，提出了主要任务、重点工作和保障措施，是"十二五"期交通运输行业节能减排工作的纲领性文件。在规划的指引下，同时为有力推动《规划》的实施，交通运输部相继出台了一系列相关配套政策。《规划》及相关政策的实施，对于统筹指导和不断深化交通运输行业节能减排工作，有序推进绿色循环低碳交通运输发展，加快转变交通运输发展方式发挥了重要的基础性指导作用。

国际国内形势出现了新变化、新特点，交通运输发展面临着一些新形势、新要求，交通运输节能减排工作存在新问题、新挑战，迫切需要对规划实施进展情况与效果进行全面客观评价，以分析存在的主要问题，提出在"十二五"后两年需继续推进、重点加强、调整完善的主要工作，为交通运输节能减排"十三五"规划编制提供支撑。

为此，根据《国务院关于落实〈中华人民共和国国民经济和社会发展第十二个五年规划纲要〉主要目标和任务工作分工的通知》《国家发展改革委关于开展"十二五"规划〈纲要〉中期评估工作的通知》的要求，杨传堂部长在2013年全国交通运输工作会议上明确提出，要组织做好《交通运输"十二五"发展规划》中期评估工作。本《规划》作为行业的重要专项规划，交通运输部印发的《2013年交通运输行业节能减排工作要点》，也明确提出要结合国务院《节能减排"十二五"规划》，针对《规划》组织开展规划实施的中期评估，切实保证规划目标和主要内容落到实处。根据交通运输部"十二五"规划评估工作的统一部署，开展了本《规划》的中期评估工作，通过开展《规划》及相关政策实施情况跟踪评估研究，提出确保实现《规划》目标的政策措施建议，为加强和改进行业节能减排管理提供决策参考。

此外，交通运输节能减排规划出台，政策配套，其中资金保障与激励政策尤为关键。《规划》颁布实施后,为切实加大财政性资金的引导作用,规范资金管理,2011年,财政部、交通运输部制定了《交通运输节能减排专项资金管理暂行办法》,设立了交通节能减排专项资金,以"以奖代补"的方式奖励参与节能减排的企业,充分调动了交通运输企业的积极性和主动性。为全面准确地掌握资金使用绩效状况,更好地发挥交通运输节能减排专项资金的激励作用,按照中央财政性资金绩效管理的有关要求,有必要开展交通运输节能减排专项资金的绩效评价工作。

规划与政策评估并非为评估而评估,更重要的通过评估结果反馈支撑未来的决策与管理。党的十八大明确提出了2020年全面建成小康社会的宏伟目标和"五位一体"总体布局,要求把生态文明建设放在突出地位,融入经济建设、政治建设、文化建设、社会建设各方面和全过程,努力推动绿色发展、循环发展和低碳发展,建设美丽中国,实现中华民族永续发展。十八届三中全会进一步提出要建立完善的生态文明制度体系。可以预见,即将到来的"十三五"时期,将是交通运输行业加快转变发展方式、大力推进"绿色交通"建设、基本建成绿色循环低碳交通运输体系、实现交通运输现代化的关键时期,交通运输节能减排工作进入新阶段,面临新形势、新要求,迫切需要交通运输主管部门强化战略思维和顶层设计,研究编制一个科学性、可操作性强的交通运输"十三五"节能减排规划,通过充分发挥规划的龙头作用来强化绿色交通的引领作用。因此,在"十二五"规划及相关中期评估的基础上,进一步研究提出"十三五"交通运输节能减排规划的总体思路对于"十三五"节能减排规划编制具有重要支撑作用。

基于以上背景,交通运输部组织安排《<公路水路交通运输节能减排"十二五"规划>及相关政策的中期评估及节能减排绩效评价指标分析》项目专题研究。

2. 主要成果简介

目前该项目全面完成各项研究任务,形成了研究报告和工作报告,具体包括:

(1)研究报告

①总报告:《公路水路交通运输"十二五"节能减排规划及相关政策中期评估研究》。

②分报告:《交通运输节能减排专项资金绩效评价研究》。

(2)工作成果

①《公路水路交通运输"十二五"节能减排规划中期评估报告》。

②《交通运输"十三五"节能减排规划的总体思路》。

③《交通运输节能减排专项资金绩效评价方法》(建议稿)。

④《2013年度交通运输节能减排专项资金绩效评价报告》。

3. 成果应用情况及产生的效益

该项目科学评估了《公路水路交通运输节能减排"十二五"规划》(以下简称《规划》)实施情况,总结分析了《规划》实施的主要成效及问题,提出了确保《规划》顺利完成的政策建议,依托项目各阶段研究成果,为部法制司配合部综合规划司开展交通运输"十二五"发展规划中期评估、国家发展改革委开展节能减排与应对气候变化"十二五"规划中期评估工作,及时报送相关专题材料提供了有力支撑。项目核心成果《公路水路交通运输节能减排"十二五"规划中期评估报告》已纳入交通运输部印发的《交通运输"十二五"发展规划中期评估报告》(交规划发〔2013〕793号)。

此外,初步研究提出的"十三五"期行业节能减排规划总体思路,为交通运输部提前谋划和部署交通运输节能减排"十三五"规划的编制工作,奠定了良好基础;提出的交通运输节能减排专项资金绩效评价方法以及2013年度评价报告,对于交通运输部加强改进专项资金管理、提高资金使用效益具有重要参考价值。

总之,该项目研究成果时效性和指导性强,已在行业节能减排管理中得到有效应用,不仅可有效指导"十二五"后两年行业节能减排工作、支撑行业节能减排"十三五"规划编制,而且对于交通运输部加强和改进行业节能减排管理、规范交通运输部门预算项目支出绩效评价工作发挥了积极的决策参考作用。

(十)水路运输温室气体排放影响、排放峰值与减排目标、路径研究

1. 研究背景及意义

(1)研究背景

发达国家已在交通运输行业温室气体排放领域进行了大量的研究,交通运输行业温室气体排放的核算方法及技术的研究得到大力开展。IPCC、世界资源研究所、美国能源信息署、美国环保署、国际能源署等机构都分别开发了交通行业温室气体排放的核算方法。其中,IPCC第三工作组方法(以下简称"IPCC方法")是国际上较为认可的温室气体排放评价的基准方法,已经被多数研究机构采用,并在许多国家和领域取得了应用成果。其方法的核心是基于活动量与排放系数计算温室气体排放量。目前,IPCC方法被广泛用于UNFCCC缔约国的国家温室气体排放清单编制,IPCC在每年出版的《国家温室气体排放清单导则》的修订版中对该方法不断进行修正。此外,IPCC还发布了《2006年IPCC国家温室气体清单指南》,规范各国温室气体排放清单的编制。英国、澳大利亚、日本等许多国家已编制了国家及行业的温室气体排放清单。

各国研究机构还提出了许多计算模型和方法体系,用于国家及行业层面的温室气体排放预测及减排潜力分析,如MARKAL、LEAP、ENPEP、SGM、CGE等模型。交通运输行业的温室气体减排潜力分析也在逐渐得到重视。目前的研究主要基于交通碳排放模型和情景分析等方法,即在核算的排放基准量的基础上,通过设置一定的情景及设计减排技术,来确定行业减排潜力和技术选择。近年来,国际能源署(IEA)、世界资源研究所(WRI)、美国清洁大气政策研究中心(CCAP)等一些国际组织相继开展了交通行业温室气体减排方面的相关研究,如Wright和Fulton等对发展中国家交通业温室气体减排的潜力和成本进行了分析研究,研究重点主要包括行业情景设计、减排影响模拟等方面的技术方法及其实行所需的配套政策设计。

目前,我国已在控制温室气体排放领域取得了一系列研究成果。国家发展与改革委员会能源研究所发布的《2050中国能源和碳排放报告》中基于中国能源环境综合政策评价模型(IPAC)的三种排放情景,预测了我国CO_2排放峰值及2050年CO_2排放量。2011年和2013年,交通运输部、国家发展和改革委员会先后立项《建设低碳交通运输体系》和《中国交通低碳发展战略研究》,分别对公路、水运、城市客运等交通方式的碳排放现状、发展趋势预测和减排路径进行了研究,交通运输部水运科学研究院均承担了水路运输行业子课题的研究,摸清了水路运输的能源消耗和碳排放现状,对未来

的发展趋势进行了情景分析和预测,为项目的研究奠定了基础。

(2) 研究目的

本研究旨在建立水路运输温室气体排放核算方法的基础上,通过掌握较为准确的国内水路运输能源消耗和温室气体排放数据,编制出 2010 年水路运输温室气体排放清单,并在此基础上通过情景分析预测水路运输温室气体排放峰值,明确未来减排目标,并提出切实可行的减排行动方案。

(3) 研究意义

建立 2010 年国内水路运输分省域分航区的温室气体排放清单及 2010 年我国国际海运温室气体排放清单,有利于我国摸清水运行业的碳排放现状基数,为未来实施温室气体排放总量控制及节能减排目标责任制奠定基础,也为我国参与国际谈判提供数据依据。开展不同情景模式下我国水路运输能耗及碳排放趋势预测,为制定我国水运减排目标及应对气候变化国际谈判提供技术支撑。同时,依据情景分析的结果,在开展我国水路运输温室气体减排路径研究的基础上,形成具体的行业控制温室气体排放行动方案,将有效促进水路运输行业节能减排及应对气候变化工作的有序开展。综上所述,课题的研究对增强我国水运行业节能减排工作基础,指导行业未来减排工作具有重要意义。

2. 主要成果简介

(1) 主要技术成果

课题依据水路运输行业温室气体排放清单编制指南,基于行业统计基础编制了 2010 年国内水路运输分省域分航区的温室气体排放清单及 2010 年我国国际海运温室气体排放清单;建立了我国水路运输温室气体排放情景分析模型,开展了行业能源消耗和温室气体排放情景分析,并与已有成果进行对比;预测了三种情景模式下 2011~2050 年水路运输行业温室气体排放趋势;制定出 2014~2020 年水路运输行业控制温室气体排放行动方案。

本研究取得的关键技术成果在于:

①确定了我国水路运输温室气体排放测算方法,并在现有行业统计基础上,结合航运企业调研数据,编制出 2010 年国内水路运输分省域分航区的温室气体排放清单及 2010 年我国国际海运温室气体排放清单。摸清了行业温室气体排放现状水平,为未来实施温室气体排放总量控制及节能减排目标责任制提供参考基数。

②基于国际上惯用的情景分析工具,结合我国水路运输行业实际,构建国内水路运输、我国国际航运温室气体排放情景分析模型,预测不同情景模式下 2011~2050 年我国水路运输能耗及碳排放趋势,并基于情景分析结果,明确了 2050 年前各阶段的减排目标。

按合同要求,项目已形成如下研究成果:

①《国内航行船舶温室气体排放清单建立方法研究报告》。

②《水路运输能源需求和温室气体排放峰值研究报告》。

③《水路运输控制温室气体排放行动方案(2014—2020)》。

④《水路运输温室气体排放影响、排放峰值与减排目标、路径研究报告》。

(2) 成果成熟性及推广应用前景

课题取得的温室气体排放清单方面成果是在充分收集行业官方统计数据及广泛调研数据的基础上,参阅《2006年国家温室气体清单指南》、《省级温室气体清单编制指南》等官方发布规范性文件编制形成的,数据来源可靠且充分,方法科学合理。课题关于行业能耗及碳排放情景分析的研究是基于国际上惯用的情景分析模型,研究方法科学可靠,研究结论通过与中国可持续发展项目、壳牌基金会项目及能源基金会中国2050年低碳发展之路等权威课题研究结果的对比分析,验证了课题成果的合理性,课题成果成熟度较高。

项目成果存在如下推广应用的前景:

①研究提出的水路运输行业温室气体排放核算方法,有利于统一核算口径,在此基础上可加快行业主管部门建立温室气体排放统计体系。

②基于课题形成的2010年国内水路运输分省域分航区的温室气体排放清单及2010年我国国际海运温室气体排放清单,有利于我国摸清水运行业的碳排放现状基数,为未来实施温室气体排放总量控制及节能减排目标责任制奠定基础。

③课题形成的不同情景模式下2011—2050我国水路运输能耗及碳排放趋势预测结果,为制定我国水运行业阶段性减排目标提供依据,其中国际航运部分的研究结果为我国应对气候变化国际谈判提供了技术支撑。

④采用课题形成的《水路运输控制温室气体排放行动方案(2014—2020)》,可指导行业节能减排及应对气候变化工作科学、有序地开展。

3. 成果应用情况及产生的效益

课题属于节能减排基础性研究工作,产生的社会效益及间接经济效益体现在以下几个方面:

①研究提出了水路运输行业温室气体排放核算方法,解决了目前因行业尚未公布标准核算方法导致的不同机构推算得出的碳排放量存在差异的问题。统一核算口径,便于比较分析,同时为行业主管部门建立温室气体排放监测统计体系提供技术支撑。

②课题编制了2010年水路运输温室气体排放清单,有利于我国摸清水运行业的碳排放现状基数,为未来实施温室气体排放总量控制及节能减排目标责任制奠定基础。

③课题开展不同情景模式下我国水路运输能耗及碳排放趋势预测,为制定我国水运减排目标及应对气候变化国际谈判提供技术支撑。

④课题在开展我国水路运输温室气体减排路径研究的基础上,形成《水路运输控制温室气体排放行动方案(2014—2020)》,虽不能够直接产生经济效益,但研究成果的实施将有效促进水路运输行业节能减排及应对气候变化工作的有序开展,节能将给航运企业带来经济效益,减排则会产生可观的社会和环境效益。

(十一)公路运输温室气体排放影响、排放峰值与减排目标、路径研究

1. 研究背景

伴随城镇化的加速推进,我国交通运输的能源消耗与日俱增,已成为碳排放增长最快的部门之

一。而这其中,公路运输又是交通运输领域最大的排放子行业(据测算,我国公路运输碳排放约占全部交通排放的86%);其温室气体特别是二氧化碳排放控制绩效、排放峰值出现的时间对整个交通运输全行业节能减排目标的实现、减排路径的确定将会起到决定性作用。因此,在现有数据条件基础上,对公路客、货运输温室气体排放进行全面、准确的核算,建立适合于我国的公路运输二氧化碳排放清单编制方法,开展未来中长期时间尺度下的公路运输能源消耗与碳排放情景分析与预测研究,提出建立在量化分析基础上的减排目标、路径及其具体行动方案,既是目前公路运输节能减排研究必须解决的关键问题,又是交通运输行业管理部门制定低碳发展规划、部署节能减排工作任务所急需的重要参考。为此,2013年,交通运输部委托部公路科学研究院,联合部科学研究院,共同开展了"公路运输温室气体排放影响、排放峰值与减排目标、路径研究"。本项研究立足于我国公路运输发展实际,并充分考虑到行业节能减排数据基础薄弱的具体问题,以量化排放现状、掌握未来发展趋势、制定完整减排方案为主要目标,通过建立多种对应于不同数据条件的公路运输二氧化碳排放清单编制方法,定量预测到2050年公路客货运输能耗与碳排放情况与排放峰值,提出公路运输控制温室气体排放行动方案,为行业管理部门掌握公路运输二氧化碳排放的变动趋势、制定行业节能减排政策措施提供坚实、可靠的支撑。

2. 主要成果简介

构建了公路运输温室气体排放清单编制方法。本项研究充分考虑到行业节能减排不同数据基础,提出了四种可供选择的公路运输温室气体排放清单建立方法,即基于能耗统计与碳平衡原理的排放清单编制方法、基于运输周转量统计数据和能耗强度数据的排放清单编制方法、基于车辆保有量与使用状况的排放清单编制方法和基于车辆行驶详细数据的排放清单编制方法,并对每种方法所涉及的参变量给出了具体确定方法,形成了具有很强操作性的《公路运输温室气体排放清单编制指南》。

开展了基于自上而下和自下而上两种视角的公路运输能耗与温室气体排放中长期情景分析。本项研究在同类研究中首次使用基于自上而下一般性情景分析与自下而上的LEAP模型两种方法,开展了包括营业性公路客、货运输两个子行业的公路运输能耗和碳排放中长期情景分析预测。通过设定基准情景、低碳情景和强化低碳情景三种发展情景,并考虑到不同交通运输方式间的协调互动以及优化公共交通服务、普及低碳出行理念所带来的对私家出行的抑制等因素对公路运输及其能耗、排放的影响,测算得到了2011—2050年三种情景下行业的能耗与排放趋势,并对可能的排放峰值及其出现时间进行了预测。编制了公路运输控制温室气体排放行动方案。本研究基于公路运输温室气体排放关键影响因素、行业碳排放现状与未来趋势等的量化分析结果,提出了到2020年控制温室气体排放量化目标、十大重点任务和四个方面的保障措施,为行业近中期节能减排提供了细化方案。本研究形成了可面向行业管理部门应用推广的《公路运输温室气体排放清单编制指南》与公路运输控制温室气体排放行动方案。在项目研究过程中,已向交通运输部法制司、综合规划司以及北京、重庆、浙江、山东、黑龙江等节能减排工作基础较好的省市广泛征求了意见或开展了实地调研走访,具备实施条件。

3. 成果应用情况及产生的效益

项目的研究成果有效地支撑了我国公路运输行业能耗与碳排放现状核算、趋势分析与低碳发展政策制定工作。其效益主要体现为：

①提出了能够适应不同数据基础的公路运输温室气体排放清单编制方法及其编制指南，将为各级行业管理部门编制公路运输温室气体排放清单提供切实有效的支撑。

②完成了到2050年我国公路客、货运输能源消耗与碳排放情景分析与定量预测，给出了行业排放峰值的判断，为相关政府部门掌握未来中长期公路运输能耗与碳排放趋势、制定合理可行的减排目标提供了可靠支撑。

③编制了公路运输控制温室气体排放行动方案，提出了行业节能减排的具体路径、实施重点与关键抓手，有助于进一步完善公路运输温室气体排放控制的政策体系与工作措施，从而有利于行业绿色循环低碳向纵深发展。

（十二）城市慢行交通系统发展模式与推进方案研究

1. 研究背景

城市慢行交通系统发展在我国起步晚，在发展过程中缺少经验积累、理论指导以及规范约束，城市慢行交通发展相对滞后的格局仍未得到根本改变。法规体系不完善、管理体制不顺畅、编制规划不到位、财政投入不稳定等问题仍然突出，且直接影响了城市慢行交通系统健康持续发展及整体效能的提升，导致我国大多数城市出现"步行+自行车+公交"的低碳出行方式正日益萎缩，这给城市生态文明，绿色交通、低碳交通运输体系建设带来了严峻的压力。

2. 主要成果简介

本研究从深入剖析我国慢行交通系统发展的现状及问题入手，分析我国城市慢行交通系统的发展形势，通过国内外慢行交通发展调研，分析我国不同类型的城市慢行交通系统的发展模式，提出了城市慢行交通系统发展的总体要求，并重点对慢行交通与城市综合客运枢纽、城市公共交通系统和城市公共自行车等方面的一体化设计要求分别进行研究。为推动我国城市慢行交通系统科学规划、科学应用、科学发展提供政策依据和理论指导。

项目研究成果提出了《城市慢行交通系统发展总体要求》（建议稿）和《城市慢行交通系统发展的政策建议》，为开展慢行交通系统建设和推广工作起到了引领作用；研究成果《城市慢行交通系统发展模式与推进方案研究》总报告为不同类型城市发展慢行交通系统提供了技术支撑。

3. 成果应用情况及产生的效益

本研究通过对国内外城市慢行交通系统发展的现状和经验进行总结，有助于促进不同类型城市建立适宜城市自身发展的慢行交通系统，对全面提升城市慢行交通出行环境具有重要意义。研究形成的慢行交通与城市综合客运枢纽、城市公共交通系统一体化设置要求，城市公共自行车发展方法等理论体系，对我国城市慢行交通系统的发展提供了有力的技术支撑。

项目研究意义重大，对不同类型城市全面发展慢行交通，倡导市民绿色出行，缓解城市拥堵，减少大气污染和能源消耗具有重要社会、经济和环境效益。在带来显著社会效益的同时,也将会为交通运输管理部门指明慢行交通系统的发展思路,节约大量的人力、物力和资金,间接地体现经济效益。

(十三)交通运输行业重点耗能产品能效评定方法及交通运输节能减排标准体系建设研究

1. 研究背景

随着节能减排重要性的突显,标准在节能减排工作中所发挥的作用日益显现。目前,我国交通运输行业正在逐渐建立交通运输节能减排标准体系,各专业领域都制、修订了节能减排方面的国家标准和行业标准。这些标准在各专业领域得到了贯彻实施,充分发挥了标准对交通运输行业合理用能和减排的约束引导作用,强化了政府监督管理,规范了能源利用方式,引导了社会合理用能,提高了单位用能效率方面的引领及指导作用。节能减排标准体系的不断完善,为交通运输节能减排工作逐步走上科学化、法制化、规范化提供了有力的制度保障。

2. 主要成果简介

(1)攻克的关键技术

项目的关键技术是合理地确定交通运输节能减排标准分类,通过对各类标准的适用范围、标准内容内涵及外延的分析,对节能减排标准进行科学分类、分层,提出覆盖范围全面、具有内在联系、科学合理的交通运输节能减排标准体系,实现以最少的标准数量覆盖且适应交通运输节能减排的需要。其中,最关键的技术是标准体系表层次的划分与标准的分类。项目通过对交通行业节能减排现有标准的梳理和对关键技术的攻关,课题组在标准体系编制理论和实际需求相结合的基础上,在交通行业节能减排标准需求分析的基础上,按标准的适用范围,将标准分为三个层次:第一层次为交通运输行业节能减排通用标准;第二层次为专业领域通用标准,包括道路运输、公路建设与养护、水路运输、水运建设与维护等四个专业领域的节能减排通用标准,并为铁路运输、铁路建设、航空运输、机场建设、管道运输、邮政业等专业领域的节能减排标准预留了位置,体现了导向性和开放性原则;第三层次为分专业领域的门类标准,其中,道路运输专业领域中有道路货物运输、道路旅客运输、城市客运、汽车维修与驾培四个门类的节能减排标准;公路建设与养护专业领域中有公路工程建设与养护、公路运营、路桥施工设备三个门类的节能减排标准;水路运输专业领域中有船舶运输、港口生产两个门类的节能减排标准;水运建设与维护专业领域中有港航工程与维护、港航施工船舶与设备两个门类的节能减排标准。

项目组结合交通运输行业节能减排工作特点,将节能减排标准分为四类,分别是:(A)节能减排统计和计算;(B)节能减排监测、评价和考核;(C)耗能设备能效和限额;(D)节能低碳产品、技术和运行节能。其中,A、B类标准分别是针对交通运输某一领域节能减排统计和计算、监测、评价和考核的节能减排标准。"某一领域"主要指:作业区或运行线路(如一个码头、一条地铁、一条公交线路、一个高速公路服务区等),企业或项目(如一个港口、一个运输企业、一个工程项目等),行政区(如一个地区、一个省),专业领域(如港口、公路建设、公交等)等。C类标准是针对交通运输耗能设备能效和限值的标准。D类标准是针对交通运输"交通运输耗能设备"应用节能低碳产品和技术,采取规范的操作运行等具体节能减排措施的标准。研究报告对各专业领域的各类标准覆盖范围进行了范围的界定,提出了科学、合理的体系表层次划分与标准分类,并提出了标准体系要素集群和标准体系结构图,理顺了标准的关系,有效地避免了标准的重复交叉和遗漏。

(2)取得的主要成果

①交通运输重点耗能产品能效评定方法通则(建议稿)。

②交通运输重点耗能产品能效评定推进方案。

③交通运输行业重点耗能产品目录。

④交通运输行业节能减排标准体系表(2014—2020年)。

⑤交通运输节能减排标准建设实施方案(2014—2020年)。

⑥项目研究报告和工作报告。

3. 成果应用情况及产生的效益

项目是交通运输节能减排标准化基础性研究工作,该项目研究内容丰富、涉及面广、难度高。本身没有明显的、直接的经济效益,但其具有显著的社会效益和环境效益。

具体体现在:交通运输节能减排标准体系的研究是贯彻实施节能关法律法规、提高交通运输节能和防污染保障能力、增强国家形象和国际竞争力的需要。标准体系表的贯彻与实施,可促进交通运输行业竞争力的提升,促进节能减排监管能力的提升,促进管理水平的提高。对制定节能减排标准和标准的规划、计划有一定的指导作用,加强政府部门对企业标准化工作的指导。

(十四)交通运输行业温室气体排放清单编制指南及控制温室气体排放对策研究

1. 研究背景

国内外有关温室气体排放清单编制的研究已有良好开端,国内外在国家温室气体排放清单、省级温室气体排放清单方面取得了一定的研究成果,其中,国家温室气体排放清单和企业温室气体排放清单都有相对统一的标准规范;而省级温室气体排放清单是我国遵循《IPCC国家温室气体清单指南》的基本方法,并借鉴了1994年和2005年我国能源活动温室气体清单编制的做法,研究提出的。相比较以上各种温室气体排放清单编制方法,行业领域温室气体排放编制方法的研究较少。

2. 主要成果简介

本项研究主要取得了以下研究成果:

①分析了我国交通运输行业碳排放趋势。

②分析了我国交通运输行业碳排放潜力。

③对我国交通运输行业碳排放进行估算。

④提出了我国交通运输行业碳排放主要政策措施。

3. 成果应用情况及产生的效益

项目研究成果有效地支撑了交通运输行业温室气体控制工作,主要研究结论多次向交通运输部、国家发展改革委及国务院有关部门汇报,有效地支撑了国家应对气候变化重大事项的决策。

(十五)社会车辆温室气体排放影响、排放峰值与减排目标、路径研究

1. 研究背景

目前国际上对温室气体排放的总量控制已达成基本共识,应对气候变化国际判断也日益得到世界各国的重视。交通运输行业作为主要的温室气体排放源,对其温室气体排放影响、排放峰值、减排目标的研究十分迫切和重要,而社会车辆是决定交通运输温室气体排放总量的关键领域。同时开展温室气体排放清单编制指南研究是实施总量控制的重要环节,也是落实《"十二五"控制温室气体排放工作方案》的基础工作。

2. 主要成果简介

本项研究的主要成果包括:
① 2010 年社会车辆温室气体排放清单。
② 社会车辆能源需求和温室气体排放峰值研究报告。
③ 社会车辆控制温室气体排放政策建议。

项目作为基础性的创新研究,研究成果弥补了国内目前研究的空白,主要为行业主管部门管理工作提供依据和参考。

3. 成果应用情况及产生的效益

项目作为支撑交通运输行业节能减排、应对气候变化的基础性研究工作,为制定行业发展目标提供了定量分析的依据和参考。同时提出了相应的政策建议,供行业主管部门参考。

(十六)城市客运温室气体排放影响、排放峰值与减排目标、路径研究

1. 研究背景

城市客运温室气体的碳排放逐年增加,已成为交通运输行业温室气体排放的重要组成部分,未来面临着严峻挑战。目前,城市客运温室气体相关研究项目十分有限,城市客运的节能减排目标、温室气体排放清单、重点任务、低碳发展路径等尚不明确,温室气体排放评估和预测工具研究严重不足,低碳相关的统计基础薄弱,且城市客运的复杂性,大大增加了城市客运温室气体排放的峰值和减排路径的研究难度。因此,开展此研究,明确提出城市客运温室气体排放的排放清单、峰值和减排路径等,对加快低碳城市客运体系建设意义重大。

2. 主要成果简介

本研究从深入剖析城市客运温室气体排放的现状和发展入手,分析城市客运温室气体排放的发展形势,了解国内外城市客运减少温室气体排放的管理经验,研究提出城市客运温室气体排放的评估方法、温室气体排放的峰值、目标和减排路径,分析了各种措施的减排潜力,提出我国城市客运控制温室气体排放的行动方案,为推动我国城市客运节能减排规划、决策等理论指导和技术支撑。

本研究的主要研究成果为：

①《城市客运温室气体排放清单编制指南》。

②《2010年城市客运温室气体排放清单》。

③《城市客运控制温室气体排放的行动方案》。

3. 成果应用情况及产生的效益

项目研究意义重大，将产生重大的社会效益和环境效益。控制温室气体排放已成为我国落实节约能源和环境保护国策的重要内容，开展碳交易试点等工作已在全国正式启动，城市客运行业也将在其中扮演重要的角色。城市客运温室气体排放清单的研究可以为了解城市客运温室气体的排放规律和结构、开展碳交易、提出发展目标等提供重要的数据基础，提出城市客运温室气体排放峰值、目标和减排路径，进一步明确了城市客运温室气体排放的重点任务和发展方向。

环境保护部分

一、2014年新批复的环保试点项目

(一)生态建设和修复试点项目概述

1. 国道318线康定段边坡生态修复和取弃土场治理试点工程

国道318线(川藏公路南线)是四川及东中部地区进入西藏的重要通道,是重要的国防战备公路,也是甘孜州的经济干线,在国家和区域路网中居于重要地位。国道318线康定段海拔较高,起伏剧烈,路域生态环境较为脆弱敏感;受财力限制等综合因素影响,早期建设的公路沿线裸露边坡和取弃土场没有得到有效恢复,引发土地风化、水土流失和生态功能退化等一系列环境问题,亟需开展生态建设和修复工作。本工程建设内容符合《公路水路交通运输环境保护"十二五"发展规划》确定的发展方向和建设重点,可为川西高原生态敏感地区公路生态修复提供示范。

工程主要建设内容为边坡生态修复和取弃土场生态治理工程。工程共对16处边坡和15处取弃土场进行生态治理,治理总面积16.2万平方米。其中:

(1)边坡修复工程点共16个,生态修复面积约为5.5万平方米。种植乔木0.1万株,种植灌木0.11万株,主动柔性防护网面积0.13万平方米,三维网植草面积3.35万平方米,湿法喷播植草面积2.07万平方米,开挖土方0.25万立方米,回填土方0.12万立方米,修建截、排水沟937米,修建挡土墙300延米。

(2)取弃土场工程点共15个,生态修复面积为10.7万平方米。共种植乔木0.18万株、灌木3.85万株,湿法喷播面积4.8万平方米,撒播植草面积3.67万平方米,开挖土方2.04万立方米,回填土方0.89万立方米。

2. 国道G245澄江至江川段二级公路生态建设和修复试点工程

G245澄江至江川段位于云南省抚仙湖西侧湖滨地带。抚仙湖是中国最大的深水型淡水湖泊,是云南省第一批省级风景名胜区,湖水水质保持在Ⅰ类,2011年成为中国第一批生态环境保护试点湖泊。目前,G245澄江至江川段公路两侧边坡植被稀疏,水土流失严重,对路侧湿地结构和功能造成了一定程度的破坏,亟需开展生态建设和修复工作。本工程建设内容符合《公路水路交通运输环境保护"十二五"发展规划》确定的发展方向和建设重点,可为云贵高原生态敏感地区公路生态修复提供示范。

工程主要建设内容为临湖湿地修复工程和路域植被修复工程。工程共改造建设临湖荷塘湿地2处,修复临湖路段两侧植被12.84万平方米。其中:

(1) 临湖湿地修复工程，建设路段为 K4+500~K10+300，共改造建设荷塘湿地 2 处，面积 9.77 万平方米，建设绿色植被带 4.59 万平方米。

(2) 路域植被修复工程，在 15.7km（K10+300~K26+000）的临湖路段两侧 20m 范围内实施修复种植，种植乔木 0.51 万株、灌木 0.67 万株、藤本植物 6.5 万株。

3. 内蒙古 S218 线巴彦浩特至头关段生态修复试点二期工程

内蒙古省道 S218 线（现国道 307 线）位于阿拉善盟境内，是内蒙古公路网"三横九纵十二出口"的重要组成部分，也是联系银川和巴彦浩特的重要通道。路线全长约 61 公里，于 2004 年 10 月改建为二级公路。工程所在路段位于腾格里沙漠东缘，沿线地区荒漠化严重，生态环境十分脆弱。目前，公路沿线大量取土场（沟）尚未恢复，路域植被退化严重，部分地表裸露，并有土地沙化、盐碱化和取土场水土流失等突出环境问题，亟需开展生态建设和修复工作。工程建设内容符合《公路水路交通运输环境保护"十二五"发展规划》确定的发展方向和建设重点，具有一定的适用性和示范性。

工程主要建设内容为取土场（沟）生态修复、路侧裸地生态修复以及人工植苗造林区生态修复等。工程共修复取土场（沟）6.24 万平方米，修复路侧裸地 2974 万平方米（其中原有路侧荒漠区 2560 万平方米，新增路侧荒漠区 414 万平方米），修复人工植苗造林区 387 万平方米。其中：

(1) 取土场（沟）生态修复工程，回填土方 14.9 万立方米，撒播植草 6.24 万平方米，其中公路西侧 4.08 万平方米，公路东侧 2.16 万平方米。

(2) 路侧裸地生态修复工程，撒播植草面积 2974 万平方米，铺设作业道路长 5180 米、宽 3.5 米。

(3) 人工植苗造林区生态修复工程，栽植乔木 1.3 万株，栽植灌木 97.8 万株，修建蓄水池 1200 立方米，铺设输水管道 16460 米，铺设作业道路长 10580 米、宽 3.5 米。

4. 青海省道 S103 西宁至甘禅口公路生态建设和修复试点工程

青海省道 S103 西宁至甘禅口段毗邻互助北山国家森林公园，穿越黄河一级支流湟水河和大通河的水源涵养区，沿线生态环境较为敏感和脆弱。沿线多数边坡裸露、取弃土场未进行有效恢复，引发了水土流失和生态功能退化等环境问题，亟需开展生态建设和修复工作。工程建设内容符合《公路水路交通运输环境保护"十二五"发展规划》确定的发展方向和建设重点，可为青藏高原高海拔山地河谷区公路生态修复提供示范。

工程主要建设内容为边坡生态修复工程和取弃土场生态修复工程。工程共修复边坡 23 处，其中土质边坡 5 处、土石质边坡 12 处、石质边坡 6 处。修复取弃土场 4 处，其中取土场 2 处、弃土场 2 处。具体工程内容为：

(1) 边坡生态修复工程，修复总面积为 4.02 万平方米，其中土质边坡 0.92 万平方米、土石质边坡 2.0 万平方米、石质边坡 1.1 万平方米，种植灌木 4.00 万株，植草 3.94 万平方米。

(2) 取弃土场生态修复工程，修复总面积为 1.14 万平方米，其中取土场 0.22 万平方米、弃土场 0.92 万平方米，种植乔木 240 株、灌木 3.28 万株、植草 1.08 万平方米。

（二）清洁能源和水资源循环利用试点项目概述

1. 山西平遥服务区和大营服务区水资源循环利用试点工程

山西平遥服务区位于晋中市祁临高速公路 K568+100 处，大营服务区位于忻州市大运高速公路 K134+300 处。由于建成时间较早，随着近年来车流量的增加，服务区现有污水处理能力明显不足、污水深度处理利用设施缺乏、场区雨水未实现收集利用等问题，造成服务区水循环利用率低、水资源浪费和污水排放不达标等环境问题，目前服务区整体环境能效较差，急需实施服务区水资源循环利用改造项目。工程建设内容符合《公路水路交通运输环境保护"十二五"发展规划》确定的发展方向和建设重点，工程可为黄土高原缺水地区公路服务区水资源循环利用提供示范。

工程主要建设内容为服务区污水处理回用工程和雨水收集利用工程。工程的主要工程内容包括：

（1）服务区污水处理回用工程，两处服务区采用 PE 生化中水回用技术，处理工艺为"A2/O + MBR + 紫外消毒"工艺，出水主要用于服务区冲厕。

（2）雨水收集利用工程，对两处服务区雨水进行弃流、储存、净化和回用处理，出水主要用于服务区冲厕和绿化。

2. 河南豫西山区高速公路陆浑、官道口服务区清洁能源和水资源循环利用试点工程

洛阳—栾川高速公路陆浑服务区和呼和浩特—北海高速公路官道口服务区地处豫西山区，分别位于陆浑水库和豫西大峡谷风景区环境敏感地区，区域环境特征典型。服务区建成时间较早，能耗较高，能效较差，污水处理设施老化、腐蚀严重，处理能力严重不足，排放水质不能满足环境敏感区的排放标准要求，急需实施服务区清洁能源和水资源循环利用改造项目。建设内容符合《公路水路交通运输环境保护"十二五"发展规划》确定的发展方向和建设重点，具有一定的适用性和示范性。

工程主要建设内容为污水处理及回用工程、太阳能热水、太阳能照明工程等。工程的主要内容包括：

（1）污水处理及回用工程，两个服务区污水处理及回用均采用"A/O + 反硝化砂滤器 + 絮凝除磷过滤器 + 二氧化氯消毒"工艺，出水主要用于冲厕、绿化、车辆冲洗及降温等。其中，陆浑服务区改造污水处理及回用设施 1 套，处理能力 260 立方米/天；官道口污水处理及回用设施 2 套，处理能力分别为 130 立方米/天和 80 立方米/天。

（2）太阳能热水工程，2 个服务区太阳能热水均采用太阳能 + 空气源热泵辅助加热方案，其中，陆浑服务区供热水总量为 30 立方米/天，官道口服务区供热水总量为 16 立方米/天。

（3）太阳能照明工程，采用太阳能照明系统为陆浑和官道口服务区路灯、庭院灯、草坪灯等提供照明。其中，陆浑服务区安装太阳能照明设施 37.6 千瓦，官道口服务区太阳能照明设施 18.6 千瓦。

（三）交通运输环境监测网建设试点项目概述

1. 甘肃省交通运输环境监测网络建设试点工程

甘肃省地域狭长，地貌迥异，自然环境类型多样，生态脆弱，环境敏感区数量众多。甘肃省交通运输环境监测工作正处于起步发展阶段,省交通环境监测中心站已正式批复成立,并配备了专职的环境监测人员,安排了专用的实验办公场地,具备作为我国交通运输环境监测网建设试点的条件。甘肃省交通运输行业仍处于大发展、大建设阶段,交通基础设施建设及运营所面临的环境保护压力较大,环境监测工作显得尤为重要。本试点工程可以快速提高行业环境监测能力,为甘肃省交通运输环境监测网络建设奠定基础,为行业环境规划、统计、监管及科研提供基础数据,对于总结我国西北地区和高原山地的交通运输环境监测目标、监测重点和监测内容等具有较好的试点效应。

甘肃省交通运输环境监测网络建设试点工程通过购置省交通环境监测中心站实验室所需仪器设备,能够初步建成具有典型示范意义的省级交通运输环境监测网络框架,从而有效开展交通基础设施施工期、运营期的环境监测工作。主要建设内容如下:

(1)甘肃省交通环境监测中心站实验室建设,购置气相色谱仪等仪器设备112台(套),设置水质分析实验室、大气噪声分析实验室、生物分析实验室和移动监测实验室,并为办公室和实验室完善配套设施。

(2)交通环境监测信息平台建设,以甘肃省交通环境监测中心站为依托建设交通环境监测信息平台,购置应用服务器、数据库服务器等软硬件设备,重点建设信息平台数据库、应用支撑系统、监测数据应用系统和基础软硬件平台。

2. 安徽省交通运输环境监测网络建设试点工程

安徽省自然生态良好,水资源丰富,环境敏感区数量众多。安徽省交通运输环境监测工作开展较早,中心站目前已经初具规模,购置了一批环境监测设备,配备了专职的环境监测人员,也开展了一系列交通环保监测工作,具备作为我国交通运输环境监测网建设试点的条件。安徽省交通运输行业仍处于大发展、大建设阶段,公路网、高等级航道网和内河港口等交通基础设施建设及运营所面临的环境保护压力较大,环境监测工作显得尤为重要。本试点工程可以快速提高行业环境监测能力,为安徽省交通运输环境监测网建设奠定基础,为行业环境规划、统计、监管及科研提供基础数据,对于总结江淮地区的交通运输环境监测目标、监测重点和监测内容等具有较好的试点效应。

安徽省交通运输环境监测网络建设试点工程通过购置省交通环境监测中心站实验室所需仪器设备,能够初步建立省级交通运输环境监测网基础能力,从而有效开展交通基础设施施工期、运营期的环境监测工作。主要建设内容如下:

(1)安徽省交通环境监测中心站实验室建设,购置高效液相色谱仪等仪器设备103台(套),设置水质分析实验室、大气分析实验室、噪声和振动分析实验室、生物分析实验室和生态环境监测实验室,并为实验室购置配套设施。

(2)交通环境监测信息平台建设,以安徽省交通环境监测中心站为依托建设交通环境监测信息平台,购置应用服务器、数据库服务器等软硬件设备,重点建设信息平台数据库、应用支撑系统、监测数据应用系统和基础软硬件平台。

二、2014年竣工总结的环保试点项目

(一)竣工总结的试点项目概述

1. 湖北黄石至黄梅高速公路二里湖服务区清洁能源和水资源循环利用改造试点工程

2014年,湖北省黄黄高速公路管理处实施的黄石至黄梅高速公路二里湖服务区清洁能源和水资源循环利用改造试点工程顺利竣工。

二里湖服务区位于黄黄高速公路蕲春段K756+400米处,于1998年12月投入使用,是鄂东片区占地面积较大、人流车流较多、经济效益较好的高速公路服务区。受当初建设条件限制和环保理念滞后的影响,服务区污水处理工艺简单、污水排放量较大、能源资源综合利用水平较低,随着黄黄高速公路车流量的不断增长,二里湖服务区面临的能耗和环保问题日益突出。为降低服务区能源消耗,提升服务区清洁能源利用水平、减少服务区污水排放对周边环境的影响,探索适合当地、行之有效的高速公路服务区清洁能源和水资源循环利用关键技术,选择该高速公路服务区进行清洁能源和水资源循环利用试点工程建设。

交通运输部于2011年7月批复了黄石至黄梅高速公路二里湖服务区清洁能源和水资源循环利用改造试点工程可行性研究报告,批复工程投资为1830万元(其中部补助370万元),试点工程建设内容为污水生态式处理及中水回用、太阳能光伏发电、风光互补路灯照明、LED灯照明、地源热泵系统和建筑围护结构节能改造等六项工程。

该试点工程贯彻落实了国家"生态文明建设"发展战略和交通运输部"绿色、循环、低碳"发展要求,对建设"生态、环保、绿色、和谐"的高速公路服务区具有较好的示范作用。项目达到了高速公路服务区清洁能源和水资源循环利用改造工程的试点目的,取得了较好的节能效益、环境效益、经济效益和社会效益,项目探索总结的服务区建筑围护结构节能改造、污水生态式处理、清洁能源利用等技术可为长江中下游平原地区高速公路服务区提供借鉴和示范。试点工程的效益具体表现为:

(1)试点工程节能效益明显。建筑围护结构节能改造、太阳能、风能、地源热能等可再生清洁能源利用、LED灯照明均可减少服务区的能源消耗。建筑围护结构节能改造可实现建筑节能60%,每年节能量为120吨标准煤;地源热泵与多联机空调系统相比每年节能量为8.6吨标准煤;太阳能光伏发电系统每年节能量为5.7吨标准煤;风光互补路灯照明每年节能量为8.4吨标准煤;LED灯照明每年节能量为268.5吨标准煤。

(2)试点工程环境效益显著。通过建设污水生态式处理及中水回用工程,出水用于绿化和灌溉,改善并美化了服务区周边环境。与试点工程实施前相比,COD、BOD5和氨氮每年排放量分别减少66.3吨、37.5吨和7.2吨。其次,试点工程的节能改造、清洁能源利用、LED灯照明在减少服务区能源消耗的同时,也减少了二氧化硫、氮氧化物和粉尘等大气污染物和温室气体的排放。

(3)试点工程经济效益凸现。试点工程实施后,每年的电能消耗会大幅减少,每年可为服务区节约大量的电费,如建筑围护结构节能改造每年可节省电费40万元,地源热泵比多联机空调系统每年

运行费用要低3.4万元。同时,服务区绿色、环保、舒适的环境可吸引大量的驾乘人员驻足休息消费,从而提升服务区卖场、超市、饭店、加油站等单位的经营收入。

(4)试点工程社会效益呈现。通过对服务区实施清洁能源和水资源循环利用改造,改善了驾乘人员和车辆的服务环境,树立了绿色、低碳、循环的服务区品牌,会对其他服务区产生示范和带动作用。

2. 湖北省交通运输环境监测网络建设试点工程

2014年,湖北省交通环境监测中心站实施的湖北省交通运输环境监测网络建设试点工程顺利竣工。

为全面掌握公路水路交通基础设施运营对环境的影响程度,加强交通环境监测统计工作,探索建立适应我国交通运输行业发展的环境监测网络体系,健全相关标准和规范,交通运输部于2011年7月批复了湖北省交通运输环境监测网络建设试点工程可行性研究报告,批复工程投资为1120万元(其中部补助450.0万元,含交通运输环境日常监测费用),主要建设内容为:省交通环境监测中心站升级完善、交通运输环境监测分站建设、在线交通环境监测系统、交通环境监测信息处理平台等。

该试点工程贯彻落实了国家生态文明建设的发展战略,对增强湖北省交通运输行业环境监测能力起到了一定作用。该工程依托条件较好,试点成果体现了湖北地区的地域特色。项目达到了省级交通运输环境监测网络建设试点目的,项目探索总结的经验可为其他地区交通运输环境监测网络建设工作提供借鉴和示范。

试点工程的作用具体表现在:

(1)湖北省交通运输环境监测中心站的环境监测能力得到提升,业务能力得以增强。

(2)建立起包括湖北交通环境监测的管理数据库、基础地理数据库和环境监测业务数据库在内的交通环境监测系统信息处理平台。

(3)启动了运营期环境监测工作,为下一步对交通环境保护工作的全过程控制管理打下了基础。

(4)完善了湖北省交通运输厅的环保管理工作,也为交通环保统计制度的规范、完善奠定了基础。

(5)促进了绿色交通建设事业的发展,对树立绿色、环保、负责任的交通行业形象起到了促进和示范作用。

3. 内蒙古自治区交通运输环境监测网络建设试点工程

2014年,内蒙古自治区交通建设工程质量监督局实施的内蒙古自治区交通运输环境监测网络建设试点工程顺利竣工。

为全面掌握公路水路交通基础设施运营对环境的影响程度,加强交通环境监测统计工作,探索建立适应我国交通运输行业发展的环境监测网络体系,健全相关标准和规范,交通运输部于2012年10月批复了内蒙古自治区交通运输环境监测网络建设试点工程可行性研究报告,主要建设内容为:交通环境监测中心站、交通环境监测分站、在线环境监测系统、交通环境监测信息处理平台等。

该试点工程贯彻落实了国家生态文明建设的发展战略,对构建内蒙古自治区交通运输行业环境监测能力起到了重要作用,达到了省级交通运输环境监测网络建设试点目的。该工程依托条件较好,试点成果体现了内蒙古自治区的地域特色,探索总结的经验可为其他地区交通运输环境监测网络建设工作提供借鉴和示范。

试点工程的作用具体表现在:

(1)构建了内蒙古自治区交通运输环境监测网络框架,建设了交通环境监测中心站、交通环境监测分站及在线环境监测系统,环境监测能力得到提升。

(2)建立起包括自治区交通环境数据中心、交通环境地理信息系统、质量在线监控系统、实验室监测业务管理系统在内的交通环境监测系统信息处理平台。

(3)启动了运营期环境监测工作,为下一步实现自治区交通运输全过程环保监管打下了基础。

(4)完善了自治区交通运输厅的环保管理工作,也为交通环保统计制度的规范与完善奠定了基础。

(5)促进了自治区绿色交通建设事业的发展,对树立绿色、环保、负责任的交通行业形象起到了促进和示范作用。

(二)十二五环保试点项目实施成效

1. 有序推动了绿色交通运输体系建设。

实施环保试点项目有效提高了交通行业的环保监管能力,增强了行业环保政策制定及规划评估的科学性;切实解决了早期部分基础设施建设所遗留的生态环境问题,提升了行业发展的环境友好水平;大力倡导废弃物及废水的循环再生利用,提高了行业发展的资源节约利用程度;充分发挥了政府资金的引导作用,带动相关项目总投资11.1亿元,显著增加了行业绿色环保方面的资金投入。开展环保试点工程是构建绿色交通运输体系的全面落实和具体实践,在加快转变交通运输发展方式上起到了一定的推动作用。

2. 显著提升了交通运输行业形象。

指导公路、水路行业环境保护和节能减排工作是交通运输管理部门的重要职责。开展行业环保试点项目,展现出交通运输主管部门承担环保义务的坚定决心,体现出行业的历史使命感。在解决好新增污染的同时,行业发展开始关注环保旧账问题,表现出行业的时代责任感。环保试点项目的实施树立了交通行业良好的良好形象,显现出行业开展"生态文明"建设的主动作为。

3. 有效增强了行业的环境保护意识。

在项目初筛阶段,交通运输部综合规划司先后两次下发项目上报通知并组织召开了全国交通环保试点项目座谈会,以期准确传达试点项目的建设思路。在开展环境监测网络建设过程中,部综合规划司组织召开了全国交通运输环境监测技术交流会。此外,试点项目在建设过程中涉及多级交通行政主管部门、相关企业和设计院所,起到了很好的环保宣传效果。因此,试点项目的开展,促进了行业环保技术的交流和借鉴,更有效增强了全行业的环境保护意识。

4. 初步探索了交通环保工程建设模式。

交通环保工程经济效益较低,环境和社会效益显著,"十二五"期间属首次实施,在建设思路、项目立项、管理制度及投资政策上均开展了一定探索和尝试,积累了较为丰富的经验。目前,相关标准、规范正在编制之中,将逐步形成较为完善的政策和制度,初步探索较为成熟的环保项目建设模式,可为行业其他类似工程提供借鉴。

5. 有力推动了行业环保技术研发与应用。

"十二五"环保试点项目的实施,有力推动了行业环保技术的研究、开发与应用,在行业环境监测、公路生态修复、服务区污水处理及清洁能源利用等方面形成了一批实施效果较为突出、市场成熟度较高、值得进一步推广的先进技术,促进了行业环保技术体系的完善和创新能力的提高。

附录　政策文件

附录1　交通运输部办公厅关于印发2014年交通运输行业节能减排工作要点的通知

(厅政法字〔2014〕36号)

各省、自治区、直辖市、新疆生产建设兵团交通运输厅(局、委),天津市市政公路管理局,天津市、上海市交通运输和港口管理局,部属各单位,部内各单位,部管社团,有关交通运输企业:

现将《2014年交通运输行业节能减排工作要点》印发给你们,请结合本地区、本单位实际,认真组织贯彻落实。

交通运输部办公厅
2014年2月18日

2014年交通运输行业节能减排工作要点

2014年交通运输行业节能减排工作的总体要求是:全面贯彻党的十八大、十八届三中全会和全国交通运输工作会议精神,落实国务院《节能减排"十二五"规划》和《大气污染防治行动计划》等要求,充分发挥绿色交通引领作用,以节约资源、提高能效、控制排放、保护环境为目标,以绿色循环低碳交通运输"十百千"示范工程为主要抓手,突出政府主导、法规约束、示范引领、制度创新,加快推进交通运输绿色发展、循环发展、低碳发展。

一、加强制度体系建设,强化能耗监测和评估

逐步健全交通运输节能减排制度体系。研究提出绿色循环低碳交通运输发展制度体系框架,组织开展"绿色交通"引领交通运输现代化前瞻性政策研究。

组织完善交通运输节能减排规划标准。启动交通运输行业节能减排"十三五"规划编制工作,提出交通运输行业节能减排标准体系规划,发布交通运输行业应对气候变化工作实施方案。

继续强化交通运输节能减排统计监测。提出营运货车和内河船舶能源消耗在线监测技术要求和组织方案,初步构建部省两级在线监测信息平台并组织开展试点。推动营运车船能源消耗及碳排放数据的统计分析及数据库平台建设,制定公路水路交通运输行业重点用能单位能源审计导则。

组织开展交通运输节能减排评价工作。发布绿色循环低碳交通运输体系建设评价指标体系,提出绿色循环低碳交通运输体系建设评价办法,组织开展绿色循环低碳交通运输体系建设评价试点。

二、强化市场监管，提高节能减排服务能力

进一步完善交通用能产品、设备、装备能效和碳排放市场准入制度。继续严格实施营运车辆燃料消耗量准入制度，研究推进新建船舶燃料消耗量和二氧化碳排放量准入制度。加快制定交通运输其他用能设备、设施能效和二氧化碳排放标准，力争完成《港口能效管理技术规范》等标准的制定。

研究提出加快高耗能、高排放交通设备设施市场退出机制。完善市场退出标准和制度，加快淘汰黄标车、老旧车船等。

稳妥推进市场交易。研究提出关于推进交通运输企业参与碳排放权交易的意见，开展交通运输企业参与节能量交易的储备性政策研究，组织开展市场交易相关技术和标准的研究。

三、推进试点示范，发挥典型引领作用

继续推进低碳交通运输体系建设城市试点。总结低碳交通运输体系建设第一批城市试点经验教训，继续推进第二批城市试点。

深化绿色循环低碳交通运输"十百千"示范工程。研究提出绿色循环低碳十个示范省和百个示范市推进方案，组织开展创建活动，继续推进绿色循环低碳示范项目评选，公布一批示范项目。

继续推进公路甩挂运输试点。做好首批试点项目的总结推广，启动第四批甩挂运输试点，推广创新经营模式。

继续推进水运行业应用液化天然气试点示范。落实《推进水运行业应用液化天然气的指导意见》，力争发布《水运行业应用液化天然气试点示范工作实施方案》。

开展公交都市示范城市创建。落实公交优先发展战略，支持推进公共交通与其他交通方式之间的无缝衔接。

组织召开绿色循环低碳交通运输体系建设试点示范现场交流会。

四、深化专项行动，强化企业主体作用

继续深化"车、船、路、港"千家企业低碳交通运输专项行动。落实参与企业节能减排目标责任制，加强参与企业能源消耗和二氧化碳排放信息报送和分析工作，开展能源管理体系认证，加强能耗统计监测和统计信息报送工作，加大节能减排技术改造力度，加快淘汰落后用能设备和生产工艺。

2014年，专项行动的重点是：

（1）在营运车辆方面：严格实行营运车辆燃料消耗量准入制度，继续组织实施甩挂运输试点工作，继续推进LNG（液化天然气）、LPG（液化石油气）汽车在道路运输、城市公交和出租汽车中的应用，鼓励使用节能和新能源汽车，深入开展绿色汽车检测维修工程。

（2）在营运船舶方面：继续推进内河船型标准化，推进新增船舶燃料消耗准入制度，引导国内沿海和内河船舶运力结构调整；推动LNG燃料动力内河船舶区域性应用试点示范工作，评估前期LNG燃料动力内河船舶试点成效，研究提升LNG燃料动力内河船舶改造技术的途径和方法，开展以LNG燃料为动力海船的技术研究及应用；加快制定客运天然气船舶在内河中应用的相关标准，严格执行

天然气货船在内河运输中的相关标准和规定。推动船舶能源消耗及碳排放数据的统计分析及数据库平台建设。

（3）在公路方面：继续推行现代工程管理，深入开展高速公路施工标准化活动；促进公路建设依法用地和节约集约用地；对改扩建工程推广路面材料再生利用和隧道节能照明技术；继续加快推进高速公路联网不停车收费技术应用和推广。

（4）在港口方面：开展港口能效管理试点示范工作；推进LNG动力港作车船试点示范；继续推进LNG加注改造示范工程建设；推动靠港船舶使用岸电技术应用；继续开展码头油气回收技术试点示范；鼓励港口开展装卸工艺节能改造；加强绿色港口国际交流与合作。

组织落实交通运输节能减排科技专项行动。发布交通运输节能减排科技专项行动方案。继续推进"黄金水道通过能力提升技术"、"公路甩挂运输关键技术与示范"等重大专项研究工作。加强建筑垃圾规模化综合利用技术、清洁能源和可再生能源应用技术等绿色循环低碳交通运输技术研发。组织开展科技及产业化示范工程，深入推进"基于物联网的城市智能交通应用示范"、"长三角航道网及京杭运河水系智能航运信息服务应用示范"两个国家物联网应用示范工程，加强连云港绿色智能港口建设与运营、长白山鹤大高速公路资源节约循环利用等科技示范工程的组织实施。加大节能减排科技成果推广力度，组织开展公路隧道照明节能技术、内河船舶电力推进系统、多功能航标成套技术等技术与产品的推广应用。

五、做好机关节能，发挥政府部门表率作用

继续做好公共机构节能工作。完善落实部公共机构节能工作制度。推进节约型公共机构示范单位创建，推动节水和资源回收利用工作，创建一批节水型示范单位。继续推广节能新产品、新技术和合同能源管理机制，组织对近年来高效照明产品推广情况进行检查。全面完成国管局下达的2014年度节能指标。全面加强对部属单位公共机构的能耗统计和节能工作的监督检查。

六、完善激励机制，提升专项资金管理水平

完善专项资金项目管理机制。根据国家财税政策要求，组织制定交通运输节能减排专项资金支持项目规划。组织制定绿色循环低碳交通省份推进机制。制定实施绿色循环低碳交通运输体系建设区域性主题性项目考核办法。发布交通运输节能减排第三方审核机构考核指标体系。

开展区域性主题性项目过程监督和验收考核。加强对区域性主题性项目实施的监督抽查。开展对已完成的区域性主题性项目的验收考核。

组织2014年新增区域性主题性项目的评审和实施。完成《江苏省绿色循环低碳交通运输发展区域性试点实施方案（2013—2017年）》的评审、报批。组织做好新增的区域性主题性项目的申报、竞争性评审和实施。

引导行业协调建立激励政策。积极鼓励地方交通运输主管部门向地方政府争取节能减排政策和资金支持，发挥节能减排政策叠加作用。积极鼓励交通运输企业增加节能减排技改投入，提高能源使用效率，强化社会责任。

七、应对气候变化,做好大气污染防治

积极应对气候变化。积极参与联合国气候变化框架公约和国际海事组织框架下的谈判,维护国家整体利益和行业发展利益。继续开展国际海运温室气体减排相关对策研究。提出交通运输行业应对气候变化工作实施方案(2014—2020年),发布交通运输行业及公路运输、水路运输、港口、城市客运和社会车辆温室气体排放清单编制指南。

防治大气污染。落实国务院《大气污染防治行动计划重点工作部门分工方案》,制定交通运输部具体实施方案和年度计划,分阶段明确工作重点,逐项扎实推进。优化城市功能和布局规划,推广智能交通管理,开展工程机械等非道路移动机械和船舶的污染控制。

八、加强宣传交流,传播绿色交通文化

组织开展主题宣传活动。组织做好2014年全国节能宣传周和全国低碳日活动。组织开展"逐梦绿色交通"主题宣传活动,推动绿色交通进车船、进站场、进校园,引导公众绿色低碳出行。开展节能驾驶、操作技能竞赛。发布《2013年中国交通运输节能减排与低碳发展年度报告》。

继续加强交流合作。继续利用多双边渠道,"引进来,走出去",加强与国际组织、国外政府机构、企业、研究咨询机构等的交流合作,广泛利用国际资源,积极吸收借鉴国际先进经验。搭建行业绿色循环低碳发展交流平台,促进先进技术推广和经验交流。

传播绿色交通文化。研究绿色交通文化价值体系和绿色交通文化建设测评体系,提出绿色交通文化建设与传播实施方案。

附录2 环境保护部办公厅 交通运输部办公厅关于印发《关于促进交通运输绿色发展共同加强环境保护合作备忘录》的通知

(环办〔2015〕5号)

各省、自治区、直辖市环境保护厅(局)、交通运输厅(局、委),新疆生产建设兵团环境保护局、交通运输局,辽河保护区管理局,长江航务管理局:

为贯彻落实党的十八大精神,加强生态文明建设,环境保护部、交通运输部共同签署了《关于促进交通运输绿色发展共同加强环境保护合作备忘录》。现印发给你们,请各地环保部门和交通运输部门相互配合,按照备忘录精神做好相关环境保护工作,共同促进交通运输行业绿色发展。

附件:关于促进交通运输绿色发展共同加强环境保护合作备忘录

环境保护部办公厅

交通运输部办公厅

2015年1月8日

关于促进交通运输绿色发展共同加强环境保护合作备忘录

为贯彻落实党的"十八大"精神,全面落实《国务院关于加强环境保护重点工作的意见》(国发〔2011〕35号)、《国务院关于加快长江等内河水运发展的意见》(国发〔2011〕2号)等要求,促进交通运输绿色发展、循环发展、低碳发展,共同推进生态文明建设,环境保护部和交通运输部协商建立长效合作机制,签订本备忘录。本备忘录中交通运输行业指公路、水路运输等内容,待时机成熟再增加铁路、民航内容。

一、指导思想

围绕全面建成小康社会宏伟目标,坚持节约资源和保护环境的基本国策,坚持尊重自然、顺应自然、保护自然的生态文明理念,坚持在发展中保护、在保护中发展的方针,以交通运输行业加快调整结构、转变发展方式为契机,共同谋划、统筹部署、通力合作、注重实效,促进交通运输绿色发展、循环发展、低碳发展，为建设美丽中国共同努力。

二、合作目标

交通运输行业环境保护管理工作是国家环境保护工作的重要组成部分，同时也是交通运输建设和运营的重要组成内容。本着相互尊重、相互支持、密切配合、共同发展的精神，努力探索建立有效的合作机制，不断拓展合作领域，完善合作内容，创新合作方式，逐步在法规标准、规划编制、前期工作、环境保护监督管理、环境监测、科技创新、应急联动等方面实现全面、深入、长期的战略合作，打造生态环境保护和交通运输事业和谐发展的新局面，更好地为经济社会可持续发展和生态文明建设服务。

三、合作领域

（一）政策、法规和标准

交通运输环境保护法规标准是国家环境保护法律体系的重要组成部分，也是交通运输行业开展环境保护工作的重要依据、规范和工具。双方应根据各自职责，加强绿色交通体系研究，联合出台有关政策性文件，共同推进交通运输环境保护法规标准体系的进一步完善；加强相关环境保护标准或交通运输行业标准制修订工作的沟通，互相支持、互相配合，确保标准、规范协调一致；共同加强对地方环境保护和交通运输部门制定地方法规标准的指导和支持，并研究建立健全标准实施情况评估工作机制。环境保护部会同交通运输部制定交通运输规划环境影响评价技术导则，并支持交通运输部制定配套的交通运输规划环境影响评价技术规范。

（二）规划编制

双方尝试建立规划情况通报机制，相互提供编制规划所需的相关资料，以利于双方规划工作的开展，促进相关规划的衔接和协调。环境保护部在组织编制相关环境保护规划和环境功能区划时充分考虑国民经济发展的需求。交通运输部在组织编制行业相关规划时充分考虑当地生态环境的保护需求，严格执行规划环境影响评价制度，科学规划、合理布局。规划审批后，将有关规划环境影响评价意见的采纳情况及时反馈给环境保护部。

（三）前期工作

建设项目审批是规划实施的关键步骤，也是环境保护管理的重要环节。交通运输部应督促交通运输规划和建设项目严格执行环境影响评价制度，做好交通运输建设项目环境影响评价文件行业预审管理，高度重视开发与环境保护关系，着力提升建设项目环境影响评价文件的质量和水平。环境保护部积极支持交通基础设施建设，加强与交通运输部的联动，及时研究解决交通运输建设项目环境影响评价出现的环境问题。审查项目环境影响评价文件时，提高效率，对符合规划和规划环境影响评价要求、满足环境准入要求的项目环境影响评价文件，在法定时限内加快审批。双方在交通运输建设项目环境影响评价文件审查工作中，加强沟通，注重与相关规划环境影响评价相衔接，逐步统一审查要求，共同推动交通运输建设项目顺利实施。

（四）环境保护监督管理

环境保护监督管理是落实环境保护要求的重要保障。双方应严格督促建设项目执行环境保

"三同时"制度,强化交通运输建设项目全过程环境保护监督管理。环境保护部对交通运输行业环境保护监督管理工作予以指导,在法定时限内加快国家重大交通基础设施建设项目竣工环境保护验收工作。交通运输部建立健全覆盖项目设计、施工、试运行、竣工验收各阶段的行业环境保护监督管理制度,推动建设项目严格执行竣工环境保护验收制度,加强运营期环境保护监督管理,确保环境保护要求的落实。

（五）环境监测

交通运输环境监测网是国家环境监测体系的重要组成部分,是交通运输行业环境保护监督管理的重要基础。交通运输部要统筹规划,加大投入力度,尽快建成交通运输环境监测网。环境保护部要在环境监测运行体制机制上给予支持,从技术上进行指导,实现双方环境监测数据相互认可和共享。

（六）科技创新

环境保护科学研究和技术创新是开展交通运输行业环境保护工作的重要支撑,双方应针对交通运输行业的环境特点,加强理论和技术方法研究,提升交通运输行业环境保护工作水平。双方加强理论研究和技术交流,合作开展生态影响评价指标体系、低路堤、野生动物通道、噪声控制、生态修复、公用散货码头堆场形式等交通运输环境保护科学研究,推出一批"生态公路"、"绿色航运"等示范性工程,推进交通运输环境保护工作科学发展。交通运输部要根据交通运输环境保护特点,将环境保护科研纳入交通运输科技发展规划,加大研发资金投入力度。环境保护部在环境保护技术研究方面提供技术支持,并提供相关环境保护科研成果。

（七）应急联动

交通运输突发环境事件应急联动对于防控污染影响、避免重大环境损害乃至维护社会稳定至关重要。双方研究建立健全交通运输突发环境事件应急联动机制,及时通报突发事件信息,加强应急力量协调配合,强化应急保障支持,增进应急演练及培训交流,并根据各自职责,加强环境应急能力建设。具体合作内容见《环境保护部交通运输部关于建立应急联动工作机制的协议》。

四、合作机制

建立合作工作机制,不定期进行工作交流,专题研究共同关心的重大问题,协调推进重点工作。

各自明确合作工作机制的牵头司局,具体承担工作交流、专题研究和重大事项协调落实等相关工作。

在双方合作框架下,建立相关司局、派出机构、直属单位等多层次工作联系机制,沟通协调相关领域的具体问题。

附录3 环境保护部办公厅 交通运输部办公厅关于印发《公路网规划环境影响评价技术要点(试行)》的通知

(环办〔2014〕102号)

各省、自治区、直辖市环境保护厅(局)、交通运输厅(局、委),新疆生产建设兵团环境保护局、交通运输局,辽河保护区管理局:

为贯彻落实《规划环境影响评价条例》,规范和指导公路网规划环境影响评价工作,提高公路网规划环境影响报告书的质量,促进公路发展与生态环境保护相协调,环境保护部、交通运输部共同组织制定了《公路网规划环境影响评价技术要点(试行)》。现印发给你们,作为开展公路网规划环境影响评价工作的参考。

附件:公路网规划环境影响评价技术要点(试行)(略)

环境保护部办公厅
交通运输部办公厅
2014年11月24日

附录4　交通运输部办公厅关于开展首批建设低碳交通运输体系城市试点工作总结的通知

(厅函政法〔2014〕67号)

河北、江苏、浙江、福建、江西、湖北、广东、重庆、贵州省(市)交通运输厅(委),天津市市政公路管理局,天津市交通运输和港口管理局:

根据2011年2月交通运输部印发的《关于印发〈建设低碳交通运输体系指导意见〉和〈建设低碳交通运输体系试点工作方案〉的通知》(交政法发〔2011〕53号)(以下简称《通知》)精神,交通运输部决定在天津、重庆、深圳、厦门、杭州、南昌、贵阳、保定、无锡、武汉10个城市开展低碳交通运输体系建设首批试点工作,试点期限原则定为2011年至2013年,目前试点工作已基本完成。为全面评估总结试点工作成效,推广试点经验,交通运输部决定开展首批试点城市总结工作。现将有关事项通知如下:

一、试点城市自我总结评估

请各试点实施单位根据《通知》确定的试点内容和具体要求开展自我总结评估,提交总结评估报告。报告应突出本地特色,主要包括:

(一)实施方案落实情况,包括建设低碳交通基础设施、推广应用低碳交通运输装备、优化交通运输组织模式及操作方法、建设智能交通、提供低碳交通公众信息服务、建立健全交通运输碳排放管理体系六方面重点任务和试点项目完成情况,保障措施实施情况。

(二)试点工作取得的成效、经验与存在的问题,包括总目标和年度目标完成情况、形成的节能量(替代燃料量)、出台的标准政策制度等,试点工作经验及推进过程中存在的问题。

(三)对交通运输部下一步推进低碳交通运输体系建设工作的意见和建议。

二、交通运输部组织实地检查评估

近期交通运输部将组织有关专家,实地抽查评估试点工作,具体安排届时另行通知。

三、交通运输部召开总结会

交通运输部将适时召开首批建设低碳交通运输体系城市试点工作总结会,通报试点工作情况,推广试点经验和实用低碳交通技术。

请各省(市)交通运输主管部门认真组织各试点实施单位做好试点总结工作,并将自我总结评估报告于2014年3月28日前报交通运输部法制司(节能减排处)。

交通运输部办公厅(印)

2014年3月4日

附录5 交通运输部办公厅关于开展2015年度交通运输节能减排专项资金区域性、主题性项目预申报工作的通知

(厅函政法〔2014〕70号)

各省(自治区、直辖市)、新疆生产建设兵团交通运输厅(局、委)、天津市市政公路管理局,天津市、上海市交通运输和港口管理局,部属相关单位,中央所属交通运输企业:

为掌握2015年交通运输节能减排专项资金支持区域性、主题性项目的数量、规模和补助资金需求量,做好交通运输节能减排专项资金预算工作,交通运输部决定开展2015年度交通运输节能减排专项资金区域性、主题性项目的预申报工作,现将有关事项通知如下:

一、项目范围

本次预申报的项目范围为绿色循环低碳交通运输省(城市)区域性项目,绿色循环低碳公路(港口)主题性项目,天然气营运车船、营运(施工)船舶节能技术改造主题性项目。

二、项目条件和要求

(一)实施期限

绿色循环低碳交通运输城市(公路、港口)区域性、主题性项目实施期限为2015—2017年,以省为单位的区域性项目实施期限为2014—2018年,天然气营运车船、营运(施工)船舶节能技术改造主题性项目实施期限为2015年。

(二)申请单位、申请条件和申报材料

预申报项目的申请单位、申请条件和申报材料,参考《关于印发交通运输节能减排专项资金申请指南(2014年度)的通知》(厅政法字〔2013〕330号,以下简称《指南(2014年度)》)的相关要求。对于不完全符合《指南(2014年度)》要求的,需说明其工作思路目标和进展情况,并提交相关证明材料。

三、申报方式

(一)本次预申报采取纸质文本和网络表格文本相结合的申报方式进行。申请单位通过"交通运输节能减排专项资金项目管理信息系统(入口地址:http://jnzx.mot.gov.cn/)"(以下简称"节能减排信息系统")填写并提交《绿色循环低碳交通运输省(城市)、公路、港口项目预申请书》(以下简称《项目预申请书》),同时按照《指南(2014年度)》要求准备相关书面材料。

（二）天然气营运车船、营运（施工）船舶节能技术改造主题性项目，申请单位仅需通过节能减排信息系统填报《2015年度天然气营运车辆购置计划表》（见附件2），或《2015年度天然气营运船舶或施工（营运）船舶改造计划表》（见附件3）（以下简称《2015年度计划表》）。

（三）省级交通运输主管部门负责组织项目预申报工作，对收到的申请单位提交的网上《项目预申请书》或《2015年度计划表》进行网络审核确认，并赋予申请单位网上《项目预申请书》或《2015年度计划表》水印。必要时，应调审申请单位正在准备的相关书面材料。

（四）经省级交通运输主管部门审核确认后，申请单位应从节能减排信息系统中下载打印已定式的《项目预申请书》或《2015年度计划表》，连同相关书面材料装订成册，正式报送省级交通运输主管部门。

（五）省级交通运输主管部门从节能减排信息系统下载并打印《2015年度交通运输节能减排专项资金区域性、主题性项目预申报汇总表》（见附件4），加盖公章后，连同申请单位提交的申报材料一并报项目管理中心，申请材料一式2份。

（六）中央所属交通运输企业的主题性项目，由中央交通运输企业二级单位和总部分别作为申请单位和组织（审核）单位，参照以上程序执行。计划单列市的项目由省级交通运输主管部门组织进行预申报，不再单独报送。

四、申报说明

（一）对于每类区域性主题性项目各省报送数量均不超过2个。交通运输部将以预申报结果为基础建立需要交通运输节能减排专项资金支持的项目数据库，并进行滚动管理。

（二）申请2014年度绿色循环低碳交通运输区域性项目及绿色循环低碳公路（港口）主题性项目未通过评审但符合预申报条件的，经交通运输部确认后可纳入2015年预申报范围。

交通运输部办公厅（印）

2014年3月5日

附录6 交通运输部办公厅关于开展天然气汽车推广应用情况调研工作的函

(厅函法〔2014〕211号)

各省、自治区、直辖市、新疆生产建设兵团交通运输厅(局、委),广东、山西省汽车运输集团,中国道路运输协会:

在道路运输行业推广使用天然气是《公路水路交通运输节能减排"十二五"规划》(以下简称《规划》)提出的一项重要任务,是建设绿色循环低碳交通运输体系的一项重要措施。通过三年多来的努力,我国道路运输行业推广应用天然气汽车取得了一定成效。为了解各地推广应用天然气汽车工作的全面情况,总结试点工作经验,推动道路运输行业使用天然气汽车,加快发展绿色交通,交通运输部决定组织开展天然气汽车推广应用情况的调研工作,现将有关事项通知如下:

一、调研目的、范围和内容

本次调研的主要目的是,摸清全国道路运输行业推广使用天然气汽车的基本情况,重点是试点省区(单位)及京津冀地区的情况;总结试点工作取得的经验,分析存在的问题,听取各地交通运输主管部门和重点企业的意见和建议;为今后推广应用天然气汽车,优化道路运输行业能源消费结构,发展绿色交通提供决策依据。

二、调研工作的组织安排

本次调研工作委托中国道路运输协会负责组织,请各地交通运输主管部门协助实施。调研工作采取上下结合、点面结合、书面与实地调研相结合的方法进行。

(一)请各省(自治区、直辖市)交通运输主管部门和企业按照"各省(直辖市、自治区)和试点单位推广应用天然气汽车工作情况调查提纲(见附件)"的要求,对本地区(单位)推广应用天然气汽车的试点工作情况进行全面总结,形成书面材料并填写附表,于6月30日前送中国道路运输协会(同时报送电子稿)汇总。

(二)中国道路运输协会将在适当时间组织调研组到部分试点地区(单位)和京津冀地区进行实地调研。

(三)由中国道路运输协会负责对各试点地区(单位)的试点工作总结、实地调研情况和其他各省(自治区、直辖市)调研报告进行汇总分析,形成试点总结报告和道路运输行业推广天然气汽车的综合调研报告报部。

三、调研工作的要求

这次调研是交通运输部第一次对全国道路运输行业推广天然气汽车进行比较系统的调研,对于减少二氧化碳等温室气体排放、防治大气污染、发展绿色交通具有重要意义。请各地区(单位)高度重视这次调研工作,切实加强组织领导,指定部门专项负责,积极参与,保质保量的完成调研任务。

中国道路运输协会要会同各地区各单位,深入实际调查研究,总结试点工作成功经验,查找存在的问题,分析产生问题的主要原因,提出解决问题的方法,充分发挥政府与企业间桥梁与纽带作用。

附件:各省(自治区、直辖市)和试点单位推广应用天然气汽车工作情况调查提纲

交通运输部办公厅(印)
2014 年 5 月 28 日

各省(自治区、直辖市)和试点单位推广应用天然气汽车工作情况调查提纲

一、天然气汽车推广应用基本情况

(一)本地区(或试点单位,下同)落实交通运输部《公路水路交通运输节能减排"十二五"规划》和《加快推进绿色循环低碳交通运输发展指导意见》有关推广使用天然气汽车部署的概况,本地区鼓励天然气汽车推广使用的政策规定。

(二)天然气汽车推广使用概况。目前天然气营运客货车辆、城市公交、出租车的保有量、结构和特点(包括 2013 年新增天然气汽车情况),天然气车辆示范线路发展情况,典型示范线路及其效果等,天然气汽车推广应用发展趋势。

(三)加气站建设和使用情况。本地区(试点单位)加气站的建设规划目标和建设情况,加气站数量(包括 2013 年新增加气站的数量)、类型、分布、结构、使用等情况;国家干线公路沿线加气站建设情况;当前加气站建设和使用方面存在的主要问题及建议。

(四)车用天然气的供应情况。车用天然气的供应来源渠道、保障及价格情况,2013 年天然气价格调整对推广应用天然气汽车的影响。请选择不少于 3 个城市(试点地区不少于 5 个城市,均含省会城市)进行天然气价格调研分析。

(五)当前道路运输发展使用天然气汽车的主要问题和建议。

二、试点省地区(单位)的调研工作

试点地区(单位)要重点做好 2013 年试点工作总结,调研工作除上述第一项要求外,增加以下内容:

(一)试点工作基本情况,采取的主要措施和效果。

（二）天然气汽车的技术和管理情况。目前企业对天然气客货运输车辆的管理情况，包括管理制度、技术标准和规范等建设情况；企业对天然气汽车（包括营运客车、货车、出租车）的技术状况（重点是安全性和能耗水平）的反映，城际道路运输客货车辆气耗情况，天然气替代燃油的比例（即替代1升柴油需要多少天然气？用1~2个典型单位的数据说明）；天然气汽车在使用和维修保养方面的典型经验做法、问题和建议。

（三）天然气汽车在使用中燃气泄露的情况和采取的措施。

附录7　交通运输部办公厅关于组织开展交通运输行业2014年节能宣传周和全国低碳日活动的通知

(厅法字〔2014〕106号)

各省、自治区、直辖市、新疆生产建设兵团交通运输厅(局、委),天津市市政公路管理局,天津市交通运输和港口管理局,部属各单位,部内各单位,部管各社团,中央所属交通运输企业:

国家发展改革委、交通运输部等14个部委近日联合印发了《关于2014年全国节能宣传周和全国低碳日活动安排的通知》(发改环资〔2014〕926号,以下简称《通知》),确定今年6月8日至14日为全国节能宣传周,6月10日(周二)为全国低碳日;明确了今年全国节能宣传周和全国低碳日活动主题是"携手节能低碳,共建碧水蓝天";确定了交通运输部门的宣传重点,强调要开展"逐梦绿色交通"主题宣传活动。为贯彻落实《通知》要求,现将有关事项通知如下:

一、围绕主题,周密组织

各级交通运输主管部门和企事业单位要充分认识节能宣传周和低碳日活动的重要性和必要性,围绕"携手节能低碳,共建碧水蓝天"的主题,以"逐梦绿色交通"为载体,结合行业特色和地域特征,认真组织多种切实可行的活动,动员广大交通运输职工、企事业单位共同参与,确保活动取得良好宣传效果。

(一)大力宣传绿色循环低碳交通运输"十百千"示范工程。各级交通运输主管部门要认真总结首批10个低碳交通运输体系建设试点城市的成效经验,宣传交流绿色循环低碳交通运输省份(城市、公路、港口)区域性主题性项目建设成果,宣传推广交通运输行业节能减排示范项目。节能宣传周期间将组织召开绿色循环低碳公路建设现场交流会。

(二)开展绿色交通进"车、船、路、港"活动。各级交通运输部门和有关单位要充分发挥高速公路收费站(服务区)、公交地铁站、港口码头等公共场所及车辆、船舶的宣传阵地作用,以"车、船、路、港"千家企业低碳交通运输专项行动的参与企业以及绿色循环低碳区域性主题性项目实施单位为重点,利用多种媒体通过多种形式宣传交通运输低碳发展理念,推广节能减排技术和产品,引导社会公众绿色低碳出行。在公共交通工具、客货运站场张贴节能减排宣传标语标识,推广清洁能源和新能源车船的试点和应用,组织节能驾驶技术学习或技能大赛;在高速公路特别是绿色循环低碳公路的收费站、服务区、办公区等场所集中展示绿色循环低碳公路发展理念和经验,推广照明、通风、监控等节能技术及绿色节能施工技术;在港口特别是绿色循环低碳港口的码头、办公区等场所集中展示绿色循环低碳港口发展理念和经验，推广港口机械节能技术，靠港船舶使用岸电技术，集装箱码头 RTG"油改电"等技术。

（三）开展绿色交通进校园活动。组织有关高校、各地交通职业技术院校集中开展以基本国情、能源资源形势、气候变化、节能降碳、生态文明等为主要内容的课堂主题教育和社会实践活动，组织广大青少年参观交通运输节能减排项目，营造崇尚节约、绿色低碳的校园文化。

（四）开展公共机构低碳体验活动。全国低碳日当天，各级交通运输主管部门及交通运输企事业单位要在办公场所开展能源紧缺体验活动和绿色低碳出行活动。在具备条件的单位，倡导办公区域空调、公共区域照明停开一天，高层建筑电梯分段运行或隔层停开；倡导绿色低碳的办公模式和出行方式，减少一次性办公用品消耗，鼓励乘坐公共交通工具、骑自行车或步行上下班，在低碳日掀起节能降碳活动高潮。

二、加强宣传，营造氛围

在节能宣传周期间，各级交通运输主管部门要发挥广播、电视和报刊等传统媒体优势，积极运用网络等新兴媒体，加大宣传力度，采取多种宣传手段，在行业内外营造"绿色交通人人参与"的良好氛围。

（一）做好交通运输行业"节能宣传周"主题活动宣传，营造良好舆论环境。各地交通运输主管部门要按照交通运输部的统一部署，主动配合《中国交通报》等行业主流媒体做好节能减排重点工作、重大成果宣传，同时积极利用各中央媒体、地方主流媒体，以及微博、微信等新兴网络媒体等，大力宣传各地交通运输部门开展的"绿色交通进校园"、"绿色交通进车船路港"等活动，扩大交通运输节能减排成果的影响力。各地交通运输主管部门要及早梳理、总结好相关宣传内容，为媒体提供全面、扎实、准确的宣传素材，引导舆论形成声势。

（二）做好"绿色交通"成果展示和典型报道。《中国交通报》组织编辑出版"逐梦绿色交通"特刊，对交通运输各领域、各系统、各单位节能减排工作的新理念、新经验、新成效进行总结宣传；对部重点支持的收效好、有特色的节能减排重点项目、示范项目进行大力宣传。各地交通运输主管部门要积极配合《中国交通报》等媒体，推荐、总结、宣传好"绿色交通"建设成果和节能减排突出亮点，提供鲜活的新闻素材和稿件，配合记者进行采访报道。

三、厉行节俭，反对浪费

各级交通运输主管部门和企事业单位要坚决贯彻执行中央八项规定和交通运输部有关要求，既要保证宣传活动有声势有影响，又要坚持勤俭节约办活动。

活动结束后，各单位要对本年度节能宣传周和全国低碳日活动情况进行认真总结，并于 7 月 15 日前将书面总结材料及电子版报交通运输部法制司（节能减排处）。

交通运输部办公厅（印）
2014 年 5 月 28 日

附录8　交通运输部办公厅关于交通运输行业贯彻落实《2014—2015年节能减排低碳发展行动方案》的实施意见

(交办法〔2014〕110号)

为贯彻落实党的十八大、十八届三中全会精神和《国务院办公厅关于印发2014—2015年节能减排低碳发展行动方案的通知》(国办发〔2014〕23号)要求,加快推进绿色交通发展,确保实现国家和行业提出的公路水路交通运输节能减排"十二五"规划目标,交通运输部组织制定了《交通运输行业贯彻落实〈2014—2015年节能减排低碳发展行动方案〉的实施意见》。请各单位结合本单位实际,认真贯彻执行。

工作目标:到2015年,交通运输能源利用效率显著提高,用能结构得到改善,交通环境污染得到有效控制,二氧化碳排放强度明显降低,绿色交通发展取得显著成效。与2013年相比,公路运输、水路运输单位周转量能耗分别下降4.7%、4.6%,港口生产单位吞吐量综合能耗下降4.9%。与2010年相比,化学需氧量(COD)、总悬浮颗粒物(TSP)等主要污染物排放强度下降20%。

2014—2015年,公路运输实现节能量1100万吨标准煤,减少二氧化碳排放量2386万吨;水路运输实现节能量279万吨标准煤,减少二氧化碳排放量628万吨;港口实现节能量21万吨标准煤,减少二氧化碳排放量34万吨。

一、加快推进重点领域节能减排降碳工作

(一)加强绿色基础设施建设。

加强综合交通运输体系建设。落实国务院《"十二五"综合交通运输体系规划》,发挥各种运输方式比较优势,降低运输能耗强度。加快推进高速公路"断头路"建设,确保"十二五"末完成国家高速公路省际"断头路"项目约367公里,确保"十二五"期开工建设纳入国家公路网规划中的国家高速公路新增路线和纳入国家区域发展规划内高速公路省际"断头路"项目约340公里。加快推进普通国道"瓶颈路段"建设,在确保"十二五"规划目标实现的前提下,根据资金可能,抓紧安排。加快形成公路主干线高速化、次干线快速化、支线加密化的路网结构,稳步提升路网技术等级和路面等级。加快形成以高等级航道为主体的内河航道网。推进港口结构调整,发展专业化、规模化港区。推进综合客货运枢纽建设和集疏运体系建设,大力促进城乡客运一体化进程。推动以公共交通为导向的城市交通发展模式,加快城市轨道交通、公交专用道、快速公交系统(BRT)等大容量公共交通基础设施建设。鼓励引导自行车道和行人步道等城市慢行系统建设。

加强资源节约利用。在交通基础设施设计、施工和监理过程中,严格贯彻执行有关环评和能评要求。全面推行现代公路工程管理,深入开展高速公路施工标准化活动。对改扩建工程,试点应用温拌沥青、沥青冷再生等低碳铺路技术和路面材料循环利用技术。大力推广隧道通风照明节能控制技术。促进太阳能、风能等可再生能源在隧道、服务区、收费站等领域的应用。

(二)推广应用绿色交通运输装备。

推广节能和清洁能源交通运输装备。严格执行营运车辆燃料消耗量限值标准,不达标的车辆不准进入道路运输市场。继续推进天然气汽车在道路运输和城市公交中的应用。贯彻落实国家关于新能源汽车推广应用的战略部署,研究制定在城市公交、出租汽车、城市配送等领域推广应用新能源汽车的指导意见。推进新建船舶燃料消耗量和二氧化碳排放量准入管理。落实交通运输部《推进水运行业应用液化天然气的指导意见》,稳步推进内河天然气动力船舶推广应用及海船和其他类型船舶天然气燃料应用试点工作。推进内河船型标准化,鼓励建造高能效示范船。推动靠港船舶使用岸电技术应用,鼓励港口开展装卸工艺节能改造。推广港区电网动态无功补偿及谐波治理技术。

加强交通运输装备绿色维护管理。严格落实交通运输装备废气净化、噪声消减、污水处理、垃圾回收等设备设施的安装使用要求,提升运输场站、港口码头、高速公路服务区等环境基础设施建设水平。推进模拟驾驶和施工、装卸机械设备模拟操作装置应用。积极推广应用机动车绿色检测维修设备及工艺。继续开展码头油气回收技术试点示范。

(三)加快构建绿色交通运输组织体系。

构建衔接高效的综合运输体系。促进铁路、公路、水路、民航和城市交通的高效组织和顺畅衔接,加快形成便捷、安全、经济、高效的综合运输体系。

推进现代物流发展。加快发展道路甩挂运输、滚装运输、驮背运输、江海直达运输等高效运输方式。继续推进集装箱铁水联运示范项目建设和集装箱铁水联运物联网工作。组织开展第四批甩挂运输试点,重点推进渤海湾、长江沿线等区域的滚装甩挂运输、网络型甩挂运输、甩挂运输联盟发展。研究制定零担快运、城市配送有关服务标准和规范,开展城市绿色货运配送示范行动。

优化客运组织管理。推进接驳运输、滚动发班等先进客运组织方式,深化和扩大长途旅客运输接驳运输试点。推广联程售票、网络订票、电话预订等方便快捷的售票方式及信息服务,启动首批省域道路客运联网售票系统建设。

优化城市交通组织。推进公交都市示范城市创建活动。优化城市公共交通线路和站点设置,科学组织调度,逐步提高站点覆盖率、车辆准点率和乘客换乘效率,增强公交吸引力。加强静态交通管理,推动实施差别化停车收费。综合运用多种交通需求管理措施,加大城市交通拥堵治理力度。

(四)推进交通运输信息化智能化建设。

加快智能交通技术推广应用。推广符合国家技术标准的无线射频识别、智能标签、智能化分拣、条形码技术等,提高运输生产能效。推广城市公交智能调度系统、出租车服务管理信息系统、自动化大型化码头、集装箱码头集卡全场智能调度系统、内河船舶免停靠报港信息服务系统、内河智能导航系统、内河智能航道系统等。完善公众出行信息服务系统。

继续推动信息化重大试点示范工程。制定交通运输物流公共信息平台建设工作计划,指导国家平台管理中心开展园区互联应用试点、平台国家级管理服务系统建设。推进城市公共交通智能化试点工作,启动第二批城市公共交通智能化示范工程。加快推进部省两级路网管理平台建设和联网运行。全面推广高速公路不停车收费系统,基本实现全国联网。

二、深入开展试点示范和专项行动

(五)深化绿色循环低碳交通运输试点。继续做好绿色循环低碳交通运输体系建设城市试点。加快推进绿色循环低碳交通运输体系建设"十百千"工程,做好2014年和2015年绿色循环低碳交通省份(城市)区域性项目和公路、港口、航道、天然气车船等主题性项目的评选与创建活动。组织评选交通运输绿色循环低碳示范项目,加大推广力度。

(六)持续开展"车、船、路、港"千家企业低碳交通运输专项行动。指导参与企业强化企业内部能源管理,落实参与企业节能减排目标责任制,加强参与企业能源消耗和二氧化碳排放信息报送和分析工作。

(七)组织开展交通运输节能减排科技专项行动。发布交通运输节能减排科技专项行动方案。发布"十二五"第三批全国重点推广公路水路交通运输节能产品(技术)目录。积极推动交通运输行业低碳技术创新及产业化示范工程。深入推进"基于物联网的城市智能交通应用示范"、"长三角航道网及京杭运河水系智能航运信息服务应用示范"国家物联网应用示范工程。加强连云港绿色智能港口建设与运营、长白山鹤大高速公路资源节约循环利用等科技示范工程的组织实施。加强建筑垃圾在交通运输领域规模化综合利用技术、清洁能源和可再生能源应用技术等绿色循环低碳交通运输技术研发。

三、加强制度建设,强化保障措施

(八)完善交通运输节能减排政策制度。研究提出绿色交通制度体系框架。完成《公路水路交通运输节能减排"十二五"规划》中期评估,启动节能减排"十三五"规划的编制。发布交通运输行业应对气候变化工作实施方案。开展"交通运输节约能源条例"前期研究。

(九)完善交通运输节能减排标准体系。研究提出交通运输行业节能减排标准体系表。加快制定交通运输用能设备、设施能效和二氧化碳排放标准。完成港口能效管理技术规范等标准制定。严格执行天然气动力货船在内河运输中的相关标准和规定。

(十)加强交通运输节能减排监测考核。完善交通运输能耗统计监测报表制度。研究提出营运货车和内河船舶能源消耗在线监测技术要求和组织方案,初步构建部省两级在线监测信息平台并组织开展试点。推动交通环境统计平台和监测网络建设。研究提出公路水路交通运输行业重点用能单位能源审计导则。组织开展绿色交通评价试点。

(十一)引导行业建立激励政策。积极争取中央财政资金加大对交通运输节能减排投入力度。鼓励地方交通运输主管部门向地方政府争取交通运输节能减排相关政策和资金支持。鼓励交通运输企业增加节能减排技改投入。

（十二）积极探索和运用市场机制。研究提出交通运输二氧化碳排放清单编制指南。研究提出关于推进交通运输企业参与碳排放权交易的意见。积极组织交通运输企业参与实施清洁发展机制（CDM）项目。鼓励交通企业采用能源合同管理、租赁代购等方式扩大节能减排融资渠道。

（十三）加强绿色交通文化宣传与交流。配合国家发展改革委组织做好全国节能宣传周和全国低碳日活动。组织开展"逐梦绿色交通"主题宣传活动，推动绿色交通进车船、进站场、进校园，引导公众绿色低碳出行。组织开展节能驾驶、操作技能竞赛。发布2014年和2015年绿色循环低碳交通运输发展年度报告。继续利用多双边渠道，加强与国际组织、国外政府机构、企业、研究咨询机构等的交流合作，促进交通运输绿色循环低碳发展交流平台，为我国内行动创造良好外部条件。

交通运输部办公厅（印）

2014年11月24

附录9　交通运输部办公厅关于公布交通运输行业首批绿色循环低碳示范项目的通知

(交办法〔2014〕122号)

各省、自治区、直辖市、新疆生产建设兵团交通运输厅(局、委),天津市市政公路管理局,天津市交通运输和港口管理局,部属各单位,部内各单位,部管各社团,有关交通运输企业:

根据《交通运输部办公厅关于开展交通运输行业绿色循环低碳示范项目评选活动的通知》(厅政法字〔2013〕209号),经各省级交通运输主管部门推荐、专家评审及公示,"沥青拌和设备'油改气'技术"等30个项目被评为交通运输行业首批绿色循环低碳示范项目,经交通运输部同意,现予公布。

交通运输部办公厅(印)

2014年6月17日

附录10　交通运输部办公厅关于报送交通运输行业 2014年全国节能宣传周和全国 低碳日活动总结的函

(交办法函〔2014〕366号)

按照国家发展改革委等14部委《关于2014年全国节能宣传周和全国低碳日活动安排的通知》(发改环资〔2014〕926号)有关要求,在第24个全国节能宣传周和全国低碳日期间,交通运输行业紧紧围绕"携手节能低碳,共建碧水蓝天"的主题,结合行业实际,高度重视,周密部署,突出重点,认真组织,集中宣传,提升了全行业和社会公众的绿色循环低碳交通运输理念,有力推动了交通运输绿色发展。现将活动总结报送你厅。

一、高度重视,周密部署,筹划好宣传方案

交通运输部于5月印发了《关于组织开展交通运输行业2014年节能宣传周和全国低碳日活动的通知》(厅法字〔2014〕106号),结合部机关及部属单位公共机构的具体情况制定了《2014年交通运输部机关节能宣传周活动实施方案》,确定了交通运输行业的宣传重点,强调要开展"逐梦绿色交通"主题宣传活动。明确要求各级交通运输主管部门和企事业单位要充分认识节能宣传周和低碳日活动的重要性和必要性,结合行业特色和地域特征,认真组织多种切实可行的活动,动员广大交通运输职工、企事业单位共同参与,大力宣传绿色循环低碳交通运输"十百千"示范工程,开展绿色交通进"车、船、路、港"、进校园活动,开展公共机构低碳体验活动。各级交通运输主管部门和企事业单位纷纷积极响应,制定了节能宣传周和低碳日活动方案,确保了节能宣传周和低碳日活动获得良好的预期效果。

二、突出重点,集中宣传,组织好系列活动

为贯彻落实党的十八大、十八届三中全会精神和《国务院办公厅关于印发2014—2015年节能减排低碳发展行动方案的通知》(国办发〔2014〕23号)要求,加快推进绿色交通发展,确保实现国家和行业提出的公路水路交通运输节能减排"十二五"规划目标,交通运输部于2014年6月印发了《交通运输行业贯彻落实〈2014—2015年节能减排低碳发展行动方案〉的实施意见》。节能宣传周期间,交通运输部加大了对《2014—2015年节能减排低碳发展行动方案》的宣传力度,于6月9日召开了行业节能减排降碳工作视频会议,部党组成员、王昌顺副部长在会上要求各地区、各部门要在"四个交通"战略导向引领下,全面贯彻落实《2014—2015年节能减排低碳发展行动方案》,抢抓机遇、迎难而

上,加强领导、协同推进,强化监督、落实责任,创新政策、加大投入,切实做好交通运输节能减排各项工作。

6月10日,绿色循环低碳公路建设现场交流会在江苏南京召开。与会代表参观了全国首批绿色循环低碳公路主题性试点项目之一的宁宣高速公路和全国首个高速公路节能减排示范工程——溧马高速公路荷叶山绿色服务区。作为立足于高速公路改建工程的主题性试点项目,宁宣高速公路全长45.9公里,改建扩建过程创新集成应用了30余项节能减排新材料、新技术、新工艺,运营期年可节能10.234万吨标准煤,减排二氧化碳22.272吨。

6月12日,交通运输节能减排大讲堂在交通运输部机关报告厅举行,中国科学院院士、中国气象局原局长秦大河作了《气候变化:科学、适应和减缓》的主题报告。

6月13日,交通运输部组织召开江苏省绿色循环低碳交通运输区域性项目实施方案高层专家咨询会。交通运输部副部长王昌顺、江苏省副省长史和平出席会议。中国工程院院士傅志寰、国务院参事张元方等多名行业内外的专家对《江苏省绿色循环低碳交通运输发展区域性项目实施方案(2013—2017年)》进行了评议,为探索形成高质量、可推广的绿色交通发展模式提出了大量具有前瞻性、指导性和建设性的意见和建议。

节能宣传周前后,交通运输部发布了《2013绿色循环低碳交通运输发展年度报告》。在部机关大厅举办了绿色循环低碳交通运输省、城市、公路、港口建设成果展,集中展示了江苏绿色交通省、杭州等17个绿色交通城市、成渝高速公路等12条绿色公路、天津港等8个绿色港口的试点建设成果。在《中国交通报》、《中国水运报》等行业媒体开设专栏,发表社论,推出特刊,重点宣传。节能宣传周期间还组织部机关和在京直属单位干部职工参观了由北京市人民政府、国家发展改革委组织的"第八届中国北京国际节能环保展览会"。通过节能宣传周及低碳日的一系列活动,大力宣传了交通运输节能减排政策法规,充分展示了绿色交通发展成效和典型经验,积极推广了交通运输绿色发展、低碳发展的理念,促进了广大交通运输职工和社会公众简约适度、绿色低碳、文明健康的生活方式转变,在全社会树立了绿色交通新形象。

三、结合实际,试点示范,宣传好绿色交通

各级交通运输主管部门和企事业单位结合行业特色和地域特征,陆续组织开展了系列节能减排宣传活动。

(一)突出特色,深入宣传。

节能宣传周期间,内蒙古自治区充分利用收费站、超限检测站、汽车站、服务区、公交站等公共场所及运输车辆,大力传播绿色交通发展理念,兴安盟交通运输系统拟定了30条节能宣传标语,分时段在辖区内客运站所组织宣传活动。广东省制作了"绿色发展低碳出行"宣传视频,以省交通运输厅公众网为宣传平台进行播放宣传,同时联合各地市交通运输局(委),在公交车及公交车站播放宣传。四川省在汽车客运站、机动车维修厂、重点码头(渡口)、港航企业、船舶等公共场所及车辆上,利用宣传海报、发放材料、播放宣传片等方式,广泛宣传绿色交通发展理念。云南省在全国低碳日开展了由省发展改革委、交通运输厅等主办的低碳出行体验活动,参加人员从昆明市东风广场地铁站出

发,通过乘地铁、骑自行车、坐公交等方式倡导低碳出行理念。青海省编印了《节能驾驶应用手册》、《汽车驾驶节能操作规范》、《公路养护新技术及应用》、《交通运输部"十二五"期第二批全国重点推广公路水路交通运输节能产品(技术)目录》等宣传材料20000余份,在西宁市中心广场、海东市公路总段进行了集中发放。交通通信信息中心通过大屏幕、海报、展板等形式在职工中开展节能环保宣传活动。交通运输部职业资格中心在内网开设专栏,普及环保制度与理念。长江航务管理局系统海事、航道、三峡、公安充分利用长江水上政务中心、执法站等公用区域,加大对企业、船东的宣传力度,推广节能驾驶操作经验等。招商集团各基层单位结合自身业务特点,成立了节能宣传周领导小组和工作小组,广泛征集建议,制定了操作性和针对性较强的宣传活动方案。

(二)深化试点,交流经验。

节能宣传周前后,各级交通运输主管部门认真总结低碳交通运输体系建设城市试点成效经验以及绿色循环低碳交通运输省(城市、公路、港口)区域性主题性项目建设成果。江苏省无锡市组织召开了绿色循环低碳交通运输区域性试点工作推进会,基于物联网技术推动了智能交通建设,"感知港道"、甩挂运输智能系统、手机双向感知召车系统、智能公交调度系统、江阴港港口能效管理平台等相继投入使用;全面推广了节能环保运输装备,市区环保公交车约770辆,95%出租车使用油气混合动力,客运行业LNG客车约277辆,驾培行业教练车油改气近1300辆,纯电动车10辆,驾驶模拟器231台,全市263辆油罐车全部加装油气回收装置;积极开展绿色汽修创建,目前完成18家绿色汽修示范企业创建;努力推进绿色低碳港口建设,LNG装载机、风光互补照明、港口能效管理平台等项目取得成效。河南省济源市开展了自行车租赁系统建设,包括34个租赁站点,500辆自行车,按照每车每天8人次借、平均每人每次3公里计算,每天可节约市民使用机动车出行14400公里;在省道、市域主干道等新建改建路段中逐步普及风电互补、太阳能照明技术;开展了公众出行服务系统建设,在客运市场建成公交车IC卡系统、出租车电招及税控系统。海南省海口市在全市2400辆出租汽车、公交车车尾、车站、码头等LED显示屏滚动播放节能宣传周标语,在明珠广场、车站、港口等地发放机动车节能驾驶手册,组织驾培协会在节能宣传周启动仪式开展驾驶员模拟器现场宣讲和体验。陕西省西安市发挥低碳交通运输体系建设试点城市的示范作用,西安市交通运输局制作了节能减排专题宣传片,联合西安广播电台在整点进行专题宣传;西安市公共交通总公司及基层分公司分别在主要线路张贴节能宣传口号270余条,对部分能耗较高车辆进行检测和专项维护,对驾驶员进行节能驾驶知识宣贯。

(三)推广示范,展示成果。

结合节能宣传周和低碳日,交通运输行业加快推广各项示范成果和先进经验。交通运输部加快推广节能减排示范项目的先进经验与成果,启动新一轮示范项目的推选工作,公布了"沥青拌和设备'油改气'技术"等30个首批绿色循环低碳示范项目,放大示范带动效应。天津市组织开展了公路工程地方标准系列宣贯活动,邀请地方标准主编单位详细讲解了标准的条款内容、使用原则等;天津港积极参加了滨海新区2014年第一期节能沙龙活动。上海市印发《关于征集交通领域节能减排新技术、新产品、新设备、新材料及节能操作法、工作法的通知》,在前三批示范项目汇编的基础上扩大了征集范围。山东省通过组织竞赛、经验交流会等方式,推广先进的节能减排技术和示范项目,济南公交举行了第四届驾驶员节油技能大赛;山东高速集团加强了物流运输的节能布局,新组建的物流运输公司在13条运营线路上使用了43辆LNG牵引车。湖南省对《汽车驾驶节能操作规范》进行了详细解读和示范。广东省完成了"广深高速公路全线低杆路灯合同能源管理节能工程"、"珠海港物流甩挂运输试点"等示范项目立项。重庆市公路局开展了主题为"交通运输低碳公路的发展政策与措施"的培训会。甘肃省开展了公路预防性养护四新技术、全深式冷再生、厂拌热再生、橡胶沥青等节能环保养护新技术新材料的推广和应用。中国船级社积极推广内河船型标准化,LNG双燃料技术应用、船舶节能减排认证等,基本形成了适用于新造船和改造船的高能效技术信息库。中国海运集团继续推行超低负荷运行,中海集运截至目前已有43艘大型集装箱船舶推进到15%超低负荷运行,完成集装箱船舶主机汽缸油注油器升级改造25艘次,上半年燃油消耗同比下降19万吨。中远集团在各轮组开展了润滑油化验制度、燃润油日常管理制度等执行情况等节能规章制度落实情况的专项自查。中国交通建设集团开发了工程船舶远程监控管理系统,拟在3年内推广至84艘船舶,提高重点能耗装备的能源利用效率。

今年全国节能宣传周和低碳日,交通运输行业本着厉行节约的原则,以务实有效的方式组织开展了多种特色宣传活动,进一步增强了全行业和社会公众的节能减排理念,培育了绿色交通运输文化,在行业内外营造了"绿色交通　人人参与"的良好氛围。下一阶段,交通运输部将继续加大宣传力度,强化节能减排,促进绿色交通发展,确保全面完成国务院提出的行业节能减排目标,走出一条符合时代要求、人民期盼、具有交通运输特色的绿色发展和可持续发展之路。

交通运输部办公厅(印)
2014年8月21日

附录11　交通运输部办公厅关于开展交通运输能耗监测试点工作的通知

（交办法〔2014〕182号）

根据《交通运输部办公厅关于印发2014年交通运输行业节能减排工作要点的通知》（厅政法字〔2014〕36号），交通运输部决定在部分城市交通运输部门开展交通运输能耗监测试点工作。现将有关事宜通知如下：

一、试点目标

探索推进交通运输能耗统计监测工作，检验营运货车和内河船舶能源消耗在线监测技术要求和组织方案，推动能耗在线监测平台建设，夯实行业节能减排监管工作基础。

二、试点城市

北京、邯郸、济源、常州、南通和淮安。

三、进度安排

计划至2015年12月结束，其中：2014年，完成试点方案编制和试点前期准备工作；2015年，组织开展试点工作，年底前完成总结。

四、试点要求

（一）参照交通运输部制定的能耗在线监测工作技术要求和组织方案，选取若干样本营运货车和内河船舶，完成样本车辆和船舶在线监测设备安装、调试和运行，实时采集能耗在线监测数据，并交换至交通运输部能耗在线监测平台。

（二）向交通运输部提交试点城市2014年、2015年和2016年交通运输、仓储和邮政业能耗总量及道路运输业（含城市公共交通业）、水上运输业等能耗量；2014年、2015年和2016年试点城市公交、出租客运、班线客运、轨道交通、公路货运、内河货船、海洋货船和港口典型企业能源消耗统计数据。

五、职责分工

本次试点过程中，交通运输部负责提出能耗在线监测工作技术要求和组织方案，对试点工作执行情况进行检查，并组织对试点项目进行验收。省级交通运输主管部门负责对上报的统计数据进行审核,并对试点工作组织阶段性总结、评估。试点城市交通运输主管部门负责具体组织实施。

为保证试点工作顺利开展,交通运输部委托交通运输部科学研究院和长江航运科学研究所作为技术支持单位,配合试点城市编制试点方案,开展组织实施,总结工作经验。请各试点单位于2014年11月底前,向交通运输部提交试点方案,经认可后再组织试点实施。在试点过程中,每季度向交通运输部上报试点工作进展情况,2015年年底前,向交通运输部提交试点工作总结。

交通运输部办公厅(印)

2014年9月1日

附录12 交通运输部办公厅关于报送交通运输行业公路水路环境统计报表的函

各省、自治区、直辖市、新疆生产建设兵团交通运输厅(局、委),长江、珠江航务管理局,长江口航道管理局,沿海及内河主要港口管理局,各直属海事局:

为加强和规范交通运输行业公路、水路环境统计工作,提高交通运输环境保护管理水平,结合近年来交通运输行业环境统计工作实施情况,部修订了《交通运输行业公路、水路环境统计报表制度》,并经国家统计局备案生效(国统制〔2014〕97号)。现就统计报表填报的有关要求通知如下:

一、请各单位高度重视交通运输行业环境统计工作,认真学习和履行报表制度,做好新旧报表的衔接工作,按时填报。

二、请各单位于2015年3月1日前上报2014年度统计报表。统计报表由各级主管部门一式两份报送部环境保护中心,电子版同时报送。统计报表电子版可在交通运输部网站(www.moc.gov.cn)综合规划司通知公告栏下载。

三、我部将汇总和通报各单位报表情况,并委托部环境保护中心开展有关统计报表解释及培训工作。

交通运输部办公厅
2014年11月24日

附录13 2013年中国环境状况公报

(交通状况篇章)

截至2013年年底,全国公路总里程达435.62万公里,高速公路里程达10.44万公里。全国内河航道通航里程12.59万公里。全国港口拥有生产用码头泊位31760个,其中沿海港口生产用码头泊位和内河港口生产用码头泊位分别占17.9%和82.1%。

全国拥有公路营运汽车1504.73万辆,其中载货汽车和载客汽车分别占94.3%和5.7%。全国拥有水上运输船舶17.26万艘,其中内河运输船舶、沿海运输船舶和远洋运输船舶分别占92.2%、6.4%和1.4%。全国国道网机动车年平均日交通量为14564辆(当量标准小客车)。长江干线航道全年日平均标准船舶流量平均值为628.0艘次。

全国营业性客车完成公路客运量185.35亿人、旅客周转量11250.94亿人·公里,全国完成水路客运量2.35亿人、旅客周转量68.33亿人·公里。全国营业性货运车辆完成货运量307.66亿吨、货物周转量55738.08亿吨·公里,全国完成水路货运量55.98亿吨、货物周转量79435.65亿吨·公里。

全国城市及县城拥有公共汽电车运营车辆50.96万辆,其中柴油车、天然汽车和汽油车分别占59.3%、24.3%和3.4%。拥有轨道交通运营车辆14366辆,其中地铁车辆和轻轨车辆分别占90.3%和8.7%。出租汽车运营车辆134.00万辆。全年城市客运系统运送旅客1283.35亿人。其中,公共汽电车完成771.17亿人,运营里程348.96亿公里;轨道交通完成109.19亿人,运营里程2.74亿公里;出租汽车完成401.94亿人,运营里程1593.21亿公里。

措施与行动:

(一)推进绿色交通发展。2013年,印发了《加快推进绿色循环低碳交通运输发展指导意见》,从绿色循环低碳交通基础设施建设、节能环保运输装备应用、集约高效运输组织体系建设、科技创新与信息化建设等方面提出了推进交通运输行业转型发展和绿色发展的具体举措。建立了"部际/部省共建"绿色交通发展合作机制。

(二)加强交通运输环境保护。2013年,继续加大了公路水路环境保护设施和资金投入。其中公路环境保护投入125亿元,75%用于生态保护设施;港口环境保护投入32亿元,68%用于污染防治设施。推进了交通运输环境监测网规划编制与试点工程建设工作。实施了4项已建公路生态建设和修复试点工程、2项服务区清洁能源和水资源循环利用试点工程。加强溢油应急能力建设,形成了国家重大海上溢油应急处置部际联席会议制度,启动了《国家重大海上溢油应急能力建设规划》、《国家重大海上溢油应急处置预案》编制工作。

(三)推进交通运输节能减排。2013年,组织无锡等10个城市开展了低碳交通城市区域性试点工作,组织连云港港等4个港口开展低碳港口主题性试点工作,组织成渝高速公路复线(重庆境)等7项高速公路建设工程开展低碳高速公路主题性试点工作。印发了《交通运输部关于推进水运行业应用液化天然气的指导意见》。

附录14 2013年中国近岸海域环境质量公报

(节选)

七、海上重大污染事件

(一)船舶污染事件

2013年,全国共发生0.1吨以上船舶污染事故19起,总泄漏量881.63吨。其中,溢油事故15起,总溢油量867.59吨;化学品泄漏事故4起,总泄漏量约14.04吨。

八、海洋环境保护

(三)船舶环境保护管理

2013年,全国海事系统在沿海和长江、珠江、黑龙江水域开展了限制船舶污染物排放专项行动,全年,共对2815艘船舶排污设备实施铅封,铅封率达到100%,减排船舶残油、污油水近34.17万吨。2013年,直属海事系统共实施船舶防污染检查138827艘次,船舶洗舱、清舱、驱气审批3494次,舷外拷铲及油漆作业审批1071次,拆船作业审批209次,船舶污染应急计划审批2064艘次,船舶垃圾管理计划审批11868艘次,《程序与布置手册》的审批31艘次,签发《油类记录簿》、《垃圾记录簿》和《货物记录簿》23501艘次,签发《油污损害民事责任保险或其他财务保证证书》9237艘次,船舶油污水接受处理75062艘次,船舶垃圾接收处理333873艘次,船舶其他污染物接收处理2066艘次,压载水排放或接收48151艘次。

附录15 交通运输行业公路水路环境保护与节能减排评述

(2013年度)

2013年，是实施《中华人民共和国国民经济和社会发展第十二个五年规划》承前启后的关键一年。交通运输行业认真贯彻党的十八届三中全会精神，加快发展绿色交通，把绿色循环低碳发展理念贯穿落实到交通运输发展的各个领域和各个环节。交通运输行业环境保护工作稳步推进，生态保护设施和污染防治设施的投入普遍受到重视，污染防治能力有效加强，污染物排放总量控制在较低水平，污染事故应急处理能力保持稳定，环境保护能力建设得到加强，对推进交通运输业持续快速、绿色环保、有效转型发展起到了积极作用。

一、交通运输行业环境保护投入保持稳定，生态保护及防治设施投入普遍受到重视

2013年，交通运输行业公路水路环境保护总投入158.16亿元，其中：公路投入125.62亿元、港口投入32.54亿元。公路投入中，主要用于生态保护设施和污染防治，分别占总投入的75%和11%。港口投入中，以污染防治设施和生态保护投入为主，分别占总投入的65%和17%。

截至2013年年底，交通运输行业公路水路污水处理设施配备总数达到5177台。污水处理设施的总设计处理能力为3.73亿吨/年。锅炉除尘设备配备总数为901台，总设计处理能力为13.25万吨/年；锅炉脱硫设备总数为372台(套)；作业粉尘处理设备总数为4281台(套)。

截至2013年年底，用于交通运输行业噪声防治设置的声屏障共计102.16万米；隔声窗17.98万平方米；防噪声林带5018.53万平方米。

截至2013年年底，固体废弃物处理处置设施总数达到946台(套)，其中焚烧炉数量137台。

2013年，沿海直属海事系统管辖水域到港船舶污染物接收处理设施数量1497个；其中接收船979艘。沿海规模以上港口船舶油类污染物接收量195.16万吨，船舶生活污水接收量8.78万吨，船舶垃圾接收量11.71万吨，船舶危化品废水接收量8.25万吨。

二、交通运输行业污染物排放总量得到有效控制，达标排放率保持稳定

2013年，交通运输行业公路水路污水产生总量为1.05亿吨，污水达标排放总量0.81亿吨；交通运输行业公路水路污水治理设施运行投入3.4亿元，污水治理设施正常运行率90%；经过处理后的污水达标排放率82%。污水产生、处理、排放及回用情况见图3。

2013年，交通行业公路水路化学需氧量排放量7690.09吨，氨氮1377.68吨。

2013年，交通运输行业公路水路废气产生总量2247.79亿标立方米。

2013年，交通运输行业公路水路固体废弃物产生总量2531.69万吨，固体废物处置量为2483.52万吨，处置率为98%。

三、港口污染事故应急处理能力保持稳定

2013年，交通运输行业港口共配备围油栏37.82万米，其中当年新增3.48万米；收油机401台，当年新增26台；油拖网2285套，当年新增36套；吸油材料1209.31吨，当年新增87.79吨；消油剂1170.13吨，当年新增448.58吨。具体见图4。

四、环境保护工作得到交通行业重视

2013年，当年批复开工的公路水路建设项目中，环境保护投资估算总额平均占工程总投资2.9%左右。2013年，当年通过环境保护验收的建设项目244项。实施施工期环境监测的项目数量为331项。

附录16 交通运输行业公路水路环境保护与节能减排评述

（2014年度）

2014年，交通运输行业全面贯彻落实党的十八大和十八届三中、四中全会精神，大力推进生态文明建设，促进交通运输绿色发展。交通运输行业环境保护和节能减排工作稳步推进，生态保护设施和防治设施投入受到较高重视，污染物排放总量有效消减，污染事故应急处理能力进一步提高，行业环境保护和节能减排监管能力和服务水平不断提升，为顺利完成"十二五"规划目标打下了夯实的基础。

一、交通运输行业环境保护投入稳步增长，生态保护及污染防治设施投入占较高比例

2014年，交通运输行业进一步落实《公路水路交通运输环境保护"十二五"发展规划》，大力推进交通运输环境保护工作，公路水路环境保护总投入增至165.84亿元，比上年增加5.4%。其中：公路投入129.67亿元、水路投入36.18亿元。公路在保持生态保护设施投入的同时，注重加大了对污染防治设施的投入，生态保护设施投入和污染防治设施投入分别占总投入的68%和18%；水路投入中，污染防治设施投入持续保持稳定，生态保护投入稳步上升，分别占总投入的65%和29%。

截至2014年年底，交通运输行业公路水路污水处理设施配备总数达到5937台，比上年增加15%。污水处理设施的总设计处理能力为4.11亿吨/年，比上年提高10%。

2014年，交通运输行业全面贯彻落实《大气污染防治行动计划》，进一步强化大气污染防治工作措施，加大综合治理力度，截至2014年年底，行业锅炉除尘设备配备总数增至1176台，比上年增加30%，总设计处理能力为14.61万吨/年，比上年增加10%；锅炉脱硫设备总数为459台（套），比上年增加23%；作业粉尘处理设备总数为5571台（套），比上年增加30%。

截至2014年年底，用于交通运输行业噪声防治设置的声屏障共计107万米，比上年增加5.4%；隔声窗16.23万平方米，防噪声林带4793.89万平方米，均与上年基本持平。

截至2014年年底，交通运输行业固体废弃物处理处置设施总数达到864台（套），与上年基本持平。

2014年，沿海直属海事系统管辖水域到港船舶污染物接收处理设施数量1564个，比上年增加4%，增加的设施主要为污染物接收船，数量为1054艘，比去年增加7.6%。沿海规模以上港口船舶油类污染物接收量156万吨，船舶生活污水接收量9万吨，船舶垃圾接收量10.83万吨，船舶危化品废水接收量3万吨。

交通运输行业主要废水废气排放量维持在减低水平，达标排放率保持稳定，主要污染物排放量有效消减。

2014年，交通运输行业加强管理，各级交通企事业单位在生产建设过程当中合理利用各种资源、能源，大力开发新技术、新工艺，逐步控制和减少污染物排放，污染物排放量有效消减。

2014年，交通运输行业公路水路污水产生总量为0.84亿吨，污水处理总量为0.81亿吨，污水达标排放总量为0.70亿吨，污水回用总量为0.24万吨；交通运输行业公路水路污水治理设施运行投入3.3亿元。污水治理设施正常运行率为80%；经过处理后的污水达标排放率74%。

2014年，交通运输行业公路水路共排放化学需氧量（COD）5111吨，氨氮777吨。

2014年，交通运输行业公路水路废气产生总量1879.14亿标立方米；公路水路固体废弃物产生总量3093.33万吨，固体废物处置量为2963.33万吨，处置率为96%。

二、港口污染事故应急处理能力逐年增长

2014年，交通运输行业进一步加大对安全生产和应急体系建设的投入，截至2014年年底，港口共配备围油栏50.39万米，其中当年新增5.36万米；收油机498台，当年新增69台；油拖网2355套，当年新增44套；吸油材料973吨，当年新增150吨；消油剂989吨，当年新增104吨；消油剂喷洒装置599套，当年新增58套；清污船舶329艘，当年新增16艘；储油装置1727台，当年新增127台。

三、环境保护工作持续受到交通运输行业重视

2014年，交通运输行业坚持节约资源和保护环境的基本国策，认真贯彻《中华人民共和国环境保护法》、《中华人民共和国环境影响评价法》、《建设项目环境保护管理条例》等有关法律规定，切实把交通建设环境保护管理工作落到实处，交通建设和环境保护工作协调发展。

2014年，当年批复开工的公路水路建设项目中，环境保护投资估算总额平均占工程总投资2.4%左右。2014年，当年通过环境保护验收的建设项目246项，实施施工期环境监测的项目数量为399项，实施施工期环境监理的建设项目数量为495项。

四、交通运输行业节能环保理念显著增强，节能减排工作取得实效

2014年，交通运输行业大力推进节能减排工作，加大交通运输节能减排专项资金支持力度，组织开展新一批绿色交通项目试点工作，组织实施了8个区域性项目、47个主题性项目。推广了大批天然气车辆、RTG油改电等清洁能源技术在行业的规模应用，在北京、邯郸、济源、常州、南通和淮安6个城市启动了交通运输能耗监测试点工作。

公路运输方面，2014年，交通运输部先后发布了4批次（第26~29批）燃料消耗量达标车型和1批次特种车型，组织开展了19个公路甩挂运输试点项目以及第4批公路甩挂运输试点项目；水路运输方面，建成了国内首艘双燃料动力船和内河LNG加注泵船；城市客运方面，加快推进新能源汽车在交通运输领域的推广应用，2014年度交通运输节能减排专项资金安排2.3亿元用于支持29个省市和交通运输中央企业推广应用天然气公交车、出租车和营运货车，共补助天然气车28654辆，并督促和指导了济源、邯郸、鞍山、蚌埠、南平、烟台、天津7个公共交通智能化应用示范工程试点城市建设。